ATRIUM

ERICH KÄSTNER

DER HERR AUS GLAS

Erzählungen

Herausgegeben von
Sven Hanuschek

Atrium Verlag · Zürich

INHALT

DIE ERZÄHLUNGEN

EIN MENSCHENLEBEN

Solange es eben ging, hatte er arbeiten gemußt.

Jeden Morgen ... Noch lagen die Straßen leer und müd und übernächtigt. Die Schritte klapperten tönern auf dem Pflaster. Hinter grau verhängten, gähnenden Fenstern klirrten die Weckuhren. (Da standen sie jetzt auf. Mit eingekniffenen Augen. Und abwesenden Gesichtern.) ... Die Bäume in den Anlagen froren. Ein Vogel plusterte sich. Und hatte noch keinen Mut zum Singen. Und der Mond schwamm fahl in einen unendlich trostlosen Himmel hinaus ... Ein Lastwagen polterte in ein Brückenloch. Wie ein Sarg. Und auf dem Wagen stand ein kleiner Hund. Der kläffte wütend. Aber eigentlich nur aus Angst ...

Plötzlich stand die Fabrik da. Schluckte ihn ein. Mit tausend andern.

Abends trabte er dann heim. Lahm in den Knien. Der blecherne Kaffeekrug hing schwer in der Hand. – Die Bäume in den Anlagen froren. In einem Sandhaufen steckte ein zerbrochenes Spielzeug. Auf den Bänken hatten schwatzende Frauen gesessen. – Die Straßen ertranken in tiefen Schatten. An den

9

Schaufenstern schnatterten die Rolladen herunter. Die letzten Kinder wurden ins Haus gerufen ... In einem Gasthaus rasselte ein Orchestrion. Ein Dienstmädchen trug Bier über die Straße ...

Tagaus, tagein. Manchmal lag Schnee. Manchmal waren die Bäume bunt. Wie Feldblumensträuße. Aber immer brannten ihm die Augen. Und immer hastete er vorbei. Ohne sich umzusehen. Jahraus, jahrein. Nur sonntags war Ruhe. Da saß er am Fenster. Und sah die Sonne. – Und wenn seine Frau schalt, weil er auf seiner alten Geige herumstrich, konnte er sogar lächeln. Denn dann war er glücklich. Er spielte nicht etwa gut. Die Hände waren steif und schwer. Aber ihm klang es wundervoll. Immer wieder spielte er diese paar Lieder, die er als Junge gelernt hatte. Was sie nicht alles zu erzählen wußten! Seine Frau hörte das nicht. Denn er spielte wirklich schlecht. Aber er lächelte dabei ...

Jahrzehnte sanken wie Blätter von den Bäumen. Und immer die Fabrik! Und immer nur der eine Sonntag – – Das Kind wurde konfirmiert. Die Frau starb. Das änderte nichts ... Die Haare wurden grau. Die Tochter heiratete. Das änderte nichts ... Er arbeitete. Und gab sein Geld hin. Wie zuvor ... Sonntags spielte er auf seiner Geige. Und sie schalten. Wie zuvor ...

Aber eines Tages schickte man ihn aus der Fabrik fort. Konnte ihn »beim besten Willen« nicht mehr brauchen. – Da saß er das erste Mal in den Anlagen auf der Bank. Mitten unter den Frauen. Die Sonne schien. Die Kinder lärmten und lachten. Er hörte alles wie durch dicke Mauern. Da traf ihn ein Stein! Er ging. Heim ...

Die Tochter kreischte: »Wovon willst du denn jetzt leben!« Der Schwiegersohn pfiff vor sich hin. Und spuckte in den Kohlenkasten. – Wenn sie ihn riefen:»Komm! Mußt doch was essen!« blieb er am Fenster sitzen. Und sah auf die Straße hinunter. Mitten in einen Fleischerladen hinein … Eines Morgens steckte er seine Geige unter die Jacke. Niemand sollte es sehen. Und drüber lachen … Dann stieg er irgendwo Treppen. In einem entfernten Stadtviertel.

Lehnte gegen eine feuchte Wand. Und spielte seine Lieder.»Aus der Jugendzeit« war sein Lieblingslied. Er hatte es als erstes gelernt. Vor sechzig Jahren. Er konnte es noch immer nicht. Und die Hände zitterten. Er hatte Angst … Seine Geige klang gell und frech durch die schmutzigen Korridore. Jemand schlug die Tür zu. Kinder beugten sich über das Treppengeländer. Neugierig. Und ihm zitterten die Hände.

Manchmal brachte man ihm einen Teller Suppe. Oder ein Stück Brot. In Zeitungspapier gewickelt. Oder ein Kind wurde aus einer Tür gestoßen. Kam zögernd näher. Und reichte ihm etwas Geld. Manchmal schimpften sie. Wie zu Hause. Dann steckte er traurig die Geige wieder unter die Jacke. Stieg die Stufen langsam hinunter. Und andere hinauf. Stand in anderen Korridoren. Treppen. Korridore. Bis zum Abend … Mitunter saß er in den Anlagen. Und fror. Auch in der Sonne. – Zu Hause nahmen sie ihm sein Geld ab. Damit er wenigstens seinen Mietzins zahle!

Es tat ihm nicht gut, jeden Tag seine Kinderlieder zu geigen. Er dachte an seine Mutter. Wenn sie nach Hause kam. Vom Waschen bei fremden Leuten. Die Geige hatte sie ihm geschenkt. Seine Mutter …

Immer öfter saß er in den Anlagen. Ihm war: Er sei ein kleiner Junge … Es wollte nicht mehr gehen. Von früh bis abends saß er auf der Bank. Sie kannten ihn schon alle. Dann ging er nach Hause. Sie fragten auch nicht mehr nach Geld. Sie fragten auch nicht mehr, ob er Hunger habe. –

Einmal stand er schon mittags von der Bank auf. Ging heim. Sie waren auf der Arbeit. Er wollte etwas essen. Der Küchenschrank war abgeschlossen. – Da setzte er sich ans Fenster. Und weinte. Es tat gar nicht weh, das Weinen ... Dann zählte er sein Geld. Er wußte genau, daß es beinahe 500 M waren. Markscheine, Zweimarkscheine, Fünfmarkscheine. Auch ein Hundertmarkschein war dabei. Er entsann sich: Ein kleines blondes Mädchen hatte ihn hingestreckt. Sehr schüchtern. Er legte das Geld auf den Tisch. Auf ein Stück Zeitungsrand schrieb er mit unsicherer Hand: »Für die Miethe! Vater.« Die Sonne spielte mit den Gardinen. Und in den Fenstern über der Straße blühten Geranien. – Und dann erhängte er sich in der Schlafkammer. An der Türklinke ...

Meine Mutter hat mir von ihm erzählt. Auch auf unserer Treppe hat er gestanden. Und gegeigt. »Aus der Jugendzeit!« ... Sie haben ihn alle gekannt. –

DER HERR AUS GLAS

Man kann dem Schicksal den Vorwurf nicht ersparen, daß es an Jarosmin ein Unrecht beging, als es ihn zu einem Menschen machte. Statt ihn als liebenswürdige Episodenfigur unauffälligen Schrittes und mit leicht vornüber geneigtem Oberkörper durch die fünfhundertsechzig Seiten eines beinahe sentimentalen, aber gefahrlosen Romans wandeln zu lassen.

Nun müssen wir allerdings zur Entschuldigung des Schicksals bemerken, daß es dieses Unrecht, wenn auch zu spät, empfunden haben mochte und dadurch zu lindern strebte, daß es ihm mildere Umstände bewilligte: Jarosmins Vater war wohlhabend und verständig genug, den zarten Sohn nicht wie eine Flintenkugel in die Welt hinauszuschießen, ihn sich selbst und den unerbittlichen Fallgesetzen des Lebens überlassend. Sondern, wenn Jarosmin auf Reisen ging, wurde er auch in den fernsten Städten von des Vaters Freunden in Empfang genommen wie eine sehr zerbrechliche, kostbare Vase. Nur so konnte es geschehen, daß er unbeschädigt ein Alter erreichte, in dem man immerhin den Versuch wagen konnte, ihm das Leben auch einmal anders als durch schützende Fensterscheiben vorzustellen.

Man erließ ihm den lästigen Zwang, aus einem Beruf sein Leben und aus dem Leben einen Beruf zu machen; schickte ihn in eine nicht allzu abgelegene Stadt, wo er Studien treiben und wo er das Leben kennenlernen mochte, soweit es ihm genehm und gemäß war.

Der Versuch gelang wider Erwarten gut; denn man hatte ihn dem Leben so lange fernzuhalten verstanden, daß er es wohl nie mehr ganz erreichen konnte, auch wenn er dies mit Inbrunst ersehnt hätte. Aber, ersehnte er es überhaupt? Er war ein Mensch – wenn wir ihn schon so bezeichnen wollen –, der die Welt nicht sah, wie sie ist, sondern wie er sie zu sehen gewohnt und gesonnen war. Und das bedeutet: er sah die Welt, wie sie *nicht* ist.

Wenn er etwa durch einen perlgrauen, verlorenen Abend am Meer spazierte, ahnte er nichts von dem schmerzhaft aufleuchtenden Blau des Himmels, das nun erloschen war, und nichts von der gestaltlosen Unendlichkeit des Wassers, die sich quälend erschloß; nichts von dem Schrei der Leidenschaften hinter verhangen blinden Fenstern, und nichts von dem Schicksal weit draußen untergehender Schiffe. – Es wurde ihm der herbe Geruch gepflügten Ackers und die laue Luft später Sommergärten zu anmutigen Parfüms. Und so erschienen ihm die Menschen wie gutmütige Marionetten, die Leidenschaften wie ein langweiliges Spiel und die Welt wie eine schlecht erfundene Idylle.

Es soll nicht unsere Aufgabe sein, den Gründen nachzugehen, die ihn zum Trugschluß führten, daß er wohl ein Dichter sei. Ob nur schlechte Bücher, das heißt: Bücher ohne Leidenschaften, oder auch schlechte Menschen außer ihm die Schuld daran trugen – genug, er verstand sich darauf, kleine Bücher zu schreiben, deren Herstellung ihm durch Kenntnis vorbildlicher Schriftsteller und durch Unkenntnis des Lebens sehr leicht von der Hand ging. Den geheimnisvollen Ernst des Lebens bedachte er darin mit lächelnder Ironie; aber sein Lächeln und seine Ironie nahm er geheimnisvoll ernst … Er fand Beifall; denn er lebte in Kreisen, deren Glieder sich durch gegenseitige Bewunderung aufrechterhielten, und bei denen der Weihrauch billig war.

Da kam die Erschütterung. – In einem der Zirkel, in denen er, dank seiner äußeren und inneren Gepflegtheit, gern empfangen und gelitten wurde, lernte er eine Frau kennen. Und es konnte geschehen, daß er einer inneren Stimme, die ihn untrüglich vor Menschen warnte, deren Wesen ihn verwirren und deren Kraft ihn zerstören konnte, das erste Mal die Gefolgschaft versagte. – Sie war nicht schöner als andere Frauen, die er vor ihr gekannt und geliebt hatte. Und sie war kaum klüger als jene. Aber hinter diesen unauffälligen Eigenschaften glomm eine Leidenschaftlichkeit, wie er sie noch nie erfahren hatte.

Zunächst ging es wohl den herkömmlichen Weg. Sie besuchten gemeinsam Theater, Konzerte, Geschäftshäuser und Zirkel. Aber allmählich löste sie ihn heraus, aus diesem Leben, das ihr allzu wohltemperiert erschien. – Sie gingen auf Reisen. Sie zerrte ihn durch den tollen Trubel ferner Städte. Und einmal wohnten sie wochenlang in einem einsamen Hause am Ufer eines kleinen abseitigen Sees. – Er folgte ihr widerwillig. Aber – er folgte ihr … Noch versuchte er hier und da Verse und Geschichten aufzuschreiben. Aber er begann die Unwahrheit seines Treibens zu empfinden … Und als sie ihm eines Abends das Papier, das er sorgfältig beschrieb, aus den Händen riß und ihm ins Gesicht schrie, er sollte nicht länger solche wollenen Umschlagtücher für seine zarte Seele stricken – da legte er die Feder mit einer Bewegung fort, als wolle er sie nie wieder in die Hand nehmen. Es war, als hätte sie ihm seine dichterischen Adern durchschnitten. Je mehr er ihr Geschöpf wurde, um so mehr wuchs in ihr etwas empor wie Haß, der sie immer heftiger dazu antrieb, ihm eine Spannkraft und eine Lebensfreude zuzumuten, die er niemals besessen hatte, und die er jetzt weniger denn je besaß. Schließlich behandelte sie ihn nur noch mit Verachtung und Spott.

So oft er sie jetzt besuchte, fand er einen Menschen bei ihr, den er von früher her kannte, und beide ließen keine Gelegenheit ungenützt, ihm die Lächerlichkeit seiner Situation einzuprägen. Aber Jarosmin kam regelmäßig. Nachmittag um Nachmittag; saß ihnen gegenüber, als sei er taub und blind, und ging dann, wenn die Dämmerung hereinbrach, sich in der Tür mit eine tadellosen Verbeugung verabschiedend. Noch wenn er durch den Garten schritt, hörte er ihr Gelächter. Aber er kam doch wieder, Nachmittag um Nachmittag … Bis man, des Spiels mit ihm überdrüssig, ihn nicht mehr empfing.

Er suchte vergeblich, sein ehemaliges Leben wiederaufzunehmen. Es konnte unmöglich gelingen; denn die Zirkel, die ihn einst gelobt und gelitten hatten, begegneten ihm mit verletzender Gleichgültigkeit, und er selbst war allein weniger denn je fähig, sich aufrechtzuerhalten.

So tat er das Klügste, was ihm anzuraten war, und was ihm die gütige Nachsicht seines Vaters gern bewilligte: er ging auf Reisen.

Er schrieb Karten aus San Franzisko, Peking, Singapore und Delhi. Ansichtskarten mit wehenden Palmen, Pagoden und Reisfeldern. Und es ginge ihm gut. Bis plötzlich die Nachrichten ganz ausblieben.

Er soll in Aden einer Epidemie zum Opfer gefallen sein. Aber niemand weiß Genaueres davon. Vielleicht starb er auch nur an einer Erkältung durch Zugluft. Denn er neigte stark zu Erkältungen.

EIN KLEINER JUNGE KREISELT

Ein kleiner Junge kreiselt. –
   Die Straßen sind schmal und schmutzig. Die Häuser sind
grau und grämlich. –
   Ein kleiner Junge kreiselt. –
   Er schlägt mit seiner kleinen Peitsche auf den bunten Kreisel
ein, als gäbe es keinen Hunger, keine Schule und keinen Vater,
der manchmal betrunken ist und nie genug Geld bringt.
   Der kleine Junge hat ein Schürzchen vorgebunden. Und die
Frühstückstrommel hängt ihm um den Hals. Eigentlich ist sie
ihm lästig. Aber er legt sie nicht beiseite, sondern schleudert
sie immer wieder auf den Rücken, ohne ärgerlich zu werden.
   Sooft jemand der Vorübergehenden seinem sich drehenden
Spielzeug zu nahe kommt, hält er seinen Kreisel an, steckt ihn
in die Tasche und wartet geduldig, bis der große Störenfried
vorbei ist.
   Dann kauert er sich wieder hin, um den Kreisel von neuem
aufzuziehen, hebt die Peitsche und spielt weiter.
   Manchmal blickt er hoch, sieht ein müdes Droschkenpferd
oder die Nachbarskinder, die sich verstecken und haschen. –

Auf einmal kommen *zwei vornehme Damen* die ärmliche Straße entlang.

Der Himmel mag wissen, wie sie in diese dunkle Vorstadtgegend geraten sind! – Sie kommen auf den kleinen Jungen zu, sehen ihn spielen und lächeln nachsichtig. – Er muß sie bemerkt haben. Denn plötzlich hascht er mit seiner schmutzigen Hand nach dem bunten, sich drehenden Ding, steckt es in die Schürzentasche und wartet, bis die Damen bei ihm sind.

Schnell streicht er sich durch die braunen Haare, stellt sich vor den Damen auf, macht eine kleine geschickte Verbeugung und sagt: »Möchten Sie wohl eine Schachtel *Schuhwichse* kaufen?«

Die Damen schauen sich und den kleinen Jungen an. Und lächeln. Dann sagt die ältere von ihnen: »Aber Kind, du kreiselst doch!«

»Möchten Sie wohl Schuhwichse kaufen«, wiederholt er, nachdem er eine zweite Verbeugung gemacht hat. Dabei steckt er seine kleine Peitsche unter den Arm, holt die Frühstückstrommel vom Rücken vor und öffnet sie: Wirklich! Der kleine Mann hat Schuhcreme in seiner Brottasche!

Die jüngere der zwei Damen nimmt ihr Täschchen vor und gibt dem Kleinen eine Münze. Er hält ihr beharrlich eine Schachtel Wichse entgegen. Aber sie wollen ihm doch nur das Geld schenken!

Sie lächeln also und gehen weiter.

Und als sie sich noch einmal umdrehen, sehen sie den kleinen Jungen, wie er wieder eifrig auf seinen bunten Kreisel einschlägt, der sich geschwind die Bordkante entlang bewegt. – Die Damen schauen sich an und lächeln.

Ein kleiner Junge kreiselt. –

DIE MISSGLÜCKTE AUFERSTEHUNG

Herr Klein ging am Ostersonnabend mit kurzen hüpfenden Schritten die Ludwigstraße entlang. Er trug einen hellkarierten Sportanzug, einen schwarzen Filzhut und einen niedlichen Rucksack. Ängstlich hielt er hinter seiner Brille Umschau. Aber es lachte ihn niemand aus. – Herr Klein war das erstemal in München. Ja, Herr Buchhalter Klein befand sich überhaupt das erstemal auf einer Erholungsreise!

Er ging also die Ludwigstraße entlang. Und fand, daß man, um solche graue Paläste und solche mit dem Lineal gezogenen Straßenzüge zu sehen, auch sehr gut in Berlin hätte bleiben können. Allerdings – die Theatinerkirche war ganz niedlich. Und der Hofgarten auch. Aber es war doch sehr unpraktisch, nur deswegen so weit zu fahren …

Auf der Brücke vor dem Maximilianeum blieb er stehen und schaute – wie die andern auch – in die lehmbraune, lärmende Isar hinunter. Dann kehrte er um. –

Die freundlichen Wiesenwege des Englischen Gartens waren recht voller Menschen. Herr Klein stand einigermaßen verdutzt vor dem Monopteros und saß dann am Chinesischen

Türmchen nieder, um seinem Chef eine Ansichtskarte zu schreiben.

Dann ging er bald in sein Hotel an der Kauffingerstraße, denn er war sehr müde …

Schon frühzeitig saß er am ersten Osterfeiertag in einem schrecklich überfüllten Zug nach Garmisch. Die Landschaft zog trüb und verärgert an den Fenstern entlang. Herr Klein hielt den Regenschirm zwischen den Knien, stützte seinen Kopf auf den Schirmgriff und dachte nach.

Es war reichlich unvernünftig gewesen, dem Drängen des Chefs so ohne weiteres nachzugeben. Aber schließlich, war Herr Steinkopf nicht beinahe zudringlich geworden?»Herr Klein«, hatte er gesagt,»Sie müssen mich den ganzen Sommer über vertreten. Denn auf wen soll ich mich sonst verlassen, ja? Also fahren Sie geschwind drei Wochen in die bayrischen Alpen. Denn der Sommer wird harte Arbeit bringen …«

Mein Gott! Wer weiß, wie es jetzt im Büro drunter und drüber ging! Der Ehrenberg würde sicher viel zu nachlässig arbeiten.

In Garmisch regnete es. Und Herr Klein sah beim besten Willen nichts weiter als etliche Villenstraßen, die von einer grauweiß wallenden Nebelmauer umzingelt waren. Herr Klein spannte den Regenschirm auf und ging mit kurzen hüpfenden Schritten durch den frostigen Kurort …

Entsetzlich! Hier sollte er drei Wochen wohnen? Nicht um die Welt! Wenn er wenigstens die Pelzweste mitgebracht hätte, wie ihm die Wirtschafterin zugeredet hatte! Es war fürchterlich kühl in diesen Bergen, die man nicht sah, wenn man nicht gerade vor einem Postkartenladen stehenblieb.

Nach mancherlei Umwegen und bereits erkältet kam Herr

Klein zum Bahnhof zurück, setzte sich in die Wirtschaft und spannte den Schirm zum Trocknen auf. Er aß etwas, machte sich Notizen in seinen Block, rechnete aus, was er bis jetzt ausgegeben habe, und fuhr, als der Regen nachließ, mit der Kleinbahn nach Niedergrainau.

Links und rechts unerbittliche Nebelwände. Herr Klein marschierte mit kurzen hüpfenden Schritten zwischendurch und fröstelte. Er stieß den Schirm herzhaft gegen den Boden und versuchte zu singen. Aber es machte ihm keine Freude. Eigentlich fiel ihm auch gar nichts ein, was auf seine Situation gepaßt hätte.

Am Eibsee setzte er sich in die Veranda des Hotels und schaute in den flatternden Nebel hinaus. Voller Erwartungen, die sich nicht zu erfüllen schienen. Er zählte bis drei. Er ließ sich vom Kellner belehren, daß der Nebel unmöglich lange anhalten könne.

Aber der Nebel hielt trotz des Kellners an. Auch das Zählen blieb ohne Wirkung. –

Die Zugspitze pflege sonst da drüben sichtbar zu sein! Herr Klein starrte ehrfurchtsvoll nach links hinüber. Nach einem fast schwarzen Nebelfleck, auf den der Kellner mit dem Finger wies. So, dort dahinter.

Am Abend war Herr Klein schon wieder in München. Und es regnete noch immer. Am zweiten Feiertag war er schon wieder in Berlin.

Dienstag früh ging der Buchhalter Klein durch die Stadt. Und ohne daß er sich übermäßig gewundert hätte, fand er sich plötzlich in der Kommandantenstraße. Vor dem Büro.

Aber er kehrte wieder um; denn er war noch sehr erkältet. Doch am Mittwoch war er endlich wieder in seinem Geschäftszimmer. Die andern Angestellten waren sehr verwundert. Sie schüttelten die Köpfe und versicherten einander, wie forsch sie losgezogen wären! Solch einen Urlaub hätte man ihnen einmal anbieten sollen – – Und Herr Steinkopf, der Chef, verstand erst nach längerer Unterhaltung, wieso Klein schon wieder zurück wäre. »Nja«, sagte Herr Steinkopf und zog ernst an seiner Zigarre, »nja, Klein, da wollen Sie also allen Ernstes gleich wieder mit der Arbeit anfangen?«

»Wenn ich darum bitten dürfte, Herr Steinkopf«, sagte Buchhalter Klein.

»Nja, aber mit dem größten Vergnügen, Klein! Sie sind vielleicht ein komischer Kerl! – Will keine Ferien haben!«

Herr Klein sah vor sich hin und sagte leise, als ob er das eben erst erkannte: »Die Ferien sind zehn Jahre zu spät gekommen ...«

»'n Morgen!« knurrte der Chef und ging ins Privatkontor.

»Guten Morgen, Herr Steinkopf!« sagte Klein.

Und sah die Post durch.

ANITAS WEISSFÜCHSE
ODER DER TREUE KUPPELPELZ

Ein Filmmanuskript in 5 Akten

1. Akt. (Spielt am Montag.) Ein sehr vornehmer Herr geht sehr nachdenklichen Schrittes durch die Hauptstraße einer sehr großen Stadt ... Der Herr schaut mit melancholischen Augen in die verschiedenartigsten Ladenfenster. Er fühlt sich vom Schicksal leicht vernachlässigt. Denn im Klub hat er verspielt und bei Daisy auch. Ferner hat ihm der Friseur ein Haarfärbemittel angeraten. Und der Himmel hängt wie ein grauer Regenmantel über den Dächern. – Plötzlich scheint den vornehmen Herrn der Schlag zu treffen. Er zuckt zusammen, kriegt runde Augen und starrt eine Photographie an, die im Schaufenster eines Pelzgeschäftes hängt: Man erblickt darauf eine junge Dame, deren liebes Gesichtel aus einem märchenhaft weißen Weißfuchs hervorlugt, als wäre sie nicht abgeneigt, mit dem jeweiligen Betrachter Versteck zu spielen. Unter dem Lichtbild ist zu lesen: Anita Riccoboni. –

Der vornehme Herr betritt ohne Zögern das Geschäft. Fragt, ob ein Weißfuchs, so, wie ihn die Photographie zeigt, käuflich ist? – Am Nachmittag soll ein Exemplar eintreffen. – Herr von Reuegg – so heißt der vornehme Herr – will also wiederkommen. Und wer die Dame sei, die Riccoboni heißt? – O, sehr talentierte Tänzerin! Auch sonst nicht unbegabt. Adresse: Strindbergstraße 8. – Preis? – Wovon der Herr Baron den Preis wissen wolle? – Vom Pelz natürlich! – Der Preis wird genannt. Der von Reuegg wechselt die Farbe, soweit man bei ihm von Farbe sprechen darf. – Also am Nachmittag!

*

Der von Reuegg fährt am Nachmittag zur Bank. Hebt Geld ab. (Der Bankier ist sein Freund.) – Dann kauft er den Weißfuchs, läßt ihn verpacken und gibt ihn einem Messengerboy. Mit Brief: Strindbergstraße 8. – Empfangsbestätigung erbeten. – *Monolog des kopfschüttelnden Pelzhändlers:* »Schon der Sechste!«

2. Akt. (Spielt am Dienstag.)
Ein sehr vornehmer Herr geht sehr nachdenklichen Schrittes durch die Hauptstraße einer sehr großen Stadt … Usw. usw.

Anmerkung des Autors: Der Wortlaut des zweiten Aktes gleicht dem des ersten aufs Haar. Nur spielt er einen Tag später, der vornehme Herr heißt diesmal: von Edendorff. Und: *Monolog des kopfschüttelnden Pelzhändlers:* »Schon der Siebente!«

*

Für den Regisseur: Es hängt ganz vom Wunsche des Spielleiters und von der zahlenmäßigen Stärke des männlichen Personals ab, dem zweiten beliebig viele Akte folgen zu lassen, die alle

25

dem ersten gleichen. Nur ist darauf zu achten, daß die Weißfüchse kaufenden Herren vornehm sind und sich zumindest
durch den Namen voneinander unterscheiden. Und daß der
Pelzhändler in seinem jeweiligen kopfschüttelnden Monolog
das Weiterzählen nicht unterläßt!

Der Autor.

3. Akt. (Spielt am Mittwoch abend.)
Im Klub. Der Bankier lehnt nachlässig am Kamin und klopft
die Zigarrenasche lächelnd in die Glut. Dann sagt er zu den ihn
umsitzenden Freunden – man kennt solche Bilder aus jedem
guten Film –: »Herrschaften, nun erklärt mir bloß, warum fast
ein jeder von euch im Laufe der letzten Woche einen gleich hohen Betrag erhoben hat? Ist das Zufall?« – Da sagt Reuegg leise:
»Anita Riccoboni …« Und Edendorff sagt: »Strindbergstraße
8 …« Und Graf Pinkallen zeigt eine Empfangsbestätigung …
Und die anderen auch …

Es stellt sich heraus, daß die Riccoboni etwa ein Dutzend
Weißfüchse besitzen muß. Bei mäßiger Gegenleistung. Man
beschließt zornbebend, der Sache auf den Grund zu gehen. –

4. Akt. (Spielt am Donnerstag.)
Ein sehr vornehmer Herr geht usw.

Diesmal ist es Herr von Otten. – Schön, am Nachmittag will
er wiederkommen und den Weißfuchs abholen. –

Aber draußen, vor dem Laden, patrouilliert Franz, der Diener Ottens, als Mensch verkleidet, hin und her. Und hin. Und
her … Da biegt eine junge Dame um die Ecke. Mit einem großen Paket. Sie betritt das Pelzgeschäft. – Franz folgt unauffällig
und erkundigt sich bei einer Verkäuferin nach dem Preis eines

Biberette-Jacketts. Wobei er verstohlen das Fräulein mit dem Paket betrachtet, die mit dem Inhaber spricht. Franz sieht, wie aus dem Paket ein Weißfuchs emportaucht, und hört, wie der Inhaber sagt:»Heute nachmittag holt ihn der Fünfzehnte. Ein Herr von Otten.«Das hübsche Fräulein lacht und geht. – Franz will das Biberette-Jackett doch nicht kaufen. Und geht auch. –

5. Akt. (Spielt am Freitag abend.)
Im Klub. Der Bankier lehnt nachlässig am Kamin usw. Otten hat Franzens Erlebnisse skizziert. Man raucht und trinkt zorn-bebend, ohne zu wissen, was beschlossen werden soll. Man ist natürlich, sobald die Sache laut wird, blödsinnig blamiert! Fünfzehn Herren, die denselben Pelz kaufen! Man beschließt zu resignieren.

Da bringt der Klubdiener einen Rohrpostbrief! Der Bankier liest laut vor:

»Meine Herren! Obwohl ich nichts getan habe, als einen Weißfuchs mehrfach zu verkaufen und mehrfach unter Einkaufspreis zurückzukaufen – eine geschäftlich einwand-freie Aktion – habe ich das dringende Bedürfnis, diesem end-los währenden Geschäft mit dem gleichen Objekt ein Ende zu machen. Ich berechne Ihnen anbei einen Verkaufspreis und vierzehn Rückkaufspreise. Das restliche Geld und der Weiß-fuchs gehen Ihnen umgehend zu und verbleibe ich ergebenst Ihr Arno Fellach, Pelzhändler.«

Graf Pinkallen sagt:»Und was machen wir nun mit dem Weißfuchs?«Reuegg meint:»Schicken wir ihn zum letztenmal zur Riccoboni!«

Die anderen nickten. –

27

IHR WUNSCH

Der bekannte Dichter S. saß bei seinem Rechtsbeistand und diktierte seinen letzten Willen. »Die Hälfte meines Vermögens hinterlasse ich meinem *Kinde*.« Der Anwalt sah verwundert auf: »Sie haben ein Kind?« – »Aller Wahrscheinlichkeit nach«, erwiderte der Poet, »doch weiß ich leider nicht, ob es ein Bub oder ein Mädel ist. Schauen Sie mich nicht so fragend an, ich bin vollkommen bei Trost. Hören Sie die kleine Geschichte, die ich ausnahmsweise nicht erfunden habe.

Vor etwa zwanzig Jahren saß ich an einem Frühlingstag auf einer Bank im Stadtpark und brütete über einen Stoff. Plötzlich fühlte ich, daß ich fixiert werde. Ich blickte auf. Eine hübsche, junge Frau in tiefer Trauer saß mir gerade gegenüber und schaute mich unverwandt an. Ihre schönen Augen hatten etwas Bittendes und zugleich Zwingendes. Ich stand auf, ging zu ihr hinüber, lüftete den Hut und fragte, womit ich ihr dienen könnte. Zu meiner größten Überraschung flüsterte die Trauernde: ›Bitte, führen Sie mich in Ihre Wohnung.‹ Ich zauderte wohl einen Moment, denn sie erhob sich mit einer beleidigten Miene und drohte im nächsten Moment umzusinken. Nun bot ich ihr rasch meinen Arm und führte sie in meine Klause. Auf diesem kurzen Weg wurde kein Wort gesprochen. Nachdem ich ihr eine kleine Erfrischung gereicht hatte, begann sie. ›Ich bin Ihnen wohl eine Erklärung schuldig. Ich bin aus gutem Hause. Ein junger, hübscher Mann eroberte mein unerfahrenes Herz, und ich heiratete ihn, trotz der Widerrede meiner Mutter, die leider zu früh heimgegangen ist. Es waren wundervolle Tage und Wochen, die ich mit meinem Mann verlebte. Bald fühlte ich mich Mutter und es begann für mich eine böse Zeit. Ich war gezwungen, fast die ganzen neun Monate liegend zu verbringen. Ich genas eines Mädchens, die Geburt des Kindes warf mich ein halbes Jahr aufs Krankenlager. Des Wartens müde, suchte mein Mann sein Vergnügen außer dem Hause. Damals weinte ich viel und litt unsäglich. Mein Mann hatte unterdessen seinen Beruf gewechselt, er wurde Impresario von Tänzerinnen und ähnlichen Größen, reiste mit diesen Frauen in der Welt herum und kam oft monatelang nicht nach Hause. Kam er endlich heim, so versagte ich mich ihm. Ich war zu stolz, um zu teilen. Unser einziger Halt war die Kleine, die mein Mann abgöttisch liebte.

Eines Tages – mein Gatte war wie gewöhnlich auf Reisen – wurde unser Liebling schwer krank. Der Arzt kam, schüttelte den Kopf und versprach, noch einmal vorbeizukommen. Als er am Abend erschien, streichelte er mich und sagte leise: ›Es ist leider eine Gehirnhautentzündung, beten Sie, daß das Kind *nicht* gesund werde. Es würde nicht normal bleiben.‹ Das gute Kind sah mich mit seinen blauen Augen so bittend an, als wollte es sagen: ›So hilf mir doch!‹ Und ich betete, daß Gott den Engel erlöse. Und der Himmel erhörte mich. Ich konnte nicht weinen, ich hatte die Tränen verloren.

Bald nach der Beerdigung kam mein Mann heim, er tobte und machte mir die bittersten Vorwürfe, daß ich nicht die ganze Fakultät gerufen hatte. Nach einem Wutanfall lief er fort und kehrte erst am nächsten Tag zurück. Dann sagte er ganz ruhig: ›Unser Kind ist tot, unser Band ist zerrissen, unser Zusammenleben wäre eine Lüge. Gib mich frei!‹ Ich nickte nur mit dem Kopf, und er stürzte fort. Man fand mich ohnmächtig in meinem Zimmer. Viele Tage schwebte ich zwischen Leben und Tod. In meinen Fieberträumen sah ich auf einmal meinen Mann bei meinem Bette sitzen. Man hatte mein Ableben erwartet, doch ich überstand die Krise.

Wochenlang lag ich im Bett und hatte Zeit, über mich nachzudenken. Ich will nie mehr das Weib eines Mannes werden, aber ein Kind soll mein Eigen sein, für das ich leben will. Und als ich heute Ihr freundliches Gesicht und Ihre guten Augen sah, da sagte ich mir, der Mann könnte der Vater meines Kindes werden. Ich verspreche Ihnen, wenn der Himmel meinen Wunsch erfüllt, nie mehr Ihren Lebensweg zu kreuzen.‹

Sie hielt Wort. Wiederholt setzte ich mich auf die Bank im Stadtpark, wo ich ihre Bekanntschaft gemacht hatte, aber sie kam nicht wieder.«

DIE GUTE PARTIE

Trotz seiner 70 Jahre machte Herr Anselm Lähnke alles mit der Uhr in der Hand. Um 7 Uhr stand er auf, um acht trat er ins Kaffeehaus ein. Dort stand schon alles zu seinem Empfang vorbereitet. Ein Kaffee mit Doppelschlag, Butter und Eier und ein großer Stoß Zeitungen lag auf seinem Tischchen beim Fenster. Eben hielt der alte Herr bei der Lektüre der Personalnachrichten, da fiel ihm das Blatt aus der Hand. Erschrocken stürzte der Ober – die Stammgäste nannten ihn Napoleon, weil er gerne mit seinen Heldentaten auf dem Schlachtfelde flunkerte – zu ihm hin und fragte teilnehmend, ob ihm etwa schlecht geworden sei. »Schlecht«, entgegnete Herr Lähnke, »miserabel ist mir zumute, ganz miserabel. Haben Sie nicht gelesen? Der junge Stumper hat die Tintamora geheiratet.« – »Das weiß ich schon seit gestern abend.« – Napoleon wußte immer alles einige Stunden früher als die anderen Leute! – »Sie müssen nämlich wissen«, fuhr der Greis fort, »Papa Stumper und ich waren die besten Freunde, er war mein Spezi –« Napoleon nickte und lispelte: »Ich weiß, ich weiß.« – »Ich lese jetzt zum dritten Male die unglückselige Notiz, und immer entziffere ich: Gestern hat in der Schottenkirche die Trauung von Bianca Tintamora mit Rudi Stumper stattgefunden. Fünf Jahre hat der Rudi mit ihr das Verhältnis, fünf Jahre. Ja, zum Teufel, wozu hat er sie geheiratet, das hat er doch nicht nötig gehabt.« – Eiligst zahlte Lähnke, stürzte aus dem Kaffeehaus und eilte in die nahe Schottenkirche. Dort suchte er den Kirchendiener auf, drückte ihm eine Banknote in die Hand und fragte, ob er nicht wisse, wer der Brautführer der Tintamora gewesen sei. Lähnke hatte Glück, der Mann der Kirche wußte Bescheid und nannte Dr. Max. Den kannte der alte Herr, wenn auch nur flüchtig, und so lief er zum nächsten Telephon und rief Dr. Max an. Der war nicht nur zu Hause, der lag sogar noch im Bett und war bereit, Lähnke sofort zu empfangen, vorausgesetzt, daß er nicht aufstehen müsse. Lähnke setzte sich in ein Auto und fuhr auf die Landstrecke, wo Dr. Max sein Domizil hatte. Drei Treppen mußte der alte Mann hinaufklettern, das machte ihm Beschwerden, da er an Asthma litt, aber die Neugierde war größer. Pustend und schnaubend kam er hinauf, obwohl er sich einige Male ausruhte, und immer seufzte er: »Armer, alter Freund Stumper, du drehst dich gewiß im Grabe um.«

Ein Diener öffnete und führte den frühen Besucher in das Schlafzimmer seines Herrn, der seinen Gast lächelnd empfing und sich noch einmal entschuldigte, daß bei ihm eine solche Unordnung herrsche. Lähnke depressierte. Wenn einer sich entschuldigen müsse, so sei er es, daß er zu so früher Stunde hier vorspreche, aber das Interesse, das er an der Familie Stumper nehme, rechtfertige wohl sein Erscheinen. Dr. Max setzte sich im Bett auf und sagte: »Ich habe keinen Augenblick gezweifelt, daß Ihr Besuch nicht mir, sondern der Hochzeit meines Freundes gilt, und Sie sollen sofort die nähere Geschichte dieser Heirat kennen lernen. Vor vier Wochen lag ich so wie heute noch in den Federn, als das Telephon klingelte. Ein wenig unangenehm berührt, nahm ich das Hörrohr in die Hand, Rudi meldete sich und beschwor mich, ihn sofort aufzusuchen. Ich sprang also mit beiden Füßen aus dem Bett und eilte zu ihm. Rudi empfing mich in einer desolaten Stimmung. Ich erfuhr, daß das Verhältnis mit Tintamora Unsummen verschlungen, und daß ihm seine Bank mitgeteilt hätte, daß sein finanzieller Ruin kurz bevorstehe. ›Was willst du nun beginnen‹, forschte ich. ›Vor allem mit Bianca brechen, und deshalb habe ich dich herbemüht. Sie wird im Augenblick hier sein, und du mußt meine Angaben bestätigen. Es wird natürlich eine Szene geben, und ich benötige dich als Blitzableiter. Bei ihrem Temperament muß man auf alles gefaßt sein.‹ – Wir mußten nicht lange warten. Bianca erschien, schön wie der Tag und in übersprudelnder Laune. Sie schaute zuerst Rudi und dann mich an, machte ihr reizendstes Spitzbubengesicht, und sagte: ›Kinder, ihr habt mir etwas Unangenehmes mitzuteilen, und noch dazu auf nüchternen Magen, das paßt mir nicht. Ich habe zu Hause ein kleines Frühstück vorbereitet, das wollen wir uns erst zu Gemüte führen. Vorher will ich kein Wort hören. Vorwärts, Kinder, mein Auto steht unten.‹ Wir folgten ihr, wie die Kinder, eigentlich nicht wie Kinder, denn die folgen ja heutzutage nicht. Das Frühstück war ausgezeichnet. – Endlich legte Bianca Messer und Gabel weg und sagte: ›Und nun los!‹ Stotternd brachte Rudi heraus, daß er ruiniert sei und sich deshalb von ihr trennen müsse. Wir erwarteten einen kleinen Tobsuchtsanfall, statt dessen lachte sie übermütig und sagte: ›Trennen, im Gegenteil, nun gehören wir erst recht zusammen. Wartet einen Augenblick.‹ Sie lief zu dem Schreibtisch und nahm einige Schriften heraus. ›So, mein lieber Rudi, nun reden wir weiter. Du hast mir über deine traurige finanzielle Lage Bericht erstattet, nun werde ich dir über die meine Rechnung legen. Du wirst zufrieden sein. Du erinnerst dich, daß ich mir nie etwas von dir versorgen ließ, sondern dich bat, daß ich mir alles selbst nach meinem Geschmack einkaufen dürfe. Das war von mir wohl überlegt, da ich deinen Leichtsinn kannte. Die Perlenschnüre, die ich trage, sind falsch, ebenso die meisten Steine in meinen Schmuckstücken. Taten sie nicht denselben Dienst? Das Geld aber, das ich einlöste, brachte ich in deine Bank. Gewöhnlich wenn ich einen Scheck von dir erhielt, so erlegte ich gleich die ganze Summe auf mein Konto. Es wurde nur umgeschrieben. Mit dem Geld habe ich Geschäfte gemacht und wie du dich überzeugen kannst, keine schlechten. Ich war fünf Jahre deine Geliebte, nun wirst du die nächsten fünf Jahre mein Geliebter sein. Der Unterschied ist nicht groß, die Hauptsache bleibt, daß wir uns lieben.‹ Nun brauste Rudi auf: ›Wo denkst du hin, ich soll mich von dir aushalten lassen.‹ – ›Aber Tschaperl, es ist ja dein Geld, wir können es auf dein Konto schreiben lassen, wenigstens hat die Bank etwas zu tun.‹ – ›Du glaubst doch nicht, daß ich etwas zurücknehmen werde, was ich geschenkt habe.‹ – ›Gut, ich nehme das zur Kenntnis. Was wirst du also dann unternehmen?‹ – ›Das laß meine Sorge sein.‹ – ›Ich will einmal Gedankenleserin sein. Du beabsichtigst auf Freiersfüßen zu gehen und rechnest darauf, daß dir leicht ein Goldfisch ins Netz gehen wird. Die Papas werden zwar wettern, aber du bist doch der fesche Rudi Stumper, der für Mädchen von heutzutage den ausgezeichneten Ruf hat, nämlich fünf Jahre mein Geliebter gewesen zu sein. Was ist wohl anständiger, daß du so einem armen Hascherl Liebe, die du gar nicht spürst, vorschwindelst und dem Vater dieses Mädels den Geld-sack abnimmst, oder daß du meinen Vorschlag annimmst?‹ – ›Ich kann mich doch nicht von dir aushalten lassen.‹ – ›Aber von dem Backfisch ja.‹ – Mein Geld ist kein Sündengeld, denn es stammt von dir, aber die Mitgift, die du dir eventuell ergau-nern würdest, die ist in meinen Augen verächtlich, denn du verkaufst dich.‹

Rudi durchquerte mit großen Schritten das Zimmer, rang die Hände und sagte: ›Ich kann nicht. Deine Rechnung ist falsch. Ich verkaufe mich ja nicht, ich gebe dem Mädchen als Entgelt meine Freiheit und meinen Namen.‹ – ›Rudi, liebst du mich?‹ – ›Törichte Frage!‹ – ›Dann gib mir deinen Namen, ich zahle die Mitgift, da ist uns doch beiden geholfen. Rudi, ich war dir, so wahr mir Gott helfe, die ganzen fünf Jahre treu, ein Mädchen ist ein unbeschriebenes Blatt, mich kennst du, heirate mich, – es ist der einzige richtige Ausweg, überlege dir meinen Antrag.‹

Da nahm Rudi die Tintamora in seine Arme, küßte sie herz-haft auf den Mund, und sagte: ›Ich habe nichts zu überlegen, ich heirate dich.‹«

Als der alte Lähnke die Treppen herunterging, mußte er wie-der an den alten Stumper, seinen Spezi, denken und brummte: »Guter Stumper, du kannst ruhig in deinem Grabe liegen, der Rudi hat eine ganz gute Partie gemacht.«

DER KLEINE HERR STAPF

Plötzlich entsann ich mich seiner wieder, als ich im Café eine Provinzzeitung absichtslos durchblätterte. Mit seinem Namen, den ich las, wurde vieles, was endgültig vergessen schien, aufgerufen und forderte nachdenkliches Erinnern.

Brant, der an eine Seelenwanderung glaubte, hatte sicher recht gehabt: der kleine Herr Stapf war früher einmal ein Zwergrattler gewesen. Auf dem beängstigend dünnen Körperchen saß ein großer, schwerer, runder Kopf, dessen Rückseite an einen Schulglobus herausfordernd erinnerte: das spärliche weiche Haar, unter dem die Kopfhaut verschiedentlich deutlich hervorschimmerte, ließ an Golfströme und Schiffahrtslinien, an Passatwinde und Meridiane denken. Das Gesicht bestand fast nur aus einer zwergenhaft verwitterten Stirn, unter der sich Augen, Nase und Mund winzig und listig zusammendrängten.

Aus gänzlich unbekannten Gründen war er zu der Ansicht gelangt, daß er außergewöhnlich klug sei, obwohl wir damals – ein Kreis spottlustiger Studenten – nichts unversucht ließen, ihn von der Berechtigung der entgegengesetzten Meinung zu überzeugen. Er besaß die Gabe, jeder Art Ironie und Gelächter mit solch metaphysischer Nachsicht zu begegnen, daß es allmählich zu einem aufreibenden Sport für uns wurde, ihn aus seinem erstaunlich törichten Gleichgewicht zu bringen. Es war ein hoffnungsloses Unterfangen. Denn je mehr er belacht wurde, umso inniger fühlte er sich geschmeichelt. Da somit unsere vergnügliche Absicht zu einer ernsthaften Leistung wurde, begannen wir den kleinen Herrn Stapf zu vernachlässigen. Es zeigte sich bald, wie sehr es ihn schmerzte, nicht länger Gegenstand unserer spöttischen Anteilnahme zu sein. Er begann schon, die drollige Korrektheit seines Anzuges zu ignorieren. Unausdenkbar traurig hockte er zwischen uns. Und nur solange wir ihn einem mitunter grausamen oder zumindest geschmacklosen Hohn aussetzten, leuchtete sein altes Gesicht glücklich auf.

Eigentlich mehr um ihm das erhebende Bewußtsein seiner hanswursthaften Existenz zu erhalten als uns selber zu beschäftigen, begannen wir, ihn zum Helden anekdotischer Abenteuer zu machen. Und es läßt sich kaum veranschaulichen, wie begeistert er darüber war.

Ein Fall – es mag der erste gewesen sein – ist mir besonders wach im Gedächtnis. Wir hatten die erste Parkettreihe des Theaters aufgekauft. Man gab »Bohème«. Wir hielten die erste Reihe des Hauses besetzt, waren nicht allzu aufmerksam, sondern beugten uns meist über die Brüstung und amüsierten uns über die so süße Musik erzeugenden, lebhaft bewegten Arme und Finger der Orchestermitglieder. Unmittelbar hinter dem Dirigenten, in der Mitte der Reihe, thronte der kleine Herr Stapf, hielt den Kopf schiefgeneigt und rückte manchmal auf seinem Plüschsessel unruhig hin und her.

Während der ersten Akte ging alles gut. Bis die vorgeschriebenen Schneeflocken aus den Soffitten heruntersanken. Das versammelte Haus war ergriffen, die Sänger waren in vollem Schwung, das Orchester blühte, der Kapellmeister gestikulierte in dionysischer Seligkeit – da erhob sich plötzlich der kleine Herr Stapf, griff hastig über die Brüstung hinweg nach dem Taktstock des Dirigenten, bekam ihn zu fassen, drängte sich an uns, die wir bereitwillig Platz machten, vorbei und verschwand hinter der Portiere!

Einige Sekunden war es, als solle das Theater der Schlag treffen: Der bestohlene Herr im Frack wedelte mit den Armen, als habe man ihm die Flügel ausgerissen. Die Musiker lächelten und gönnten ihm die Verwirrung. Die Sänger hielten tonlos den Mund offen. Die Damen in den Logen vergaßen, Pralinen zu essen und mit Papier zu knistern. Hoch oben, vermutlich im letzten Rang, lachte jemand vorlaut – nach diesen Sekunden peinlicher Bestürzung gewannen alle ihre Fassung zurück, und nach etlichen Takten voller Mißakkorde und Pausen begannen die Musik und auch die Stimmung wieder an Puccini zu erinnern.

Nachdem Mimi ihren heißersehnten Muff erhalten hatte und gestorben war, applaudierten wir herzlich und schritten dann feierlich und geschlossenen Zuges die große Freitreppe hinab. An einer vorher bestimmten Straßenecke stand der kleine Stapf, hatte sich in seinen schwarzen Überzieher verkrochen und lächelte. Wir schüttelten ihm die Hand, nannten ihn einen tüchtigen Kerl, klopften ihm auf die Schulter und gestatteten ihm, uns ins Kaffeehaus zu begleiten, wo er den Taktstock zeigen durfte.

Sein Rausch hielt, wie der eines Morphinisten, nicht lange

an. Es bedurfte neuer stimulierender Abenteuer. Wir nahmen ihn in unsere Mitte und durchzogen die gegen Mittag äußerst belebte Hauptstraße der Stadt. In dem dunklen Menschenstrom tauchten zuweilen Züge buntbemützter Studenten auf, die ihren vorgeschriebenen Bummel absolvierten. Endlich nahte sich das angesehenste der Korps – sein Name ist mir entfallen; nennen wir es »Barbaria« – stolz und erhebend. Der kleine Herr Stapf warf uns noch einen Blick zu, um sich Mut zu machen, dann trennte er sich von uns und eilte den »Barbaren« entgegen. Dicht vor deren Anführer blieb er stehen und zog höflich seinen Hut. Die »Barbaren« sahen sich gezwungen, stehenzubleiben. Wir traten hinzu, Ladnerinnen und junge Damen und andere Neugierige versammelten sich. Eine Hochspannung aus Neugier und Erzürnung begann sich zu bilden. Der kleine Stapf – noch immer mit dem Hut in der Hand – machte eine vollendete Verbeugung und fragte den Anführer laut und weithin verständlich: »Pardon, junger Herr, ich bin hier fremd – können Sie mir sagen, welchem Gymnasium Sie angehören? Ich kenne solche Schülermützen noch nicht.«

Der befragte Herr erbleichte. Die gesamte »Barbaria« erbleichte. Vor stummer Wut. Würden sie den kleinen Stapf zertrümmern? Klein und freundlich stand er vor dem farbigen Studenten, lächelte sanft nach oben und wartete vergeblich auf eine Antwort. Dann trat er kopfschüttelnd beiseite und sagte zu den Umstehenden: »Sonderbar. So große Menschen wissen nicht einmal, in welche Schule sie gehen!«

Die Zuschauer lachten lauthals. Die »Barbaren« entfernten sich unter vollem Verzicht auf Würde und Anmut, so schnell es irgend ging. Der kleine Stapf verkroch sich hinter uns und schien verwundert, ohne Prügel davongekommen zu sein.

Bald war es mit ihm nicht mehr auszuhalten. Er hatte begriffen, wie man Unfug organisiert. Wo er eines Zuschauers habhaft werden konnte, setzte er sich in Szene, so sehr wir ihn daran zu hindern suchten.

Er blieb auf dem Marktplatz stehen und zwang jedes daherfahrende Auto, wenn es ihn nicht überrennen wollte, anzuhalten. Er trat in den Cafés an entfernte Tische und verwickelte fremde Damen in sinnlose, stockende Gespräche. Er unterbrach Kabarettvorträge dadurch, daß er laut und ununterbrochen nach dem Kellner rief. Er erließ Zeitungsinserate, in deren Verfolg er sich mit einem Dutzend junger Damen gleichzeitig traf, die wie er eine rote Nelke im Knopfloch trugen.

Er schien krank. Seine Wirtin beschwerte sich schließlich beim Vater, daß sein Sohn die Wandbilder an den Fußboden nagele und die Kleider an die frei gewordenen Wandnägel, statt in den Schrank hänge; daß er sich in den Schrank setze und über die mangelhafte Beleuchtung lebhaft Klage führte.

Eines Tages kam der alte Herr Stapf und holte seinen seltsamen Sohn nach Hause. Dort begnügte er sich damit, viele Bücher zu lesen und sie nach beendeter Lektüre feierlich im Garten zu begraben. Das Dienstmädchen zwang er, die Grabreden anzuhören.

In Briefen, die er uns oft schrieb, teilte er seine neuesten Torheiten mit. Dann hörten wir lange Zeit nichts von ihm. Bis eine Heiratsanzeige eintraf. Sein Vater hatte ihm eine Frau besorgt.

Wie zu Anfang schon angedeutet wurde: Ich mußte dieser Tage an ihn denken, als ich in der Zeitung seiner Heimatstadt las, der Stadtverordnete Herr Kaufmann Stapf jun. habe sich äußerst warm dafür eingesetzt, daß die Hausnummern – der

Übersicht halber – regelmäßig an der rechten Seite der Haustür anzubringen seien.

Nie hätte ich früher erwartet, daß der kleine Herr Stapf noch einmal ein solch nützliches Glied der Gesellschaft werden würde.

DIE KINDERKASERNE

In jener Nacht, in der Rolf Klarus, ein dreizehnjähriger Gymnasiast, den Oberprimaner Windisch erwürgte, starb drüben in der Altstadt Frau Hedwig Klarus, die Mutter des Knaben. Das Zusammentreffen der beiden Todesfälle, deren einer den anderen zu rächen schien, veranlaßte manchen zu der Bemerkung: Es gebe eben doch so etwas wie eine verborgene Gerechtigkeit. Und besonders rechnerische Naturen mühten sich lebhaft darum, den Zeitpunkt der zwei Ereignisse aufs genaueste zu ermitteln und zu vergleichen. Frau Klarus war gegen neun Uhr des Abends gestorben; und kurz nach Mitternacht hatten die Schüler, die im Schlafsaal A des Schulgebäudes untergebracht waren, jenen mißtönenden Aufschrei gehört, der sie zitternd aus den Betten zu stürzen und Windisch beizuspringen zwang, auf dessen Lager der kleine Klarus im langen Nachthemd hockte und unbeteiligt in die weitgeöffneten Augen des Primaners blickte.

Die Schwierigkeit, eine Art höherer Ordnung in diese Unglücksfolge zu legen, wirkte sich in der nachdrücklichen Strenge aus, mit der fast alle den kleinen Mordgesellen beurteilten.

Daran vermochte auch des Arztes Befund nichts zu ändern: daß Windisch vermutlich an einem durch den Schreck verursachten Herzschlag gestorben sei, daß also ein bloßer Mordversuch mit allerdings tödlichem Ausgang vorliege. Man erwiderte allgemein auf solcherlei Einwände: Mit einem regelrechten Morde habe der Vorgang immerhin die Absicht des Täters und den Tod des Überfallenen gemeinsam. In dieser Sache zugunsten des Knaben mit Spitzfindigkeiten zu argumentieren, sei nicht angebracht.

Soviel stellte sich bald heraus: Rolf Klarus hatte sich vor dem Abendessen aus der Schule entfernt, war nicht im Arbeitszimmer und nicht zur Abendandacht erschienen und bestätigte schließlich, als man ihn fragte, durch ein kleines Kopfnicken, daß er während dieser Zeit zu Hause gewesen sei. Der Tertianer Gruhl erzählte, er habe die beiden zusammen den Schlafsaal betreten sehen, und es müsse spät gewesen sein; die Bettnachbarn hätten jedenfalls fest geschlafen.

Da Windisch gerade Wocheninspektion gehabt hatte, und da die Schüler erklärten, er habe den Knaben nicht nur sehr oft, sondern wohl auch sehr gern bestraft, war die äußere Situation mit einiger Sicherheit zu erraten: Er hatte auf seinen dienstlichen Rundgängen den von dem unerlaubten Ausflug zurückkehrenden Klarus ertappt, zur Rede gestellt und mit der Ankündigung einer der üblichen Strafen geängstigt. Aber alles andere blieb unaufgehellt. Mußte Klarus dem Primaner nicht davon gesprochen haben, daß er vom Totenbett der Mutter komme? Und wenn das nicht zutreffen sollte: Hätte Windisch den Schmerz des Knaben nicht bemerken müssen?

Windisch war tot. Und Rolf Klarus schwieg. Auch als er bald schwer krank wurde und im Fieber lag, schwieg er. Und später, als die Ärzte meinten, eigentlich sei er wieder gesund, und ihn trotzdem in eine Anstalt bringen ließen – später schwieg er noch immer. Doch da vermochte man auch auf seine Mitteilungen zu verzichten. Denn in der Zwischenzeit hatte man sein Pult geöffnet, seine Bücher, Löschblätter und Notizblöcke peinlich durchforscht und auf etlichen Zetteln und in einem Oktavheft, das eine Art primitiven Tagebuchs zu sein schien, manches gelesen, was den Fall aufzuklären geeignet war.

Die Verhandlungen endeten damit, daß Rolf Klarus, wie schon gesagt, bis auf weiteres in einer Heilanstalt untergebracht wurde. Ein glaubwürdiges Gerücht meldet, daß er dort starb; ein weniger wahrscheinliches, daß er noch immer dort lebt. Welche der Behauptungen richtig ist, bleibt im Grunde gleichgültig. Denn in jener Nacht starben drei Menschen, auch wenn der dritte zu atmen fortfuhr.

Es ist nicht bloß einfacher, es ist auch richtiger, statt einer sorgfältigen seelischen Interpretation des Falles etliche der vorgefundenen Aufzeichnungen folgen zu lassen, die der kleine Klarus in den letzten Wochen vor der Tat niederschrieb. Was ihn damals erschütterte und trieb, zeigen jene fleckigen Zettel am lautersten, auf denen er mit seinen Schmerzen und mit seinem Feinde versteckte Zwiesprache hielt.

»Ich werde den Aufschwung niemals lernen. Aber bis Mittwoch muß ich ihn können, hat der Turnlehrer befohlen. Und in den Freistunden soll ich ihn immer üben. Da haben alle gelacht. Die Kniewelle ist noch viel schwerer. Bertold kann auch die Kniewelle. Mit dem linken Knie, mit dem rechten Knie, zwischen den Händen und seitlich davon. Dann hat Bertold dem W. von dem Aufschwung erzählt. W. hat gesagt, er wollte nachsehen, ob ich übte.

Am Mittwoch mußte ich nachsitzen. Von W. aus. Er ließ mich altes Zeitungspapier in kleine Rechtecke zerschneiden. Fürs Klo. Er ist dabeigestanden und hat gelacht. Muttchen wird auf mich gewartet haben. Und ich wollte ihr mein Aufsatzbuch mit der Eins zeigen.«

»Er hat mich schon wieder nachsitzen lassen. Ich wischte im Klavierzimmer 9 den Staub nicht gut genug weg. Er suchte natürlich den Schmutz, wo ich nicht hinlangen kann. Ich soll auf einen Stuhl steigen. Ich sagte, ich bin kein Dienstmädchen. Das will er dem Rektor melden. Doch er sagt das nur, damit ich ihm wieder mein Taschengeld gebe. Er nennt das: Borgen.

Muttchen habe ich einen Brief geschrieben, ich machte einen Ausflug, damit sie nicht merkt, wie oft ich nachsitzen muß. Sie wird denken, ich besuche sie nicht gern. Dabei ist nur W. daran schuld.«

»Am Sonnabend nachmittag war ich endlich wieder einmal zu Hause. Aber Muttchen ist krank und liegt deshalb zu Bett. Vielleicht weil sie denkt, ich mache Ausflüge. Ich wollte erzählen, daß W. daran schuld ist. Doch jetzt darf ich es ihr erst recht nicht sagen. Man soll Kranke nicht aufregen.

Im Französisch bin ich in dem Gedichte von Béranger steckengeblieben. Kandidat Hoffmann hat geschimpft, und ich habe eine Strafarbeit gekriegt.

Ob sie sehr krank ist und an mich denkt? W. hat gesagt, er bäte sich aus, daß man in seinem Zimmer fröhlich wäre. Mukker wie ich wären schlechte Menschen. Und ich sollte auf der Stelle lachen. Dabei hat er eins, zwei, drei gezählt. Aber es ging nicht.

Das ist offene Meuterei, hat er gebrüllt.
Den Aufschwung kann ich noch immer nicht.«

»Samstag hat er mich wieder nachsitzen lassen. Aber abends nach dem Essen bin ich nach Hause gerannt. Straßenbahn konnte ich nicht fahren. Weil er mein Taschengeld hat. Es strengt sehr an. Muttchen machte erst gar nicht auf. Ich habe vor Angst gegen die Tür geschlagen. Da ist sie, auf einen Stuhl gestützt, herausgekommen und hat gefragt, wer da ist. Ich, hab ich ganz laut gerufen.

Sie hatte Angst, aber ich sagte, der Hauslehrer hätte mich zwei Stunden beurlaubt. In der Kaserne hat niemand gemerkt, daß ich weg war.

Jeden Mittwoch verliest man mich zur Gartenarbeit. Ich muß mit einem langen Spieß das Papier aufstechen und einen Wagen ziehen. W. hat mit dem Gartenwart gesprochen, damit ich jeden Mittag drankomme. Warum er mich so haßt?«

»Montag abend bin ich wieder fortgelaufen. Auf dem Rückweg konnte ich nicht mehr vor Herzklopfen. Muttchen kam gleich beim Klingeln heraus. Aber sie ist, glaube ich, sehr krank. Und von unseren Verwandten läßt sich niemand blicken. Da ist sie so allein. W. hat mich vorm Tor abgefangen, als ich wiederkam, und sagte, ich brauche nicht so zu rennen, zum Nachsitzen käme ich noch zurecht. Ich sagte, meine Mutter ist krank. Er hat gelacht. Das kenne er schon. Und dabei hat mir Muttchen eine ganz zittrige Karte geschickt, sie freue sich so, daß ich Mittwoch wiederkäme.

Ich muß morgen abend fortrennen, auch wenn er mich von neuem erwischt. Ich kann ihr doch nicht wieder sagen, ich würde mit Lambert einen Ausflug in die Heide machen! Wo sie doch die Karte geschrieben hat!

In vier Wochen sind die Prüfungen. In der lateinischen Klassenarbeit habe ich die Vier. Koch hat gefragt, was mit mir los ist. Wenn ich doch zu Hause bleiben könnte und für Muttchen einkaufen, und vorlesen und kochen. Aber es geht nicht. Es ist alles verboten.«

»Dienstag wieder zu Hause. Ich habe gesagt, ich müßte nächstens viel für die Prüfungen arbeiten. Muttchen sieht ganz weiß und mager aus. Sie sagt mir nicht, was ihr fehlt.

W. hat mich wieder erwischt. Ich sollte ihn nicht so mit der kranken Mutter öden. Frei bekäme man nur bei Begräbnissen. Der Schuft! Wenn meinem guten Muttchen etwas passiert, dann ist nur er schuld. Ich bin selber wie krank. Und dabei sind Prüfungen. Ich renne heute abend wieder fort. 1. Karte von Italien zeichnen. Mit den Städten über 200 000 Einwohner. Die Gebirge braun schraffieren. 2. Punische Kriege repetieren. 3. E-Konjugation. 4. La cigale et la fourmi lernen. 5. Kniewelle links neben den Händen.«

»Er fing mich ab, als ich gerade fort wollte, und ließ mich nicht weg. Er würde jetzt jeden Abend mit mir in den Garten gehen und aufpassen, daß ich bliebe, und beantragen, daß mir für einen ganzen Monat der Ausgang entzogen würde. Ich wüßte nicht, was Pflichtgefühl sei. Ob ich ihm was borgen könnte. Aber ich hatte wirklich nichts. Bei allem, was er sagt, sieht er mir ins Gesicht, als warte er, daß ich weine.

Er will Muttchen einen Brief schreiben, das darf er nicht tun! Lieber soll er mich schlagen oder anderes. Aber das nicht. Sie soll ihn mit ihrer Unterschrift wieder zurückschicken. Ich habe nicht einschlafen können.

Ich muß nach Hause. Morgen abend lauf ich wieder fort. Ich habe solche Angst um sie. Wenn er mich einsperrt, springe ich einfach aus dem Fenster.«

An jenem Abend, an dem der kleine Klarus lieber aus dem Fenster springen wollte als in der Schule bleiben, stahl er sich trotz des Primaners fort, rannte wie so oft durch die dunklen Straßen der Vorstadt, über einsame Plätze und Brücken, an jenem Abend sah er seine Mutter sterben, an jenem Abend zerrte man ihn von dem Bette Windischs, als es für beide bereits zu spät war.

DIE REISEN DES AMFORTAS KLUGE

1. *FÜNF MINUTEN NORDPOL*

Anmerkung der Redaktion: Amfortas Kluge ist ein junger, hoffnungsvoller Schriftsteller. Wir merkten es sofort, als er unsere Räume betrat, und es mußte uns daran liegen, ihn als Mitarbeiter zu gewinnen. Da er darüber Klage führte, wie bedeutsam und wie schwierig zugleich der Erwerb lebendiger Erfahrung für den werdenden Autor sei, erkannten wir die Möglichkeit, ihm und uns zu nützen. Wir stellten ihm einen vorzüglichen Globus und andere zu einer Weltreise erforderlichen Mittel zur Verfügung, woraufhin er sich eilends entfernte. Zuvor verpflichtete er sich, uns eine größere Serie abenteuerlicher Reiseaufsätze zu liefern, deren ersten wir anschließend abdrucken.

Der Chefredakteur hatte flüchtig von einem Zeitungskiosk gesprochen, den der Verlag am Kongoknie besitze. Ich orientierte mich also auf meinem Globus, was der Kongo sei und wo er fließe, kaufte mir einen Tropenhelm, ein Lüsterjackett und eine Feldflasche und begab mich zum Bahnhof. Fahrpläne und

49

Frauen sind die größten Rätsel, die es gibt. – Zum Glück führte der Zufall meinen Freund Bobby an mir vorüber, der mir auf die Schulter schlug und fragte, wohin ich reise. Ich bat ihn nachzusehen, wann der nächste Zug nach dem Kongo abginge. Er prüfte die Anschläge gewissenhaft und fand, daß ich vor Mitternacht nicht fahren könne. Außerdem müsse ich zweimal umsteigen.

Als er meine Ungeduld bemerkte, kam ihm eine Idee: »Weißt du was, Amfortas? Ich bringe dich mit meinem Flugzeug hin.« Ich erklärte mich einverstanden, und wir fuhren nach dem Flugplatz. – Eine Stunde später schwammen wir schon in den Lüften, wobei mir zunächst ziemlich übel war. Dann wurde es dunkel.

Am nächsten Morgen blickte ich interessiert auf die Erde hinunter, aber außer einigen Wiesen und Feldern gab es nichts Rechtes zu sehen. Doch gegen Mittag meinte Bobby, während er sich lächelnd nach mir umwandte: »Das Mittelmeer!« Ich steckte ihm ein Praliné in den Mund und suchte die Wüste Sahara. Aber das Mittelländische Meer kannte kein Aufhören. Schließlich wurde ich ärgerlich und beugte mich soweit aus der Kabine, daß ich den Tropenhelm verlor. Tief unten in der unabsehbaren Wasserwüste schwamm ein großer weißer Fleck. Bobby senkte den Apparat so tief, bis wir sahen, daß es sich um einen immensen Eisberg handelte. Kopfschüttelnd stiegen wir wieder höher. Nach vielen Stunden kam endlich Land in Sicht: weite weiße Flächen.

Da drehte sich Bobby wieder um und sagte: »Amfortas, sei mir nicht bös, aber ich glaube, mein Kompaß geht falsch. – Das dort unten ist ganz sicher Grönland.« Erst wollte ich grob werden, dann rief ich: »Das ist nun schon alles gleich! Fahren wir ein wenig nach dem Nordpol!« Er nickte nur und schaltete die doppelte Übersetzung ein.

In dieser Nacht konnte ich vor Nervosität kaum schlafen. Welch kühner Entschluß, den Nordpol zu entdecken! Am Morgen des zweiten Tages sahen wir ein Schiff im Eis. Weil Bobby erklärte, er kriegte den Krampf in die Finger, wenn er das Steuer noch länger halten müsse, schlug ich ihm vor, für kurze Zeit auf dem Schiff zu landen. Er tat wie ihm geheißen. – Das Schiff nannte sich »Frama« und beherbergte bereits ein anderes Flugzeug, das – wie sich herausstellte – einem Herrn Amundsen gehörte. Er erzählte, daß er soeben von einer Tournee nach dem Nordpol käme, aber nicht dort gewesen sei. Dann tranken wir in der Kapitänskajüte Kaffee, ließen uns vom Schiffskoch ein paar Brötchen einwickeln, bedankten uns herzlich und stiegen wieder in unser Flugzeug. Herr Amundsen wollte mir seinen Gehpelz aufdrängen. Mein Lüsterjackett sei ungeeignet. Aber ich lehnte ab. Bobby erkundigte sich noch rasch nach der Fahrtrichtung; der Kapitän zeigte mit der Hand und rief:»Und dann immer geradeaus!«

Gegen Mittag fuhren wir so hoch, daß wir erkennen konnten, wie rund die Erde tatsächlich ist. Bobby machte mich aufmerksam:»Amfortas, siehst du dort die platte Stelle? Das muß der Nordpol sein!« Ich überzeugte mich von der Richtigkeit seiner Beobachtung und sagte:»Dort hinten geht es wieder bergab. Das ist sicher bereits die andere Erdhälfte!« Bobby drückte auf das Tiefensteuer.

Dann landeten wir auf der erwähnten platten Stelle, sprangen munter aus der Maschine und standen – am Nordpol. Es war ein erhabener Augenblick. Bobby sagte:»So eine Stille hier, was?« Ich gab ihm recht. – Wohin man blickte, ja selbst dort, wohin man nicht blickte: überall lag Eis und Schnee. Ein prachtvoller Anblick! Fast wie in den Alpen! Und wir bedauerten, die Schlittschuhe nicht mitgenommen zu haben. Übrigens, die Temperatur war garnicht so ungewöhnlich, wie man sich das wohl vorstellt. Nach ein paar Kniebeugen wurde uns wieder ganz gemütlich zumute. Leider konnten wir die Erdachse nicht finden. Doch das mochte an dem dicken Eis liegen. Auf die Rückseite seiner Geschäftskarte schrieben wir Datum und Adresse und befestigten die Karte und Bobbys kariertes Taschentuch an meinem Spazierstock, den wir in eine Spalte bohrten. Mittlerweile hatten sich verschiedene Tiere in unsere Nähe gewagt: Mehrere Eisbären (ganz wunderbare Bettvorleger!), ein Rudel Polarfüchse, die ganz abscheulich bellten, und ein reizender Schwarm von Pinguinen. Sie beschnupperten das Flugzeug, leckten das Schmieröl ab und fraßen mir ein Pfund Würfelzucker aus der Hand, wobei ihnen Tränen der Dankbarkeit in die klugen Augen traten. Bobby störte mich in dieser Tätigkeit, weil er Durst hatte. Ich reichte ihm die Feldflasche, streichelte den größten Eisbären, schwang mich auf seinen zottigen Rücken und ließ ihn ein wenig um den Spazierstock traben. Bobby störte mich von neuem, weil die Flasche leer war. Ich hatte in der Eile vergessen, sie füllen zu lassen. Daraufhin lutschten wir kleine Eisstückchen, von denen Bobby Zahnschmerzen bekam.

»Amfortas«, murmelte er, »das beste wird sein, wir fahren wieder nach Hause.« Ich erklärte mich einverstanden; denn mir war gänzlich unklar, wie man sich am Nordpol die Zeit vertreiben könnte.

Man ist den ungewöhnlichsten Situationen in den seltensten Fällen gewachsen. –

Bobby warf den Propeller an, hauchte sich schnell noch einmal in die Hände; wir stiegen ein – aber die Maschine blieb stehen. Er kletterte wieder herunter und fand die Räder eingefroren. Da half kein Rütteln. – Dann fragte Bobby: »Hast du zufällig einen Strick bei dir?«

Es gehört zu meinen stehenden Gewohnheiten, stets eine Rolle Strick einstecken zu haben. Weil einer meiner Lehrer immer sagte, Strick, ein Taschenmesser und eine Schachtel Streichhölzer seien das, was den Mann von den Frauen unterscheide.

Ich holte also die Rolle Strick aus der Tasche; Bobby schnitt sie in eine größere Zahl kleinerer Stücke, winkte die Pinguine herbei und band jedem eine der Leinen um den Hals. Die freien Enden knüpften wir sorgfältig an dem Flugzeug fest. Als wir wieder im Apparat saßen, schnalzte Bobby laut mit der Zunge, schrie »hühhott!« bis die Vögel endlich begriffen, worum es sich handelte. Sie breiteten die Flügelchen aus, schwangen sich hoch und rissen bei dieser Gelegenheit die Maschine aus dem Eis.

Wir stiegen hoch. Die Polarfüchse bellten zum Abschied. –

Diese Rückfahrt war herrlich, und ich bedauerte, daß uns der Durst gezwungen hatte, den Nordpol so bald zu verlassen. Ohne Unterbrechung fuhren wir bis Kopenhagen. In einem Café an der Langen Linie erholten wir uns von den Strapazen der Reise.

Es mag komisch ausgesehen haben, wie wir zwei durch die belebten Straßen dieser schönen Stadt spazierten! Ich, Amfortas Kluge, im Lüsterjackett, die Feldflasche um den Leib gegürtet; mein Freund Bobby mit der Autobrille auf der Stirn und an zahllosen Leinen etliche Dutzende von Pinguinen, die vor uns herwatschelten und zuweilen neugierig und erstaunt vor den Schaufenstern stehen blieben …

53

2. ALS SCHEUERFRAU BEIM DALAI-LAMA

Nicht ungestraft entdeckt man den Nordpol. – Es gab nun in Kopenhagen riesige Bankette. Uns zu Ehren und auf unsere Kosten. Es gab überdies Weibergeschichten, die für Bobby mit einer Verlobung endeten. Teils weil er in Kopenhagen noch keine Braut besaß; teils weil er mußte. Im Zusammenhang hiermit bedurfte es eines neuen Oberhemdes und büttengeschöpfter Visitenkarten.

Wir entäußerten uns also der Pinguine, indem wir sie einer älteren Dame verkauften. Sie würden es gut haben. Aber sie fraßen sämtliche Hunde und Katzen, Papageien und Kanarienvögel des altjüngferlichen Haushalts. Obwohl wir schriftlich erklärt hatten: Pinguine lebten vegetarisch. Und das kostete wieder Geld. Außerdem fielen Bobby die zunehmenden Zärtlichkeiten seines Fräulein Braut auf die Nerven!

Wir beschlossen, Kopenhagen gütlich und unauffällig zu verlassen und nach Tibet zu gehen. Ein reicher Privatmann finanzierte die Sache, behielt aber unseren Doppeldecker zur Finanzierung zurück. Sodaß wir auf die Eisenbahn angewiesen waren. Ich ließ mich für die Dauer eines Monats chloroformieren, um die Ernährungsfrage zu lösen und weil ich das Eisenbahnfahren nicht vertrage.

Eh bien, nach Ablauf eines Monats trafen wir in Buchara ein, wo mich Bobby durch eine wohlgezielte Ohrfeige wachrief. Zunächst besorgte er für seine Kopenhagener Braut einen wundervollen Kaschmirschal und sandte ihn an sie mit etlichen Zeilen der Entschuldigung. – Dann mieteten wir eine Karawane. Leider wurde sie bereits bei der Überquerung des Hochlandes von Pamir durch einen unvorhergesehenen Wolkenbruch vernichtet. Außer Bobby und mir blieben einzig zwei dreihöckerige Kamele und dreihundert Konservenbüchsen am Leben.

Wir mußten also allein reisen. – Tibet ist ein von außerordentlich hohen Gebirgen garniertes Steppenhochland. Die Steppe selber ist zirka dreimillionenmal so groß wie das Tempelhofer Feld, enthält etliche Sträucher, hinter denen für gewöhnlich Räuber versteckt sind, und duftet wunderbar nach Parfüm, weil das Moschustier häufig auftritt. – Die Nächte brachten wir sehr oft in buddhistischen Nonnenklöstern zu, ohne uns dabei von den Strapazen der Reise erholen zu können. Die Mongolen sind ein ungewöhnlich temperamentvoller Volksstamm.

Früher, als wir erwartet hatten, gingen unsere Kamele zugrunde. Und zwar an Diphtheritis. Nach Jahren erst erfuhren wir die Ursache: Diese dreihöckerigen Tragtiere sind es gewöhnt, in den Salzseen zu gurgeln, die einem hier auf Schritt und Tritt begegnen. Wir hatten das nicht gewußt und sie daran gehindert, weil wir ihre Neigung für eine kindische Marotte hielten. – Nun hockten wir wahrhaft auf dem Trockenen. Und es war ein großes Glück, daß Bobby in seinem Rucksack zwei Paar Rollschuhe vorfand. Ganz zufällig. Jetzt war die Fortsetzung der Reise natürlich nur noch ein Kinderspiel. Wir rollten auf einem kleinen Umweg durch die Wüste Gobi und kamen wohlbehalten in Lhasa an.

Der deutsche Konsul in Lhasa ist ein Gentleman. Als wir ihm unseren Plan, bis zum Dalai-Lama vorzudringen, darlegten, geriet er in so grelle Verzweiflung, daß sein Monokel zerbrach, das er seit zwanzig Jahren nicht mehr aus den Augen gelassen hatte. Dann versuchte er, während wir auf der Terrasse seines Grals saßen und Zigaretten aus grünem Tee rauchten, uns durch eine Beschreibung der Todesarten abzuschrecken, denen europäische Forscher vor uns zum Opfer gefallen waren, z. B. künstliche Darmverschlingungen; Vergiftungen durch Zuckerbier; Schmoren am Spieß; striktes Toiletteverbot; Abschälen der Großhirnrinde und dergleichen. Wir lächelten gleichgültig und baten um positive Ratschläge. Daraufhin trieb er drei Jahre mit uns die Landessprache, das Devanagari. Eine dem Esperanto verwandte Sprache; aber ohne Vokale. Dann schenkte er uns sein Wörterbuch und ein zusammenklappbares Maschinengewehr. Wir schüttelten ihm herzlich die Hand, schnallten die Rollschuhe an und fuhren eiligst nach Potala. So heißt das Schloß des Dalai-Lama. Es ist in dem bekannten turkestanischen Empirestil erbaut und enorm groß.

Nachdem wir fast eine halbe Stunde völlig erfolglos um das Gebäude herumgeschlichen waren, verfiel Bobby auf eine raffinierte List: Wir rasierten uns, legten Rouge und Puder auf, zogen die Kleider zweier Frauen an, die wir im Freibad überrascht hatten, und gingen tänzelnden Schritts auf die mehrköpfige Schildwache zu. Dort sagte Bobby, wobei er seine Stimme um eine Oktave verschob: »Wir sind die neuen Scheuerfrauen.« Sofort ließ man uns ein.

Das Innere des Schlosses ist seltsam: Strahlenartig laufen vom Portal tausend Korridore aus, an deren jeden tausend türlose Zimmer grenzen. In jedem Zimmer sitzt ein Lama, betrachtet seinen Nabel oder kurbelt die Gebetsmühle. – Wir begannen sofort die Zimmer zu scheuern. Etwa ein Jahr lang. Dabei waren wir noch immer nicht fertig, während die ersten Räume schon wieder schmutzig wurden. Nachts schliefen wir in der Speisekammer des Dalai-Lama, den selber wir nie zu

Gesicht bekamen. Eines Tages endlich erhielten wir von dem Portier die Weisung, den großen Verhandlungssaal zu säubern, weil eine chinesische Abordnung eingetroffen sei, um über die tibetanischen Binnenzölle zu beraten.

Wir klopften gerade den Thron aus – er war voller Motten – als der Dalai-Lama eintrat. Er schaute uns längere Zeit zu. Dann rief er mich ins Nebenzimmer. Ich warf Bobby einen bedeutungsvollen Blick zu, ehe ich folgte. – »Seit wann bist du in meinem Schloß, schönes Kind?« fragte er mit werbender Stimme. Ich knixte und flüsterte: »Seit einem Jahr, Exzellenz.« Er streichelte meine Hand, wobei ich Zeit hatte, ihn zu betrachten. Er war rund dreihundert Jahre alt, besaß ein falsches Gebiß und keine Haare, hatte eine von Dolchschnitten zerfetzte pergamentene Haut und trug eine Art Zuckerhut als Kopfschmuck. Ich wollte mich gerade nach seiner Schuhnummer und nach seinem Vornamen erkundigen, als er, vermutlich von der Leidenschaft übermannt, meine Taille umfaßte. Ich suchte mich seinen Armen zu entwinden und stieß auf Tibetanisch »O nicht doch! Sie Schäker!« hervor. Doch er ging so weit, daß man sagen kann, er sei zu weit gegangen. Bei dieser Gelegenheit wurde er stutzig und drückte auf eine elektrische Klingel. Ich spuckte ihm – den Gebräuchen der Lamas folgend – ins Gesicht und floh in den großen Saal, wo Bobby bereits das Maschinengewehr aufgeschlagen hatte. Mutig kämpften wir uns den Korridor entlang, was zu unserem Bedauern unter gegnerischen Verlusten geschah. Nach der Anrichtung eines mittelgroßen Blutbades lief die Leibgarde des Dalai-Lama zähneklappernd davon. Wir erreichten das Hauptportal, standen im Freien, atmeten auf und waren gerettet.

Dann knobelten wir mit Zündhölzchen, ob wir über den

Kwen-Lun nach Sibirien oder über den Himalaya nach Indien fliehen sollten. Das Geschick entschied für Indien.

Was ist weiter zu erzählen? Wir kletterten über den Himalaya, bestiegen – da wir nun einmal in der Nähe waren – als Erste den Mount Everest und langten wettergebräunt in dem schönen Benares an.

3. IM PADDELBOOT DURCH DEN STILLEN OZEAN

Benares gehört zu den seltsamsten Städten, die ich kennen lernte. Und am auffälligsten ist wohl, daß es dort keine Hotels gibt.

Wir standen also nachdenklich an den Ufern des Ganges; ich fütterte drei Krokodile mit meiner letzten Schinkensemmel und Bobby verstrickte einen spitzbärtigen Gaukler, der sich mit einer rotglühenden Brennschere die Haare auf den Zähnen ondulierte, in ein Gespräch über das Nirwana – als ein Inder auf uns zutrat, den Turban zog und fragte, ob er mit Herrn Amfortas Kluge das Vergnügen habe. Nachdem ich bejaht hatte, bat er uns: sowohl ihm als auch der Einladung des indischen Königs Kaliklora und seiner Tochter Vasent'Mahesa zu folgen. Ich sagte: »Bleiben Sie bedeckt!«, worauf er seinen Turban wieder aufsetzte und uns voranging.

Als König Kaliklora unserer ansichtig wurde, klatschte er vor Freude in die Hände. Dann zupfte er uns zur Begrüßung an der Nase und legte sein Gästebuch vor, daß wir uns eintrügen. Ich blätterte ein wenig darin, erstaunte über die berühmten Namen: Alexander von Macedonien, Schellmuffsky, Waldemar

Bonsels, Lord Clive, Buddha Gautama, Arthur Schopenhauer, und schrieb selber:

>»Die Welt ist rund. Denn dazu ist sie da.
>Ein Vorn und Hinten gibt es nicht.
>Und wer die Welt von hinten sah,
>Der sah ihr ins Gesicht.«

Der König las das Gedicht mit Tränen in den Augen, bedankte sich aufs herzlichste und machte uns mit Vasent'Mahesa, seiner lieblichen Tochter, bekannt. Ein herrliches Weib, bei Schiwa! Sie wog drei Zentner. Netto. – Es wird mir unvergeßlich bleiben, wie sie mich, schamhaft errötend, an der Nase zupfte.

Nun folgten freilich sonnige Tage: Wir begleiteten die Prinzessin bei ihren Einkäufen, wobei ich allein die Pakete tragen durfte; wir machten mit ihr Radpartien in den Dschungel, so heißt das Stadtwäldchen von Benares; sie zeigte uns die Museen, die Pagoden und Kathoden (eine Art vergoldeter Wolkenkratzer); wir ließen schäumende Bajaderen und Bajaderwische vor uns tanzen, bis sie zu Boden fielen und sich in fabelhaften Zuckungen wanden; ich begann schon an einem Werk über den spätpagotischen Baustil zu arbeiten, – da erklärte mir Bobby eines Tages, er habe sich soeben mit Vasent'Mahesa heimlich verlobt. »O Karma!« rief ich, »welch ein Malheur!« Ich malte ihm die Zukunft in den gräßlichsten Farben, stellte ihm die Wucht der drei Zentner netto vor Augen, – es war alles vergeblich. Ich erzählte der Prinzessin, Bobby leide an Gehirnfurunkulose und sei von Beruf Obereunuche – umsonst! Ihre Liebe kannte keine Schranken. – Eines Nachts wurden die beiden

vom König überrascht, als sie auf einem Lotosblatt im Schloß-
teich Skat spielten. Tableau!

Die Prinzessin ertrank bei dieser Gelegenheit. Bobby und ich
flohen über Delhi, Haiderabad, Kopra und Bebra nach Singapore, wo wir uns umgehend auf dem Arbeitsvermittlungsamt
meldeten. Man teilte uns einer europäischen Schautruppe zu,
die im Zoologischen Garten gegen Eintrittsgeld gezeigt wurde. Das war bitter. Schließlich brachen wir wieder aus und trie-
ben uns am Hafen herum, um uns heuern zu lassen. Als wir auf
der Großen Mole standen und nach den Haifischen spuckten,
verlor Bobby das Gleichgewicht und fiel in den Stillen Ozean.
Ich rannte auf die nächste Polizeiwache und kam mit dreizehn
Gendarmen zur Unglücksstelle zurück. Doch da saß Bobby am
Strand und zählte die von ihm erschlagenen Haie! Das erregte
ungeheures Aufsehen. Der Raubtierschutzverein und der ma-
laiische Ruderklub ernannten uns zu Ehrenmitgliedern. Man
veranstaltete ein feierliches Kokosmilchreisessen, bei dem drei
Chinesen zerplatzten. Anschließend daran hielt Bobby eine
Ansprache. »Verehrte Tierschutztruppe, geschätzte Neptune-
sen!« sagte er zum Schluß; »Sie übertreiben die Gefahren des
Ozeans, der nicht zufällig ›der Stille‹ heißt! Geben Sie mir einen
Kistendeckel und zwei stramme Spazierstöcke – mit Amfortas,
meinem Freund, rudere ich kerzengerade nach Frisko hinüber!«

Das Hallo war grenzenlos. Im Nu schloß man Wetten für
und wider. Notgedrungen stachen wir am nächsten Morgen in
einem Paddelboot in See. – Im Ernst, es war eine Schinderei!

Anfangs gaben wir uns völlig der Seekrankheit hin. Riesen-
schwärme von Walrossen, Tintenfischen und Böklingen zogen
in der Kiellinie hinter uns, ihren unfreiwilligen Ernährern, her.
Aus diesen Wochen datiert mein chronischer Magenkatarrh …

Auch Rudern will gekonnt sein. – Wir bekamen den Krampf in die Finger und mußten auf der Insel Bali Station machen. Bevor wir ausstiegen, nahm ich Bobby beiseite und sagte: »Bobby, hör mich an. Die zutrauliche Nacktheit der Bali-Mädchen ist bekannt. Laß dich von deiner Leidenschaft nicht hinreißen! Du bist ein gefährlicher Schürzenjäger; doch im Namen unserer Freundschaft sei dir zugerufen: Bobby, beherrsche dich!« Er blinzelte auf die Schwielen an seinen Händen, seufzte und nickte. Dann eilten wir an Land.

Der Wirt vom »Löwenbräu«, bei dem wir wohnten, war von vollendeter Aufmerksamkeit. Am Abend sperrte er uns allerdings in das Frauenhaus. Ich denke nur ungern an jene Nacht zurück: Zwanzig temperamentvolle Frauen und Mädchen schlichen fortwährend um uns herum, warfen mit Kaurimuscheln und nahmen auf ihren Kokosmatten die denkbar gewagtesten Positionen ein. Bobby knirschte meistens mit den Zähnen und ließ sich von mir mit einem Taschentuch fesseln.

Am nächsten Morgen schickte uns der Wirt seine Kartellträger: Wir hätten ihn durch Enthaltsamkeit tödlich beleidigt. Bobby nannte mich einen Esel und schlug als Waffe Zündnadelgewehre vor. Sie akzeptierten. Das Duell fand im Urwald statt. Der Löwenbräuwirt schoß direkt in Bobbys Flintenlauf hinein, wobei das Gewehr zersprang, ohne sonst Schaden anzurichten. Bobby ergriff meine Flinte und erledigte den Gegner durch Blattschuß. – Nachdem die Leiche des Wirts elektrisch verbrannt worden war, wurden wir ausgewiesen und paddelten weiter. Nach vier Wochen gingen uns die Nahrungsmittel aus; nach fünf Wochen die Kräfte. Wir lagen unbeweglich in der windstillen Zone.

Da hatte Bobby einen seiner glänzendsten Einfälle: Er pflanzte in die Ritzen der Schiffsplanken unsere letzte Kokosnuß, und siehe da! Nach etlichen Tagen fleißigen Begießens und Düngens entwuchs dem Boot eine kleine, reizende Palme. Wir waren gerettet! – Eine Woche später konnten wir mit der Kokosnußernte beginnen. Und als wir den Passatgürtel erreicht hatten, breiteten wir unsere Lodenmäntel segelartig an dem Palmenstamm aus, zogen die Paddelhölzer ein und flogen pfeilschnell an den Gewürzinseln und an Polynesien vorüber. Bobby saß meist im Wipfel unserer Palme, lauschte ihrem Wachstum und warf Nüsse auf mich und ins Boot herab.

Eines Morgens – wir feierten gerade meinen Geburtstag – blendete uns plötzlich ein seltsamer Glanz. Bobby zog sein Mikroskop hervor, blickte hindurch und rief: »Amfortas, Bester! Das ist der Äquator!« Kaum hatte er das gesagt, als sich eine Wasserhose erhob und mit der Bügelfalte so unglücklich gegen unsere Palme schlug, daß das Boot kenterte. Keuchend und schwimmend erreichten wir den Äquator. Er läuft, wie man auf jeder Landkarte sehen kann, als schmaler Streifen um die Erde, ist in Wirklichkeit aus Gußeisen und hat die Breite und die Gestalt der Normalspurbahngeleise.

Wir beschlossen, unsere Reise zu Fuß auf dem Äquator fortzuspinnen. Tagelang marschierten wir auf diesem schmalen eisernen Steg; links und rechts rauschte der unendliche Ozean, aus dem merkwürdige Fischsorten neugierig herüberschauten, von denen wir uns durch Angeln ernährten.

Die Schienen schienen uns eigentlich überflüssig, bis wir auf ein Schild trafen: »Straßenbahnverbindung Australien – Südamerika.« Wir waren überrascht. Wir wurden es noch mehr, als wir hinter uns Klingelzeichen hörten. Wir wandten uns um und erblickten wahrhaftig eine Straßenbahn, die dann neben uns hielt. Wir stiegen ein und verlangten Umsteigebillett Ecuador-Kanada. Der Preis war mäßig.

In Ecuador mußten wir leider etliche Zeit bleiben, weil Bobby von einer der gefährlichen Rücktrittbremsen gestochen worden war. In Quito heilte er sich aber verhältnismäßig schnell aus und behielt nur eine erstaunliche Gedächtnisschwäche zurück. Dann fuhren wir mit Hilfe unserer Umsteigebilletts hinauf nach Nordamerika.

4. WELTUNTERGANG IN CHIKAGO

Wir benutzen die australo-kanadische Untergrundbahn nur bis Chikago, weil mein Freund Bobby Damenbekanntschaften zu machen wünschte. Er wäre wieder soweit. – Chikago ist eine unvergleichliche Stadt! Die Wolkenkratzer sind hier, ohne Ausnahme, Aluminiumbauten; und nichts ist reizvoller, als an stürmischen Tagen durch die Straßen zu schlendern und dem leichtmetallischen Geknatter der Häuserreihen zu lauschen. »Schlendern« ist freilich nicht der angemessene Ausdruck, da in Chikago kein Mensch zu Fuß geht. Für gewöhnlich winkt man eines der kleinen goldfarbenen Autos heran, die überall herumstehen und sich geheimnisvoll, ohne menschliche Hilfe, selber lenken. Man ruft die Zieladresse in einen Schalltrichter und gelangt auf dem kürzesten Wege an Ort und Stelle. Hierbei handelt es sich keineswegs um Hexerei, sondern um die sinnreiche Koppelung eines elektromagnetischen Systems mit einer Radiozentrale. – Ist kein Wagen in der Nähe, so bedient man sich des *Trottoir roulant*, d. h. der auf den Fußsteigen dahineilenden Rollstreifen, mit deren Hilfe man, ohne eigene Leistung, äußerst schnell vorankommt.

Oh, welche Annehmlichkeiten birgt diese konsequent elektrifizierte Stadt! Ich erinnere hier nur an das obligatorische Taschentelephon; an das leuchtende Abendblatt am Nachthimmel; das Gehirnverleihinstitut, die Leichenverwertungsstelle; den Fünfuhrtee in den Lüften, mit der durch Lautsprecher übermittelten Sphärenmusik; die Fernerziehung und Fernernährung; die Rohrpost für Personenverkehr; die energiesammelnden Rotorzylinder als ortsübliche Kopfbedeckung; an die bekannten Fleischfabriken mit ihren riesigen Maschinen, in deren Saugtrichter – 50 Meter Durchmesser! – die Schlachtherden getrieben werden, um die Rückseite der Anlage als Lederkoffer, Schweizerkäse, Hornkämme, Schlagsahne, Ochsenmaulsalat, Boxcalfstiefel, Jungvieh und ähnliches zu verlassen; ich erinnere nur an die künstlichen Gärten, mit ihren Ozonsträuchern und dem in Tablettenform käuflichen Naturgefühl; an den Nachweis für Liebesanrechtler; an das Lachgaskabinett, – es ist schwer, auch nur eine schwache Vorstellung von Chikago zu vermitteln.

Eines Tages – ich, Bobby und seine Chikagoer Braut saßen bei unserm *Sand and Soda* auf dem Dachgarten des schwiegerväterlichen Wolkenkratzers – fragte Bobby:»Amfortas, was machen wir morgen?« Ethel zog ihr Perlmutt-Taschentelephon aus ihrer Smokingweste und sagte:»Vergnügungszentrale! – Hallo? Was gibt's morgen? Sportfest für Außenseiter? – *Thanks.*« Dann meinte sie, in ihrer schlichten Art, die mit dem väterlichen Vermögen anmutig kontrastierte:»Na also!«

Der folgende Tag, ein Donnerstag, war wunderschön. Die Wetterregulierungsstelle hatte das Ihre getan. Die Luft war so klar, daß man, mühelos, die obersten Stockwerke in der City erkennen konnte. – Da sausten wir zum Stadion der Hunderttausend hinaus. Zunächst beobachteten wir das Brustschwimmen der Schwerhörigen, das, haushoch, von einem Taubstummen gewonnen wurde. Später schauten wir den Boxkämpfen zu Pferde zu. Freilich, die bedeutendste Attraktion war das Hochspringen der Milliardäre. Ford gewann. Er startete, mit einem Sprunge von drei Metern (ohne zu berühren!), einen neuen Weltrekord. Dann stellte sich leider heraus, daß sich Ford, in die rechte Wade, Sprungfedern hatte einbauen lassen. Es trug ihm die lebenslängliche Disqualifikation ein.

Keinesfalls uninteressant war auch das Hindernisrennen für die Verlagsbuchhändler. Ferner das Ringen der Minderjährigen, das Kugelstoßen der neunten Steuerklasse und das Rugby der Farbenblinden. Schließlich meldeten sich Ethel und mein Freund Bobby zum Dauertanz. Es war phantastisch! Sie tanzten dreiundachtzig und eine halbe Stunde und endeten als zweite Sieger. Bobby hatte einen Vollbart, als er das Parkett verließ. Ethel kam mit krummgetanzten Beinen zurück. Bobby löste, als er das sah, sofort die Verlobung auf. Und Ethel sah sich, aus naheliegendem Grund, gezwungen, ihren Chauffeur zu ehelichen …

Seit diesem Tage waren mein und Bobbys Leben nicht mehr sicher. Ethel verfolgte uns mit ihrer Blutrache. Keine Stunde verging, ohne daß Kugeln durchs Fenster summten, vergiftete Reißzwecken im *Corned beef* steckten und elektrische Schläge nach uns geführt wurden. – »Weißt du was«, sagte Bobby trübe, »ich hab' Heimweh.« Doch gerade, als er nach dem Kursbuche griff, trat jenes Ereignis ein, das als das Chikagoer Hochspannungsunglück weltbekannt werden sollte.

Im Gebiete des Niagarafalls, der Chikago mit elektrischem Strom speiste, hatte es wochenlang geregnet. Stromstärke und Spannung waren immens gestiegen und hatten die Sicherungen durchgebrannt – das Resultat war furchtbar! Sämtliche elektrischen Vorrichtungen der Stadt wurden plötzlich von der hundertfachen Kraft getrieben! Die Rolltrottoirs rasten wie irrsinnig dahin, und wer sich auf ihnen befand, wurde von dem Winddrucke zerquetscht. Die automatischen Autos schossen blitzartig durch die Straßen, prallten zusammen oder stürzten in Häuser hinein und rasselten treppauf. Tausende von Autos fuhren unaufhaltsam im Kreis, und ungezählte Bürger verhungerten in ihnen. Die Lifts flogen schwungvoll zu den Dächern hinaus. Die leuchtende Abendzeitung brachte schon, was erst in drei Wochen geschehen würde. Die Riesenmaschinen der Fleischfabriken liefen leer, nachdem die Trichter die umliegenden Gebäude eingeschluckt und zu Ochsenmaulsalat und Boxcalfstiefeln verarbeitet hatten. Schließlich liefen die Maschinen rückwärts und stellten aus den Fertigfabrikaten das ursprüngliche Vieh wieder her, das nun, in gigantischen Herden, brüllend und nervös durch die Straßen irrte und, neben betenden Menschen, auf den rollenden Trottoirs ins Verderben fuhr. Die künstlichen Gärten verwelkten und blühten täglich dreimal, aber niemand gab Obacht. Die Fernernährung funktionierte in solchem Maße, daß die daran Angeschlossenen unter lautem Knall zersprangen.

Bobby und ich kamen mit blauen Augen davon. Wir saßen, als die Katastrophe begann, in der Manhattan-Bar und spielten mit Peggy und Dorrit, zwei blonden Negerinnen, Schwarzen

Peter mit Zahlenreizen. Draußen an den Scheiben schossen überraschte Passanten und rekonstruiertes Rindvieh vorüber. Ein Auto prasselte durch die Tür des Lokals und verschwand in den Toiletten. Die Lampen glühten weiß, bis die Birnen tropfend zerschmolzen ... Es war wie im Märchen.

Peggy und Dorrit unterhielten uns, so sehr wir konnten. Endlich, nach vierzehn Tagen, ließ das elektrische Unwetter nach. Die Feuerwehr der umliegenden Ortschaften hatte Kanäle gestochen, in denen die Überschwemmungsfluten des Niagara abflossen. – Die zwei Negermädchen reisten, mit dem gesparten Gelde, nach St. Louis. – Ethel war, so erfuhren wir, in ihren elektrischen Massageapparat geraten und wog darnach, so sagte man, keine fünfzig Pfund mehr. –

Bobby und ich fuhren nach Frisko, um zu filmen.

5. DER STURZ DURCH DEN GLOBUS

Unter uns: Afrika hat mich enttäuscht. Doch Bobby, mein Freund, bestand drauf. Und ich gab nach, obwohl ich sah, wie alles kommen würde. – »Bobby«, hatte ich zu ihm gesagt, »was, im Himmel, versprichst du dir von einem dunklen Erdteil?« Da war der Kerl davongelaufen, ohne zu antworten, und hatte Taschenlampen besorgt. Ja, so war er.

Genug. Wir fuhren los. Zu Schiff, zu Fuß, auf Känguruhs – wie sich's traf. Und als wir schließlich in Afrika ankamen, regnete es. Es regnete! Der Laie ist nicht imstande, zu beurteilen, was das heißt. Da stehen die Urwälder bis an die Knie im Wasser; da überschwemmen die Wadis (siehe Konversationslexika!) monatelang Stadt und Land; da schlagen die Tropfen ganz einfach Löcher in die Köpfe der arglos Vorübergehenden; da sind die Läden geschlossen, und die Wüste Sahara gleicht einem Wellenbad; und da ragen von der Hauptstadt Timbuktu nur die Kirchtürme aus dem Wasser!

Nun standen wir also in Afrika, mit unsern Taschenlampen, und hatten die Regenschirme vergessen. Der Regen schälte uns die Kleider förmlich vom Leibe. Streichhölzer und Tabak wurden feucht. Schon erweichte Bobbys Gehirn! Es war schauderhaft! – Da sagte er eines schönen Tages, d. h. der Tag war nicht schön, aber man sagt so, und Bobby sagte deshalb: »Amfortas, hier ist nichts los. Schwimmen wir nach Haus!« Erst wollte ich, um ihn zu ärgern, bleiben. Doch dann entledigte ich mich der letzten Kleiderreste, nahm den Paß zwischen die Zähne und murmelte: »Hopp!«

Wir schwammen zwei bis drei Wochen, ohne abzusetzen. Glücklicherweise war das Wasser nicht allzutief. Glücklicherweise! Denn, im Vertrauen, ich kann nicht schwimmen! Ich genierte mich nur, es meinem Freund Bobby einzugestehen, und stieß mich, ohne daß er es merkte, immer mit einem Bein vom Boden ab.

Wir atmeten auf, als wir auf den Trümmern von Karthago an Land gehen konnten, pflückten ein paar Brombeeren, legten uns und die Pässe zum Trocknen in die Sonne und dachten nach, was zu tun sei. Nachdem uns nichts eingefallen war, bemerkten wir einen Schrankkoffer, der auf den Wellen der Sahara schaukelte und in unserer Nähe strandete. »Amfortas«, bemerkte Bobby, »das ist eine sogenannte Fata Morgana. Man sieht etwas, aber es ist gar nichts zum Sehen da.«

Doch der Koffer war echt und blieb. Er gehörte – wie ein

Schild daran belehrte – einem gewissen Lord Fitzgerald, dipl. Löwenjäger; besser: er hatte ihm gehört. Wir öffneten den Koffer und fanden drin einen Frack, einen Smoking, Pumps, Wäsche, Binder, Socken, Zahnbürsten, Ersatzschnürsenkel, kurz – was man so braucht. Bobby probierte den Smoking und ich den Frack. Und sehr bald standen wir zwischen den Trümmern Karthagos, wie Hannibal und Hasdrubal nicht herrlicher dazwischengestanden haben können, bevor sie sich mit den Punischen Kriegen befaßten, und als die Stadt noch fast wie neu war. – Bobby fand, bei seiner Gewohnheit, die Hände in die Hosentaschen zu pflanzen, ein Portemonnaie, wog es kennerhaft in der Rechten und meinte: »Wie wär's mit eine kleinen Erholungsreise nach Italien? Es muß dort drüben liegen!«

Gesagt, getan. Wir winkten einer vorüberfahrenden Galeere und ließen uns nach Rom übersetzen … Mit Recht genießt Rom den Ruf eines erstklassigen Luftkurorts. Wir wohnten in Lahmanns Sanatorium. Die Verpflegung war gut. Aus diesem Grunde sah sich Bobby nach einer römischen Braut um, bis er törichterweise glaubte, sie in der Gattin eines pensionierten Pastetenbäckers gefunden zu haben. Mir fiel die anstrengende Aufgabe zu, dem jungen Glück als Quartiermacher zu dienen. Schließlich, nachdem kein Schlupfwinkelchen unversucht geblieben war, schrie ich: »So verkriecht euch doch in den Katakomben!« (Siehe Konversationslexikon!)

»Machen wir«, sagte Bobby. Doch Amfortas, also ich, meinte, Giuletta, Bobbys Braut, müsse mitkommen, sonst gäbe es nichts zu lachen. Nun, ich stieg mit ihnen hinunter, und wir verliefen uns gräßlich. Als wir endlich das Licht der Welt erblickten, fanden wir uns am Fuße des Vesuvs, seinem linken, vor und einem wutverzerrten Gesicht gegenüber, das, wie sich bald herausstellte, dem Gatten von Bobbys Braut angehörte. Er zog, nach alter guter italienischer Sitte, den vergifteten Dolch aus den Schaftstiefeln und brüllte:»Ha, Kamorra!«

Bobby ballte die Fäuste vor der Brust, flüsterte mir zu:»Amfortas – Dauerlauf!« Und während sich unsre wohltrainierten Gestalten eilends den Berg hinauf bewegten, vernahmen wir, leiser und leiser, den Racheschrei des Bäckers. Am Rande des feurigen Kraters hielten wir still. Bobby kratzte sich hinterm Ohr, und ich gab ihm recht. Unterdessen schnaubte der Bäcker näher und näher. Es gab kein Entrinnen mehr. In der Linken schwenkte er den Dolch, in der Rechten – hoch über dem Kopf – die leise vor sich hinschluchzende Giuletta.

Bobby, mein Freund, begann zu zittern.»Amfortas, ich hüpf in den Vesuv«, sagte er,»kommst du mit?« Ich war sein Freund und sagte nur:»Nach Ihnen.« Wir faßten uns an den Händen, traten an die Mündung des Vulkans und sprangen in die Tiefe. Noch sah ich, wie der Bäcker uns nachblickte, dann verlor ich den letzten Rest der Besinnung. –

Als ich erwachte, lag ich wieder am Rande des Kraters, als ob ich nie hineingesprungen wäre. Links von mir machte der Bobby Wiederbelebungsversuche an Giuletta, nickte mir zu und meinte:»Man wird die Weiber nicht los.« – Wir kapierten nicht, wieso wir wieder auf dem Vesuv lägen, obwohl wir hineingesprungen waren, und begnügten uns mit Achselzucken. Dann wurde auch Giuletta munter und bemerkte:»O Carissimo, ich hab wieder meine linksseitige Migräne. Er hat mich furchtbar an den Haaren gezerrt, bevor er mich euch nachwarf …«

Mit Giuletta und Kopfschütteln machten wir uns an den Abstieg. Als wir am Fuße des Bergs ankamen, war Neapel nicht mehr da! Man denke sich unsre Lage! – Endlich stießen wir auf einen Menschen. Giuletta ging ihn an und fragte, wo denn Neapel wäre. Der also Angeredete wurde recht blaß und entgegnete:»In Italien, soviel ich weiß …« – »Wir wollen wissen«, erklärte ich,»warum es nicht mehr am Fuße dieses Berges liegt.« – »Weil«, antwortete der Fremdling,»weil es niemals hier gelegen hat, und weil Sie sich momentan in Japan befinden. Sind Ihre Pässe in Ordnung?« Bobby fand als erster die Sprache wieder:»Also deshalb rennen Sie im Schlafrock auf der Straße herum? Bloß noch eine Frage. Wie heißt der Berg?«

»Fudjiyama«, sagte der Japaner,»aber die Herrschaften entschuldigen, wenn ich mich entferne. Ich muß zum Fünfuhrtee in den Tempel.« Bobby winkte ihm nach und rief:»Grüß Gott, alter Schwede!«

»Man sollte es kaum glauben«, sagte Giuletta,»wir sind demnach mitten durch die Erde und am andern Ende wieder herausgefallen.«

»Stimmt!« knurrte mein Freund Bobby,»und du mußtest natürlich nachlaufen!«

EIN MUSTERKNABE

Sooft sich zwei alte Schulkameraden zufällig auf der Straße begegnen, klopfen sie einander, notwendig, die Schultern und gehen ins nächste Restaurant. Dort sitzen sie – ihre Konstitution läßt es anders nicht mehr zu – mit gespreizten Beinen nieder, bestellen Pilsener Bier und Kümmel, fragen sich (wie im Chor): »Na, alter Junge, was machen wir Gutes?« Und dann vergleichen sie, annähernd neidlos: die Höhe ihrer Einkommen, die Zahl ihrer Kinder, den Stand ihrer Aktien, den Termin ihrer ersten grauen Haare und das Alter ihrer Frauen. – In wenigen Minuten wissen sie übereinander wieder vollständig Bescheid, auch wenn eben noch der eine den Namen des anderen nicht mehr wußte.

Und nun, nachdem jeder erkannt hat, daß der andere sein Leben bis zum Augenblick programmäßig verbrachte und daß nichts ihn hindern kann, darin fortzufahren; nachdem sie einander zugetrunken und billigend zugenickt haben – nun heißt es, bald geräuschvoll, bald mit zwinkerndem Geflüster: »Weißt du noch?« … und es ist, als rieselte ihnen ein Zauberschreck vom Genick über den Rücken; als schmölzen ihnen die Bäuche fort und auch die Schnurrbärte; als schrumpften die Glieder klein und als hockten sie, wie einst, im weißgetünchten Schulzimmer. Und es kann geschehen – falls nur die vollbusige Dame am Schanktisch dem Kellner zu klingeln sich entschließt –, daß sie zusammenzucken, als wäre die Pause vorüber und der Lehrer müßte sofort die Tür aufreißen.

Lange geht es so. Dann wird eine Pause eintreten, bis der eine fragt: »Weißt du übrigens, was aus dem Hennig geworden ist? Aus dem Musterknaben?« –»Na«, sagt der andere und nickt bedeutsam, »was kann der schon geworden sein! Ein kleiner Buchhalter ist er. Hier in der Stadt. Ich sehe ihn zuweilen … Wir grüßen uns nicht …« Dann schweigen beide von neuem, stülpen den Kümmel in den Mund, verziehen das Gesicht vor Wonne und bieten sich Zigarren an.

»Ja, so … der Musterknabe …« seufzt der erste. Und der andere bestellt die nächste Runde Kümmel und sagt: »Die bezahle ich.«

Kinder lieben heißer und hassen inbrünstiger, sie haben lichtere Freuden und heiligere Schmerzen als wir. Und verachten gar – verachten können sie wie kein Mensch sonst; doch selten nur würdigen sie jemanden dieser grausamen Verfolgung: am ehesten gilt sie jenen Deserteuren der Jugend, die man Musterknaben nennt; jener minderjährigen Fertigware des Daseins; jenen erwachsenen Kindern, deren Seele blutarm ist, da sie rasch wuchs.

Und auch wir verstehen es, solche Knaben geringschätzig zu betrachten! Ihre später belanglose und oft klägliche Laufbahn gibt uns scheinbar recht. Und doch gehört diese Verurteilung zu den bösesten Sünden, deren wir uns jemals schuldig machen können. Denn hier müßten wir eine der stummsten Tragödien erkennen – und wir gähnen; hier sollten wir den letzten Rest Glauben an die Güte des Schicksals zu verlieren fürchten – und wir spotten!

Insofern ist die folgende Geschichte vom Musterknaben eine kleine moralische Erzählung; denn sie will etwas Mißkanntes verstehen lehren, und Verstehen heißt ja wohl, die Anteilnahme des Herzens gewähren.

Seine Mutter war Witwe; noch jung, oft krank, für ewig enttäuscht. Längst wäre sie an jenem Leiden gestorben, das man, höchst anschaulich, »ein gebrochenes Herz« nennt, wenn sie nicht ihn, den kleinen Jungen, gehabt hätte. Seinetwegen lebte sie weiter oder genauer: existierte sie fort. Sie nähte für große Fabriken Leibwäsche; Taghemden und Nachthemden, Unterröcke und Mieder; auf der Nähmaschine und mit der Hand; im Akkord und gegen Stundenlohn; vom Morgen bis in die Nacht hinein, und zuweilen von nachts bis früh. – Sie lebte nicht. Sie nähte. –

Es wäre falsch gewesen, zu ihr von »stillem Heldentum« oder dergleichen zu sprechen. Es wäre überhaupt falsch, ihr Wesen mit solchen Schlagwörtern zu etikettieren. – Sie nähte, statt zu leben: um dem Kinde Schuh und Anzug, Brot und Fleisch kaufen, um ihm für Unterricht und Klassenausflug Geld geben, um ihm das »Buch der Erfindungen und Entdeckungen« und einen Schlitten schenken zu können. Sie arbeitete, um ihn zu erziehen. Und wahrhaftig! Sie erzog ihn.

So selbstverständlich es den Müttern ist, ihr Leben dem der Kinder zu opfern, so seltsam dünkt es manchmal die Kinder, daß es jemanden gibt, der ihr Glück mit dem seinen zu erkaufen scheint.

Als der Junge, von dem hier gesprochen wird, die Mutter einmal mit besonders ernsten Augen betrachtet hatte, wurde jener Musterknabe aus ihm, der er von dieser Stunde an blieb. – Als er, bald danach an einem Nachmittage, die Treppen des Hauses hinaufsprang, hörte er, daß sie den Flur scheuerte und leise sang. Laut wollte er »Mutter« rufen; rief aber nur die erste Silbe; dann schlug er hin, mit dem Kinn gegen die Granitkante einer Stufe, und biß sich die Zunge zur Hälfte durch. – Der Arzt sagte: er müsse in die Klinik; und die Mutter: er müsse für Wochen ins Bett.

Er selber sagte nichts; denn er konnte nicht sprechen. Aber am nächsten Morgen ging er wie stets zur Schule. – Vier Wochen lang brachte er kein Wort zustande. Die Zunge schmerzte und lag wie ein Berg in der blutigen Mundhöhle. Er konnte nichts essen und brachte Flaschenmilch mit, die er in den Pausen mühsam schluckte. Die Schüler lachten ihn aus, und die Lehrer rieten ihm, fernzubleiben. Aber, seit er der Musterknabe geworden war, fehlte er niemals auch nur einen einzigen Tag; seitdem wurde und blieb er Klassenerster.

Nach dem Mittagessen drängte ihn die Mutter täglich zur Tür hinaus, daß er unten im Hofe oder auf dem Platze spiele. Meist sträubte er sich und blieb über den Büchern. Und schlich er doch hinunter, so stand er dann fremd unter den jauchzenden, schwitzenden Kindern, trat sehr bald beiseite, um niemandes Fröhlichkeit zu stören, und spähte oft nach der Turmuhr, daß er die Stunde nicht versäume, zu der ihm die Rückkehr erlaubt worden war. –

Die Mutter nähte, und er lernte. Sie sagte: »Du darfst nicht immer lernen!« und er: »Du darfst nicht so viel nähen!« – Nun: Sie nähte, und der Knabe lernte …

Wie in einem Tunnel arbeiteten sie sich am Leben vorbei. Froh zu sein, gestatteten sie sich nur, wenn die Mutter zum Quartal das Geld gezahlt hatte, das sie in einem alten Briefkarton aufhob, und befriedigt nickte, weil es reichen würde; oder zu Ostern, wenn er sein Zensurheft langsam, mit bescheidenem Stolze, aus dem Ranzen schnallte. Dann lächelten sie einander an und gaben sich einen verstohlenen Kuß. – Das Lächeln verschwand bald. Die Arbeit ging weiter.

Es blieb alles, wie es war. – Der Musterknabe verließ die Volksschule. Eines Abends saß er neben der Mutter am Fenster, und sie bedachten: was nun werden solle … Sie wurden noch ernster als sonst; und da sie sich »Gute Nacht« wünschten, waren Kuß und Lächeln feierlich – und so kam er aufs Gymnasium. Jahre monotonen Fleißes folgten, und nach ihnen wieder ein solch stiller sorgenvoller Abend am Fenster, mit dem gleichen feierlichen Lächeln, – und so ging der Musterknabe auf die Universität. Von der Mutter fort, in eine ferne Stadt …

Im ersten Semester setzte er zwei Professoren in Staunen; im zweiten prophezeiten ihm alle eine außergewöhnliche Zukunft. Er nickte, schrieb's der Mutter, und arbeitete weiter.

Sie nähte, noch öfter als einst, auch die Nächte hindurch; schickte ihm jeden Monat das Geld, das er brauchte; manchmal steckte sie sogar zehn Mark in einen ihrer Briefe und schrieb: »Dafür sollst Du Dir einen vergnügten Abend machen, mein Junge. Vergiß das nicht!«

Er lächelte, um nicht zu weinen. Und arbeitete.

Im fünften Semester wählte er sich ein Dissertationsthema und lernte ein junges Mädchen kennen. – Daß er seitdem zugrunde ging – denn er ging seitdem zugrunde – war nicht ihre Schuld; sie war anspruchslos und gut gewachsen; sie liebte ihn und tat nichts freudiger, als leise ordnend durch sein Zimmer zu gehen, indessen er am Tisch saß und arbeiten wollte.

Er konnte es nicht mehr. – Doch auch seine Schuld war es nicht, daß er nun endlose Stunden durch fremde Vorstadtstraßen wandern; daß er, einem Mondsüchtigen gleich, am Fenster stehen und in den Himmel starren mußte. Oder er schloß lange die Augen, blickte in sich hinein und erschrak bis zur Blässe, als er sah: er sei für ewig müde, für immer leer … Er wußte jetzt, daß er ein Leben ohne Jugend zu büßen habe. Zwanzig Jahre zu früh hatte er begonnen: Pflichtgefühl zu zeigen; zwanzig Jahre zu spät: Wünschen zu folgen.

Als er das erkannt hatte, blieb ihm nur noch ein Kampf übrig: der Mutter sein Ende zu verbergen; ihr, die in der fernen Heimatstadt noch immer über die Nähmaschine gebückt saß, nähte, nähte … und zuweilen nach der Flurtür ging, weil ihr schien, ein Brief sei in den Kasten geworfen worden.

Er hatte ihr die Wandlung nicht lange verheimlichen können. Doch plötzlich starb sie, ohne daß sie einander noch einmal gesehen hätten. Mit ihr ging sein letzter und einziger Stern unter. Und er verscholl ohne Spur. – Die Professoren schüttelten die Köpfe und murmelten: »Und er war doch so begabt!« Das Mädchen weinte und wartete.

Aber er schrieb nie mehr.

Und wüßten wir auch, wie diese kleine Geschichte weitergeht, – hier ist sie zu Ende … Sie erzählte das Schicksal des verachteten Musterknaben, der kein Mann wurde, da er kein Kind war.

SEBASTIAN OHNE POINTE

Sebastian Stock war ein glänzender Gesellschafter; er konnte geradezu für ein Genie der Konversation gelten – solange er allein war.

Er litt am Dialog. Das ist eine Manie, die als Berufskrankheit der dramatischen Schriftsteller gilt; so wie die Leinenweber und die Säurenarbeiter, die Diamantenschleifer und die Grubenpferde, die Bierbrauer und die Opernsänger die ihre haben. Und sie besteht einfach darin, daß man in Dialogen denken muß. Freilich, harmlos klingt diese knappe Beschreibung nur dem, der jenen Jammer nie erfuhr. In Wirklichkeit handelt es sich um eine Spielart des Verfolgungswahnes, der hier zwar an keine gegenständlichen Komplexe, dafür aber an eine ganz bestimmte Ausdrucksform (eben an den Dialog) gebunden ist.

Der Kranke hat, beispielsweise, eine Schneiderrechnung empfangen. Er liest eine ungewöhnlich hohe Summe, schüttelt den Kopf, beginnt im Zimmer zu wandern und unterhält sich mit dem Schneider, der – wohlgemerkt – gar nicht anwesend ist. Er macht ihm lebhafte Vorwürfe, läßt ihn (dessen Stimme er, laut oder im Geiste, nachzuahmen sucht) besorgt oder frech antworten, sinnt auf neue, treffendere Einwände, der Schneider erbost sich, der Kunde kann sich nicht länger beherrschen – der Streit ist vollkommen.

Sebastian Stock litt schmerzlicher als die meisten seiner Leidensgefährten. Denn er war erstens kein Dramatiker, und zweitens besaß er den Ehrgeiz, aus seinem geheimen Leiden ein gesellschaftlich legitimes Talent machen zu wollen. Solange er insgeheim beide Rollen – die eigene und die des Gegenübers – zugleich spielte, so lange war er Meister. Sobald der andere aber zu existieren begann, seine Stimme tatsächlich erhob und, boshafterweise, ganz anders antwortete, als er, Stock, es ihm stumm diktierte, wurde der Mißerfolg bis zur Unerträglichkeit deutlich.

Materielle Schäden erwuchsen ihm aus seiner Untugend nicht. Er war der Erbe eines gut angelegten Vermögens. Nur in jenen Jahren, als das Sicherste am meisten trog, rächte sich sein Gebrechen auch einmal in dieser Weise. Man hatte ihn einem Bankdirektor empfohlen, der in der Lage war, ihm einen Posten zu verschaffen, wo er nichts verderben und einiges gewinnen konnte. Nun, diese Finanzgröße – namens Frank – lud ihn zum Abendessen ein. Beim Mokka wäre dann wohl die Petition zur Sprache gekommen ... Aber Sebastian Stock ging während des Essens wieder.

Lange bevor er der Einladung Folge leisten durfte, hatte er sich das Programm seines Auftretens zurechtgelegt. Zu Frau Frank wollte er sagen (da er mit ihr bereits telefoniert hatte): »Gnädige Frau sind mir bisher leider nur akustisch begegnet« und zu ihm, falls dieser ihm das Brot reichen würde (für den Fall wollte Sebastian schon sorgen): »Besten Dank, verehrter Brotgeber.«

Auf diese spielerischen Glossen war er stolz und erhoffte viel von ihnen. Selbstverständlich hatte er sich die dazu erforderlichen Mienen überlegt und am Spiegel geübt. Das Bonmot, das ihr galt, wollte er mit weltmännisch lässigem Lächeln würzen; und die dem Direktor zugedachte Bemerkung hoffte er durch ein Zwinkern von beziehungsreicher Dauer besonders wirksam zu gestalten.

Es kam anders. Als er die Franksche Wohnung betreten hatte, kam ihm eine stattlich gekleidete, würdige Dame entgegen. Er machte eine untadelige Verbeugung und sagte – mit dem geplanten weltmännisch lässigen Lächeln, das ihm freilich ein wenig einfror:»Gnädige Frau sind mir leider bisher nur akustisch begegnet.« Die Dame sah ihm skeptisch ins Auge und erklärte, die Herrschaften ließen sich für den Moment entschuldigen, und er möge sie doch im Arbeitszimmer des Herrn Direktor erwarten.

Sebastian nickte automatisch und tastete sich wie ein Blinder hinter der Hausdame her. Dann stand er fünf Minuten am Fenster eines Zimmers, das nach Leder roch, und überlegte krampfhaft: ob er den Versuch bei der rechtmäßigen Frau Frank wiederholen solle oder nicht. Er konnte sich nicht entscheiden. Aber als das Ehepaar erschien, verbiß er seine Redensart und benahm sich ungeschickt, da er nicht bei der Sache war. Man setzte sich zu Tisch. Und Sebastian bereitete den zweiten Coup vor, der ihm – das schwor er sich zu – nicht mißlingen sollte. Es ist begreiflich, daß er wenig sprach, noch weniger aß und stattdessen den silbernen Brotkorb so fest anstarrte, daß es Herrn Frank auffiel.

Plötzlich schob sich also der silberne Brotkorb in Sebastians Gesichtsfeld, rückte näher und näher. Und wie aus dunkler

Tiefe klang es an sein Ohr:»Lieber Herr Stock, darf ich mich, vorläufig auf diese Weise, als Brotgeber demonstrieren?«

Das war nicht eigentlich taktvoll gesprochen. Aber vielleicht trug nur Sebastians Blick die Schuld? Jedenfalls: ihn schien der Blitz getroffen zu haben. Er wurde tiefrot, hustete und vergaß vor Empörung darüber, daß er beraubt worden war, Brot zu nehmen. Frank blickte erstaunt und hielt den Korb mit engelsgleicher Geduld über den Tisch. Dann ärgerte er sich seinerseits und bemerkte doppelsinnig:»Sie lehnen ab, Herr Stock?«

Frank und Frau aßen eifriger, als es ihr Appetit guthieß – nur um ihren wunderlichen Gast nicht länger betrachten zu müssen. Sebastian begann sich selber lästig zu fallen. Er hatte Fieber und spürte, wie in ihm eine blindwütige Verlegenheit heranwuchs, der nichts und niemand standhalten würde.

Etwas mußte geschehen. Seine Stimme zitterte, als spreche er ein Sterbegebet:»Gnädige Frau sind mir bisher leider nur akustisch begegnet.« Frank und Frau blickten sich an und lachten zirka drei Minuten. Sie schrie fast vor Wonne und Nervosität; und ihre Miene bat nur zuweilen und höchst unzulänglich um Entschuldigung. Ruckartig brachte sie hervor:»Ja … unsere Hausdame … erzählte schon davon … es ist … zu drollig!« Dann kreischte sie gemäßigt weiter, während sich der Gatte auf die Schenkel schlug und rief:»Menschenskind … Aber bester Herr Stock! … Wo haben Sie bloß den Blödsinn her?«

Sebastian erhob sich steif, murmelte irgend etwas und verließ zunächst das Speisezimmer. Dann das Haus.

Schließlich ging er auf Reisen, um die Wirkung dieses letzten Rezepts zu versuchen. Und als ihm seine rhetorische Absicht endlich einmal glückte, wurde sein ärgstes Mißgeschick daraus.

Er war in einem großen Gebirgshotel abgestiegen, machte tagsüber Spaziergänge, saß abends, nach dem Diner, an einem der kleinen Hallentische und schaute den andern zu, als ob ihn ein Gitter von ihnen trenne. Er sah, wie sie tranken und tanzten, wie sie Flirts erledigten oder gar Leidenschaft mühevoll großzogen. So verging eine Woche. Und das Alleinsein fing an, ihn zu bedrängen.

Eines Abends erblickte er einen gewissen Herrn Urban, den er aus der Vaterstadt flüchtig kannte, unter den Gästen. Urban setzte sich mit seiner Tochter an einen entfernten Tisch und verlor sich hinter einer Zeitung. Sebastian schlug das Herz. Seine Sehnsucht nach Geselligkeit wurde unbezwingbar, und in seinem Kopf begannen die Redensarten zu wirbeln. Endlich wurde sein Gesicht glücklicher. Das erlösende, das außergewöhnliche Wort schien gefunden.

Als die Kapelle einen Tanz intonierte, erhob er sich und ging in jene Ecke, in der sich Urban und Tochter langweilten. Er verbeugte sich. Sie waren erfreut. Und noch ehe sie etwas hätten äußern können, blendete er sie durch ein schelmisches Lächeln, das kein Ende nahm; dann verbeugte er sich nochmals vor dem Vater und sagte mit schönem Nachdruck: »Verehrter Herr Vater, darf ich Sie um die Hand Ihres Fräulein Tochter bitten?«

Er meinte nichts weiter als: Darf ich mit ihr eine Tour tanzen? Niemand wird das bezweifeln wollen. Aber Urban – heuchelte er Unkenntnis, oder wußte er wirklich nichts über Sebastians Manie? – Holzhändler Urban stand auf, klopfte ihm kernig auf die Schulter und rief: »Bravo, bravo! Ich schwärme für angenehme Überraschungen. Bitte nehmen Sie Platz, Sie eiliger Schwiegersohn! Haha! Nun, Lenchen, was sagst du zu dieser dringenden Nachfrage?«

Lenchen Urban ordnete ihre Frisur und erklärte, ihr sei es schon recht.

Jeder vernünftige Mensch hätte das Mißverständnis energisch aufgeklärt. Aber Sebastian Stock gehörte nicht zu ihnen. Und so wurde er mit einem Fräulein verheiratet, mit dem er nur hatte tanzen wollen. Seitdem geht er noch häufiger als ehedem in seinem Arbeitszimmer auf und ab. Und wenn seine Frau, Lenchen Stock, das Ohr an die Tür legt – sie tut es kaum noch –, hört sie eilige Schritte und erregtes Murmeln und greift sich an den Kopf.

KARL DER FAULE

Da er zu Besuch war, durfte er wie früher als pakettragende Begleiterscheinung der Mama wirksam werden. Sicher trug die zunehmende Last der Einkäufe dazu bei, daß seine sorglich verborgene Zerknirschung nun doch zu bemerken war. – Mit mütterlich unheimlichem Scharfsinn stellte sie die einzige Frage, vor der er mit Recht zittern konnte: sie erkundigte sich, wie lange er eigentlich früh im Bett zu liegen pflege. Oh, das sei ganz verschieden, entgegnete er. Seiner wachsenden Befangenheit nicht achtend, wiederholte sie die Frage. – Nun, einmal sei er, beispielsweise, um neun aufgestanden. (Das entsprach übrigens der Wahrheit.) – Und sonst? – Mama fragte noch etliche Male. Und das Ergebnis war beschämend.

Plötzlich standen sie in einem Uhrenladen. Die Nervosität unzähliger Pendel ließ Karl erschrecken. So oft er die Wände ansah, schienen sie sich sturmgetrieben hin und her zu bewegen. Angstvoll schloß er die Augen. Da hörte er die Stimme der Mama: »Sagen Sie, Fräulein, führen Sie Weckuhren für Schwerhörige?«

Karl öffnete die Augen rechtzeitig genug, um dem mitleidigen Blick einer über den Ladentisch geneigten jungen Dame zu begegnen. Sie nickte der Mama seriös zu, drehte sich um und ging in Kniebeuge. Dann stellte sie eine blechern anmutende Weckuhr auf den Tisch und begann:»Diese Uhr, gnädige Frau, ist amerikanisches Fabrikat, und kann ich Ihnen diese dringend empfehlen. Selbst Taubstummenanstalten lieferten uns glänzende Gutachten. Auch leisten wir Garantie für ein Jahr. Diese Uhr besitzt die Eigenschaft, im Laufe einer halben Stunde zwanzigmal zu wecken; jedesmal eine Minute lang; zwischen den Weckzeiten liegen Pausen von je einer halben Minute ...« Karl fand, sie spräche wie ein Führer durch Residenzschlösser. Daraufhin dachte er an seine Briefmarkensammlung, so daß es ihn überraschte, als das Mädchen ein Paket an seinen letzten freien Finger hing, die Tür öffnete und von baldigem Wiedersehen sprach.»Ich schenke sie dir«, meinte die Mama auf der Straße. Karl, der das Paket zu verlieren trachtete, fragte:»Wem?«, und dachte dabei an das Fräulein mit der Kniebeuge und dem mitleidigen Blick. Es gelang ihm nicht, die Weckuhr zu verlieren ...

Als er am nächsten Tag in der Universitätsstadt ankam, war es leider noch zu früh zum Mittagessen. Ohne tiefere Absicht begab er sich in die Universität, betrat irgendeinen Hörsaal, hing Hut und Mantel an ein Fensterkreuz und stellte die kleine Reisetasche und den Karton mit den Pfannkuchen neben die Tür. Sich selber setzte er in beträchtlicher Entfernung vom Katheder nieder und mühte sich, seinen Nachbar, der zufällig eine Dame war, kennenzulernen.

Der Professor, der nicht viel später kam, verbreitete sich über den Begriff des Eigentums in der Jüngeren Steinzeit. Hieraus ersah Karl, daß er versehentlich in ein juristisches Kolleg geraten war. Er begann also, seinem weiblichen Nachbar dies und jenes zu erzählen, ohne mehr als ein Stirnrunzeln zu erreichen. Er zog sich – soweit er in ihrer Nähe gewesen war – verletzt zurück und versah etliche Bogen weißen Papiers mit Namenszügen. Dies mochte ihn länger, als er geglaubt hatte, beschäftigt haben; denn plötzlich klingelte es. Karl legte seine Papiere und Bücher zusammen und schob ein Bein ungeduldig auf der Bank. Der Professor ignorierte das Klingeln, blieb weiterhin in der Jüngeren Steinzeit und fand auch für das zweite Glockenzeichen nichts als ein unmutiges Kopfschütteln. Beim dritten Läuten hielt er inne, zog seine Uhr und fragte, ob sich wohl jemand nach dem Sinn des verfrühten Klingelns erkundigen wolle. Karl erhob sich und verließ aufatmend den Saal.

Er befand sich schon auf dem Weg ins Restaurant, als ihm sein Gepäck, sein Hut und Mantel einfiel, die er im Hörsaal zurückgelassen hatte. Mißmutig eilte er wieder in die Universität und kam gerade zurecht, die Reisetasche, die der Professor auf dem Katheder neugierig durchwühlte, als sein Eigentum zu beanspruchen. Unter dem Gelächter der Studenten forderte der Dozent den überraschten Karl auf, ihm sogleich zum Rektor zu folgen. Der Professor trug die Weckuhr; Karl den Mantel, den Hut, die Reisetasche und den Karton mit den Pfannkuchen.

Der Wecker hatte fünfzehnmal geklingelt. Obwohl er also in Gegenwart Seiner Magnifizenz noch fünfmal laut wurde, entkam Karl mit einem eindringlich geführten Verweis. Dem Professor schien das kaum zu genügen. Als er mit Karl wieder allein war, bemerkte er (während er den Wecker zurückgab): »Ihr Verhalten, Herr Kommilitone, läßt auf Ihre Fähigkeiten solche Rückschlüsse zu, daß ich Sie zu größtem Fleiß dringend ermahnen möchte. Ich beabsichtige ernstlich, mich Ihrer noch nach Jahren zu erinnern. Wenn Sie also einmal bei mir geprüft werden, sollten …« Karl gestand, daß er nicht Jurist sei. Der Professor entfernte sich geräuschlos.

Nachts – gegen zwölf Uhr – erwachte Karl. Er befand sich auf der Chaiselongue seines Zimmers. Die Wirtin, eine zur Fülle und zum Jähzorn neigende Witwe, hielt ihn an beiden Schultern und warf ihn heftig hin und her, als gelte es Wiederbelebungsversuche. Karl war außer sich. Was wollte diese üppige, hinter dem Nachthemd nur kärglich verborgene Frau von ihm? Doch das war offenbar ein Mißverständnis.

Durch die offenstehende Tür blickten mehrere Hausbewohner (Abgeordnete aller Stockwerke). Und da klingelte der Wecker zum zwanzigsten Male. Karl hatte ihn auf Mitternacht eingestellt, weil er das um die Ecke gelegene Café aufzusuchen die Absicht hatte, um sich mit einem freundlichen, ihm zum Teil noch unbekannten Mädchen zu treffen.

Der Wecker – das bewiesen die neugierigen Hausgenossen und die Wirtin – schien prompt gearbeitet zu haben. Nur Karl hatte neunzehn Klingelzeichen überhört, und selbst das zwanzigste wär ihm ohne die rege Teilnahme der Wirtin gewiß entgangen. Die späten Besucher gaben vor, empört zu sein, drangen ins Zimmer und verlangten einstimmig die Auslieferung der Uhr. Zum Zwecke der Lynchjustiz. Karl plädierte glänzend. Er wies darauf hin, daß es sich um ein liebes Geschenk seiner Mutter handle; er bat, man möge ihn nicht des letzten Ankers berauben. Es half nichts.

Er resignierte und lieferte das amerikanische Fabrikat aus. Man stieß ihn roh auf den Treppengang und zwang ihn zuzusehen, wie sein letzter Anker durch das Fenster flog und unten im gepflasterten Hofe mit vorwurfsvoller Stimme zerklirrte.

Es klang, als schimpfe die Mama durchs Telefon. Atemholend stiegen die übrigen in ihre Betten zurück. Karl schritt einsam in die kühle Nacht hinaus. Ins Café um die Ecke.

Am nächsten Morgen erwachte Karl am Mittag. Bis zur Vesper machte er sich erfolglos Vorwürfe. Dann schrieb er seiner Mutter einen Brief, in dem er ihr die Erlebnisse der vergangenen Nacht schonend, und nur soweit sie mit dem Weckapparat zusammenhingen, unterbreitete. In einer dunkel stilisierten Nachschrift teilte er ihr mit, daß er entschlossen sei, zu heiraten. Einen anderen Ausweg wisse er nicht mehr.

Den Tag darauf las man in den *Neuesten Nachrichten* unter anderem folgende Annonce:

Welche edeldenkende Dame, Alter, Figur, Charakter, Größe, Konfession, Vermögen und dgl. Nebensache, würde sich bereit finden, jungen Akademiker zwecks späterer Ehe kennenzulernen? Leiser Schlaf einzige Voraussetzung. Probezeit von einem Monat einzige Vorbedingung. Offerten unter »Morgenstunde« 70311 Hauptgeschäftsstelle des Blattes.

Der Erfolg des Inserats war einzigartig. Leider hatten die meisten Damen – allzu edeldenkend – ihre Photographie mitgeschickt. Andere wagten an ihrer morgendlichen Munterkeit zu zweifeln oder machten sie doch verschämt von der nächtlichen Munterkeit des Inserenten abhängig. Wieder andere lehnten den Probemonat entrüstet von sich ab.

Karl verlor den Kopf und fragte seine Wirtin, ob sie gesonnen sei, jeden Morgen in sein Schlafzimmer einzudringen und ihn mit allen Mitteln weiblicher List zu wecken. Sonst müsse er kündigen.

Die neue Wirtin war nicht ohne Vorzüge. Doch zunächst versuchte Karl ein anderes Mittel. Jeden Abend gab er auf dem Postamt eine Depesche an sich auf, mit dem ausdrücklichen Vermerk, sie nicht vor neun Uhr des Morgens auszutragen. Dieser Versuch bewährte sich. Jeden Morgen kurz nach neun klopfte die Wirtin an Karls Schlafzimmertür, und jeden Morgen sah sie sich genötigt, das Telegramm an sein Bett zu bringen, da er nicht hörte.

Sie besaß neben vielen anderen Vorzügen auch den der Sparsamkeit. Nur so ist es verständlich und verzeihlich, daß sie Karl vorschlug, das Depeschenschicken einzustellen …

Genügt zum vollen Verständnis der künftigen Sachlage die lapidare Bemerkung, daß Karl nie wieder verschlief?

DIE VERLOBUNGSJAGD

Es war neun Uhr morgens. – In der Nacht schien Schnee gefallen zu sein. Jedenfalls versuchten die Dächer den entsprechenden Eindruck zu erwecken. Es gelang ihnen freilich nur stellenweise ... Die Straßen sahen abscheulich aus. Und die Passanten schoben die Füße durch den Schmutz, als übten sie Skilaufen. Herr Doktor Enterlein vollführte gerade die letzte Kniebeuge, schloß dann das Schlafzimmerfenster, schlüpfte in die Pyjamajacke und schlenderte in seine Wohnstube hinüber. Im Ofen prasselte Holz. Enterlein rieb sich die Hände, goß Tee ein, suchte nach Post, fand nur die Zeitung und setzte sich, faul und gähnend, vor den Schreibtisch. Erst trommelte er mit den Fingern auf der Stuhllehne herum. Dann klapperte er, zirka eine Minute, mit dem Federhalter. Und schließlich wandte er seine ungeteilte Aufmerksamkeit dem Abreißkalender zu. Er entsann sich, daß morgen Neujahr sei. Also war heute Silvester. Im Anschluß an diese unbestreitbare Erwägung begann er die überholten Datumzettel abzurupfen, bis die Rechnung stimmte: 31. Dezember. Enterlein fiel dabei eine Notiz ins Auge. Er beugte sich träge vornüber, um lesen zu können, – und sprang

hoch, als habe er sich versehentlich auf eine heiße Herdplatte
gesetzt …

Das Kalenderblatt aber sah folgendermaßen aus:

Dezember 31 Tage

31

Dezember

Schlußtermin der Wette mit Bettina (1000 Mark).
Muß unter allen Umständen gewonnen werden!

Herr Doktor Enterlein stand längere Zeit vor seinem Schreibtisch, als sei er festen Willens, blödsinnig zu werden. Sein Gesicht ließ hierüber nicht den geringsten Zweifel zu. – Dann
stieß er einen Laut aus, der seinem Bildungsgrad in keiner Weise entsprach. Und zwei Minuten später lehnte er, zum Aus-
gehen fertig, an der Tür. Er warf noch einen Blick ins Zimmer,
als nehme er auf Jahre hinaus Abschied. – Plötzlich schien er
sich eines bessern zu besinnen, stürzte zum Telephon, stellte
den Anschluß her und sprach minutenlang mit irgend jemandem. Dann hängte er ab, notierte etwas, schob den Hut aus der
Stirn und telephonierte von neuem. Wieder hängte er ab. Wieder machte er Notizen. Und telephonierte zum dritten Mal.

Eine volle Stunde mochte er mit diesem abwechslungsrei-
chen Einerlei zugebracht haben, als er aufstand, Hut und Mantel ablegte, ein großes Stück weißen Papiers aus einer Mappe
nahm und, unter eifriger Benutzung seiner Notizen, etwas ent-
warf, was einem Stundenplan verteufelt ähnlich sah. – Und
zwar so:

4h	Café »Magnet«	Melitta Stoeckel
4³⁰	Intime Bar	Ruth Gwinner
5h	Café »Buen Retiro«	Lucie Schädlich
5³⁰	Exzelsiordiele	Katrin Perlbach
6h	Café »Blaue Hand«	Josefine Basch
6³⁰	Prinzeß-Kasino	Ursel Bansin
7h	Klubhaus A. S. C	Mix Meyer
7³⁰	Café »Walfisch«	Alice Stetten

Halb vier Uhr saß Doktor Enterlein bereits im Café »Magnet«
und trank Kognaks. Um vier wollte er sich mit Fräulein Melitta Stoeckel treffen. Fünf Minuten vor halb fünf kam sie denn
auch. – Enterlein blickte, statt sie anzuschauen, giftig auf die
Uhr, deren Zeiger weiterrückten; das Mädchen bestellte sich
Kaffee und Torte, musterte ihn neugierig und schien keineswegs ohne Anteilnahme. Schließlich fragte sie ihn, was er
eigentlich wolle. Er stand, statt zu antworten, auf. Zog den Mantel an. Fräulein Stoeckel war erstaunt und aß Torte. Dann sagte
sie: »Du solltest ein bißchen in den Engadin fahren, Robert. Die
Luft dort oben würde dir gut tun. Ich kann dir in Pontresina ein
ausgezeichnetes Hotel empfehlen. Es heißt … na, wie heißt es
doch gleich?« Robert Enterlein knöpfte den linken Handschuh
und sprach: »Melitta, willst du dich mit mir verloben?« Sie prüfte sein Gesicht und meinte, St. Moritz wäre für Gemütskranke
zu lebhaft. Dann fragte sie aber doch: »Wann?« –
    Er nahm den Hut vom Nagel und murmelte resigniert: »So-
fort.« Darauf lachte sie. Er zuckte zusammen, hielt seine Hand
hin und sagte: »Auf Wiedersehen, Kindchen!« Nun wurde sie
böse; erkundigte sich, was ihm eigentlich einfalle, sie bei sol-

chem Wetter aus dem Haus zu locken; ob er denn glaube, Verlobungen würden beim Adieusagen erledigt! Im übrigen sei sie nicht etwa abgeneigt. Aber so schnell gehe es keinesfalls. Sie könne ja gelegentlich mal mit den Eltern Rücksprache nehmen. Zwar gebe es da einen gewissen Herrn Haferkorn, den der Vater für sie …

Enterlein befand sich inzwischen längst auf der Straße, winkte einem Auto, rief »Intime Bar!« stieg ein und begann, als Melitta ihren Satz beendet hatte, gerade damit, auf Ruth Gwinner zu warten …

Es hat keinen Sinn, Robert Enterleins Nachmittagsbeschäftigung länger zu verfolgen. Die anderen sieben Mädchen rieten ihm, der Reihe nach, sieben andere Erholungsreisen. Siebenmal noch wurde er für geistig leicht gestört erklärt. Siebenmal wurde sein ungestümer Drang zur Verlobung nachdrücklich unbescheiden gefunden und abgelehnt. Und noch siebenmal wurde ihm bedeutet, daß man seiner Nachfrage (allerdings bei längerer Lieferungsfrist) ein günstiges Angebot recht wohl in Aussicht stellen könne.

Vom Leid gebeugt, vom Schneetreiben durchnäßt und marode kehrte Herr Doktor Enterlein gegen acht Uhr nach Hause zurück. Dort sank er in den ersten besten Stuhl und ließ den Kopf, auf dem der Hut noch saß, hängen. Was er tat und dachte, bleibt der Beschreibung unzugänglich. Denn er tat und dachte nichts. – Sein Inneres glich einem großen Theater, dessen Schauspieler nach Haus gingen, da keine Zuschauer kamen …

An den Fenstern wirbelten die Flocken vorbei, als hätten sie es eilig. Die Straßenpassanten marschierten mit schiefen Köpfen gegen den Wind und zogen die Füße aus dem Schlick, als hätten sie sich verbrannt. Hundewetter war der richtige Ausdruck ...

Und dann klingelte das Telephon. Enterlein stolperte durch das dunkle Zimmer und murmelte:»Hallo.« Die Stimme am andern Ende mußte ihm bekannt sein; denn er unterdrückte einen Fluch und fragte, so harmlos als es gehen wollte:»Was ist denn los, Bettina? Waaas? – Wette zwischen uns? Das muß ein Irrtum sein! ... Allen Ernstes, ich hab' keine Ahnung mehr. Worum handelte sich's denn?«

Bettina schien an dieser Stelle des Gesprächs ein ausführliches Lachen für gut zu finden; denn Enterlein fuchtelte wütend mit einem Arm in der Luft herum und sagte mild:»Beruhige dich doch, bitte, und verrate mir lieber den Gegenstand unserer Wette ... hm? ... So, so ... Ist schon möglich ... Nun, und? – Aber das ist ja Irrsinn, meine Liebe! In diesem Jahre verloben, sagst du, oder tausend Mark? ... Urkundlich festgelegt? ... oooh. – Das wird das Beste sein ... Sofort? – Ich möchte nur erst etwas essen. Vielleicht in einer halben Stunde? Schön. Auf Wiedersehen, Bettina!«

Es darf für erwiesen und glaubhaft gelten, daß Robert Enterlein nichts aß. Er hockte vielmehr zehn Minuten in ernster Arbeit am Schreibtisch; zählte das Geld in Brieftasche und Schatulle; betrachtete ironisch den letzten Bankauszug; schrieb Zahlen untereinander, die er addierte und subtrahierte, bis er einsah, daß ihm ohne Multiplikation nicht zu helfen sei, – und dann ging er aus.

Herr Doktor Enterlein hatte im Laufe des Tags achtmal auf junge Damen gewartet, die zu spät kamen. Bettina Fouqué war früher zur Stelle als er selber. – Die Begrüßung geschah herzlich. Und Enterleins rührenden Bemühungen gelang es, das Liquidationsgespräch, welches ihnen – genau genommen: ihm – bevorstand, zu verzögern. Es vergingen Stunden; die Lokale wurden gewechselt, daß es für die Gastwirte eine Lust war – von der Wette aber wurde bis elf Uhr lediglich mit den Blicken gesprochen … Bettina behielt (in all der Zeit und in all den Lokalen) ihre lächelnde gleichmütige Sachlichkeit bei, für die sie unter Freunden bekannt war und wie sie sich für eine Medizinerin schicken mochte. Enterlein geriet langsam und sicher in jenen Zustand, in dem man, wie behauptet wird, Blut schwitzt. Je später es wurde, um so öfter zog er seine Uhr heimlich aus der Tasche. Hoffte er ernstlich, seinem Schicksal zu entwischen?

Plötzlich fragte Bettina: »Wie spät ist's eigentlich, Robert?« Er ließ ertappt die Uhr unterm Tisch verschwinden und sagte bescheiden: »Fünf vor halb zwölf!« – »Verflixt!« rief Bettina, »da muß ich doch schnell meinen Wettgewinn kassieren. Zahlst du bar oder per Scheck?« Robert erklärte sich außerstande, tausend Mark sofort flüssigmachen zu können. Im übrigen dürfe die Wette gar nicht gelten, da er sie ja vergessen habe und dadurch gar nicht in der Lage gewesen wäre … Bettina Fouqué kramte aus ihrer Tasche einen Zettel, der Enterleins Unterschrift trug. Und dann erkundigte sie sich bei ihm, welchen Zinsfuß er für angemessen halte, falls sie sich dazu herbeilasse, ihm die Schuld zu prolongieren. Enterlein zuckte die Achseln, und die Debatte wurde fortgesetzt. – Fünf Minuten vor Neujahr hatte man sich auf eine Verzinsung von fünfzehn Prozent (jährlich) geeinigt und einen Tilgungstermin anberaumt, den Enterlein einzuhalten versprach.

Während dieses merkwürdigen Schuldenabkommens war Bettina recht unruhig geworden und schien nun, wie vorher Enterlein, die Uhr für unentbehrlich zu halten … Drei Minuten vor zwölf wurde Fräulein Fouqué rot und sagte in ungewöhnlich bescheidenem Ton (ihre Stimme vibrierte geradezu, als gelte es, Angst zu haben):»Robert, bist du nicht auf den Gedanken gekommen, daß du die Wette noch immer gewinnen könntest? Auch jetzt noch?«

Herr Doktor Enterlein schüttelte den Kopf und bemerkte trübe:

»Mit wem sollte ich mich denn so schnell verloben?« Doch seine letzten Worte klangen anders als die ersten. Es lag so etwas wie eine unermeßliche Verwunderung darin. Er blickte Bettina an. Doch sie hatte plötzlich irgendwo irgendein Federchen am Kleid gefunden, das sie mit größester Exaktheit und rühmlicher Ausdauer fortblies.

Schließlich schaute sie ihn doch an; ein bißchen hilflos, so, als habe sie sich zu weinen entschlossen. Sie flüsterte:»Robert, noch eine Minute …«

Angemessenes Zartgefühl verbietet es, die folgende Szene zu detaillieren. Und statt unvornehmer Ausführlichkeit sei sofort auf den 3. Januar verwiesen, an dem bei Stoeckels, Gwinners, Schädlichs, Perlbachs, Baschs, Bansins, Meyers, Stettens und vielen andern eine Briefkarte eintraf, die einiges Aufsehen hervorrief und bei den Töchtern der genannten Familien Empörung oder Tränen. Oder, schlimmstenfalls, beides. –

Und auf der Briefkarte stand in Kochscher Antiqua-Kursiv:

In der Silvesternacht verlobten sich:

Dr. med. Bettina Fouqué
Dr. ing. Robert Enterlein

Infolge einer Wette, die beide gewannen

INFERNO IM HOTEL

Drei Tiroler Luxushotels und eine illustrierte Zeitschrift veranstalteten – aus Gründen propagandistischer Konvention – ein gemeinsames Preisausschreiben. Die Zeitschrift stellte den Lesern eine allgemein gehaltene Frage und wünschte besondere Antworten, wählte die drei gelungensten Einsendungen und lieferte deren Urhebern die zur Nutznießung der Prämien notwendigen Schnellzugskarten (zweiter Klasse). Die drei Tiroler Hotels erklärten sich ihrerseits bereit, je einen der Gewinner vierzehn Tage kostenlos aufzunehmen. Den ersten Preis erhielt ein Dr. Gotthold Lehmann, den zweiten ein gewisser Herr Peter Sturz und den dritten die Gattin eines Bankdirektors. Dieser Dame kamen zwei luxuriöse Wochen in Tirol nicht ungelegen; es war ihre dritte Reise im laufenden Jahr, und außerdem fand sie das Hochgebirge himmlisch. Auch Dr. Gotthold Lehmann schätzte sich glücklich; er war Gymnasiallehrer; Gehalt und Familie hätten ihm Erholung höchstens innerhalb der ersten Eisenbahnzone erlaubt.

Aber für Herrn Peter Sturz (wie die Zeitschrift ihn höflicherweise nannte) sollte die Reise zu einer schmerzlichen Fahrt in würdelose Abenteuer werden. Sturz war Metallarbeiter; damit ist der zureichende Grund seiner Erniedrigung eindeutig bezeichnet, und auch ihre Chronik ist schnell notiert:

Peter Sturz, 28 Jahre alt und seit vierzehn Monaten verheiratet, hatte die Preisfrage beantwortet, ohne an irgendeine Chance auch nur zu denken. Als er dann unter den Namen der Prämiierten den eigenen las, erschrak er sehr und schrieb, man möge ihm, einem armen Teufel, statt der Reise, bitte, eine Geldsumme zuwenden. Doch die Redaktion der Zeitschrift lehnte sein Gesuch ab … Frau Sturz, belustigt über ihres Mannes Unruhe, kaufte im Konsumverein den kunstseidenen Schlips, den er erst zum Geburtstag hätte bekommen sollen; sie stärkte und plättete drei Vorhemdchen und etliche Paar Manschetten; sie bürstete den blauen Sonntagsanzug mit Benzin und packte einen Karton. Sturz nahm den ihm zustehenden Urlaub von zehn Tagen und erhielt einige, freilich unbezahlte, Tage mehr hinzubewilligt. Dreißig Mark holte er von der Sparkasse, für alle Fälle und obwohl sie als Anzahlung auf eine Nähmaschine gedacht gewesen waren. Die Zeitschrift schickte das für die Hinund Rückreise gültige Billettheft – und Sturz fuhr nach Tirol.

Die Fahrt im Coupé zweiter Klasse gefiel ihm. Er rauchte Zehnpfennigzigarren, kaute Wurststullen, blinzelte vergnügt durchs Fenster, wippte auf den Polstern und pfiff.

Später schlief er mehrere Stunden. In München stieg er um, schlief wieder ein, erwachte hinter Rosenheim und sah gerührt die ersten Berge. In Kufstein regnete es. Trotzdem ging er vor seinem Abteil des Zürich-Wien-Expreß, der ihn weiterbringen würde, stolz auf und ab, kletterte im letzten Augenblick in den Wagen und bedauerte, eine Stunde darnach, daß er schon in K. angekommen war.

Den Karton unterm Arm und den Hut zwischen den Fingern betrat er das Hotel. Der Portier nahm sich nicht die Mühe, seinen Schreck zu verbergen, als er hörte, wer dieser lächerlich grobe und schüchterne Mensch sei. Eilig ließ er ihn nach einem Zimmer des obersten Stockwerkes abschleppen und machte dem Direktor erschüttert Mitteilung. – Sturz kniff die Augen zusammen, während ihn der Boy durch die Halle führte. Herumsitzende Gäste musterten ihn, als sei er die Dame ohne Unterleib. … Im Lift fuhren sie hoch. Und nachdem sich der Junge zurückgezogen hatte, stand Sturz lange noch dicht an der Tür des Zimmers und wagte nicht, den Karton abzulegen.

Eine Viertelstunde nach dem dritten Gongschlage klopfte es, und der Boy rief: man esse längst! Etwas später stand Sturz in einem großen, herrlich erleuchteten Saal. Die Herren trugen schwarze Anzüge und weißbrüstige Hemden; die Damen glichen nacktarmigen Fürstinnen. Sturz erhielt einen kleinen einsamen Tisch angewiesen; und bevor er sich setzte, verbeugte er sich dreimal linkisch ins Leere. Seine Verwirrung stieg, als man ihm das Vorgericht servierte. Er wußte mit den merkwürdig bunten Speisen nichts anzufangen und schlang sie hinunter, als fräße er Gift. Messer und Gabel klirrten in den schweren Fäusten. Der Oberkellner studierte ihn süffisanten Blicks, und als Sturz das Messer aufs Parkett fiel, als er es aufhob und damit weiterspeiste, starrten ihn alle Gäste, unheimlich fremd und voll sachlicher Neugier, an. Mit gesenktem, rotem Kopfe saß er da und kaute. Ihm war todelend zumute, und verzweifelt schluckte er, was man ihm hinstellte. Als er schließlich aufzublicken wagte, war er allein. Das heißt, drüben am Büfett lehnten zwei Tischkellner und lachten.

In der Halle trank man Sekt und Wein. Wie ein Matrose schwankte Sturz an den Menschen vorüber. Die Treppen rannte er hinauf, riegelte die Tür ab und warf sich wie ein Paket aufs Bett. Dann stand er wieder auf, zog sich aus, hing den Anzug sorgfältig über einen Bügel, löschte das Licht und ging schlafen. Von weit her drang Tanzmusik.

Und er hätte – wäre er's nur gewöhnt gewesen – gern geweint.

Die Angestellten waren grausamer als die Gäste. Es schien, sie hätten sich auch an ihm zu rächen, da sie gezwungen waren, einen Kerl zu bedienen, den sie verachteten. Sie quälten ihn voll böser Lust; sie ertrugen es nicht, sein Herz auch nur eine Stunde unverletzt zu lassen; sie verbreiteten alle seine Irrtümer, damit man ihn verlache. Vom Zimmermädchen erfuhren alle, die es wissen wollten (und andere auch), Sturz halte die Tür zu seinem Badezimmer für eine nachbarlich verschlossene Tür und habe noch nicht gebadet.

Der Oberkellner erzählte den Herrschaften, Sturz wage es nicht, Pasteten, Krebse, Geflügel und andere Gerichte zu essen, weil er nicht wisse, wie er sie anständig verzehren solle. Der Portier teilte den Interessenten mit,»Herr« Sturz habe mehrfach versucht, mit den Hausdienern und Kutschern, wenn sie abends im Hofe saßen und Karten spielten, Gespräche anzuknüpfen. Sogar beim Holzhacken habe er helfen wollen. Na, man habe ihm gründlich heimgeleuchtet!

Seit seiner Ankunft hatte Sturz kaum ein Dutzend Worte gewechselt. Immer war er allein. Immer war er auf der Flucht vor dem Gelächter. Abzureisen freilich schämte er sich noch mehr … So hastete er verlassen und verfolgt durch den lärm- und musikerfüllten Palast; und nur unterwegs, auf stillen Berg- wegen und Gletschern gegenüber, fand er ein wenig Frieden. – Am zehnten Tage empfing er einen Brief von seiner Frau und sah am Datum, daß der Portier ihn mehrere Tage absichtlich zurückgehalten haben mußte. Doch schwieg er, ging auf sein Zimmer und las, was sie ihm schrieb. An diesem Abend – die Hauskapelle spielte Tafelmusik – weinte Sturz an seinem lee- ren, kleinen Tisch. Der Oberkellner kolportierte es schleunig und fügte anschaulich hinzu: die Tränen seien aufs Kalbsfrikas- see getropft. Nervenkrisen eines Metallarbeiters wurden an et- lichen Tischen für originell erklärt.

Am späten Abend, als Sturz sein Zimmer betrat, konnte er an der Tür zum Badezimmer lesen: »Einmal richtig baden könnte dir nichts schaden«. – Erst jetzt merkte er die Bedeutung des Nebenraums, betrat ihn und blickte auf die eingelassene Wanne, als sähe er in ein Grab … Seit er geweint hatte, vollzog sich eine Wandlung in ihm. Seine Schüchternheit wich und machte einem schlimmen Trotze Platz. Man hatte ihn in die Enge getrieben. Jetzt stellte er sich zur Verteidigung. Es verlang- te ihn danach, zu beleidigen und zu bestrafen. Aber niemand verletzte ihn mehr. Es hatten wohl alle instinktiv begriffen, daß er sich geändert hatte. So fraß er den Zorn in sich hinein. Man sah ihn gar nicht. Er war nicht mehr interessant und außerdem gefährlich. Man tat, als sei er nicht vorhanden.

Sturz fand diesen Zustand nicht weniger unerträglich als den vorigen und teilte dem Portier mit, er reise ein paar Tage vor dem Ablauf des Termins. Auf der Bank des Ortes wechselte er fünfundzwanzig Mark in Schillinge um und bot – nachdem er seinen Karton gepackt hatte – dem Zimmermädchen ein Trinkgeld. Sie drehte ihm den Rücken … Er suchte den Hausdiener; dieser lachte ihm ins Gesicht und meinte, von so einem nehme er nichts … Sturz lief zum Oberkellner und drückte ihm einige Scheine in die Hand. Der Oberkellner ließ das Geld fallen und wandte sich zum Gehen. Da hielt der Arbeiter es nicht mehr aus und schlug den Menschen nieder. – Kellner und Gäste liefen herbei und knieten sich zu dem Blutenden.

Sturz drehte sich um. Man trat zurück und ließ ihn ungehindert passieren. An der Tür spie er aus und warf den Rest des Geldes in den Saal. Dann ging er zum Bahnhof und fuhr heim.

Wenige Wochen später starben der Arbeiter Sturz und seine Frau an Leuchtgasvergiftung. Es liegt nahe, zwischen jener Reise und diesem Selbstmord einen Zusammenhang zu konstatieren.

FLIEGENDE MENSCHEN

Am 30. Mai 1978, früh sieben Uhr, riß Phil Boutherwek ein Blatt vom Kalender seiner Flugzeugkabine und meinte zu sich selber: »Three cheers, old boy!« Dann putzte er sich, zum Kabinenfenster hinaus, die Zähne, fuhr in die Pantoffeln und machte die Runde. Er klopfte seinem zwölfjährigen Sohne Johnny, der am Steuer saß und gähnte, auf die Schulter und sagte zu seiner Frau, die damit beschäftigt war, Mabel, die Jüngste, zu entwöhnen: »Dorothy, heute haben wir Smiles Dauerflugrekord um genau zehn Jahre überboten.« KleinMabel klatschte vor Freude in die Händchen, und die Frau meinte: »Lieber, es wird Zeit, daß wir wieder runterkommen. Zwanzig Jahre Luftlinie strengt an, by Jove! Ich möchte wieder mal ins Theater gehn, und, vor allem: die Kinder werden zu groß.« Phil kratzte sich hinter den Ohren, rauchte seine kalte Shagpfeife und meinte gutmütig, wie Männer seines Schlags zu sein pflegen: »Tom müssen wir sowieso abwerfen. Am besten über Boston. Dort sollen die Colleges gut sein. Er muß endlich sein Einjähriges machen, der große Lümmel.« Das war aber nicht etwa bös gemeint. – Phil Boutherwek war ein vorbildlicher Ehemann und

Familienvater. Zwanzig Jahre Luftlinie, immer zwischen Frisko und Leningrad hin und her, sind kein Anlaß zu Untreue und ähnlichem … Dorothy sagte verschämt: »Bester, auch wenn wir Tom abwerfen sollten, werden wir nicht weniger werden.« Phil schlug sich kräftig aufs Knie und lachte: »Damned, ist's wieder soweit?« Sie nickte erglühend und murmelte versonnen: »Ich läge so gern wieder einmal in einer richtigen Frauenklinik. Diese zehn Luftgeburten haben mich ein klein wenig angestrengt, lieber Mann.« Phil küßte sie auf die Stirn und rief: »Sollst du haben, du Treue!« Dann schlenderte er in die Kinderkabine hinüber, zum Wecken.

Tom funkte, sobald er angezogen war, nach Tempelhof: »Eintreffen nachmittags über Berlin … Bitten, Paketflugzeuge mit Brennstoff und Proviant startbereit zu halten … Boutherwek.« Dann sagte er: »Papa, ich möchte heiraten. – Gestern hat die Tochter des Schmierseifenkönigs Bluffhouse gefunkt und bei mir um mich angehalten, wenn ich noch frei wäre. Sie wünscht sich einen gänzlich unerfahrenen Gatten. Sie will auf mich warten. Sie ist die Nichte des Kaisers von Südamerika. Gute Familie. – Und so sieht sie aus!« Er zeigte eine Radiophotographie. Der Vater spuckte zum Fenster hinüber; leider war es nicht offen. Dann meinte er: »Junge, Junge, du solltest doch aber erst dein Einjähriges machen! Ich sprach eben mit deiner Mutter darüber, und wir hatten eigentlich beschlossen, dich übermorgen mit dem Fallschirm nach Boston auf die Schule zu schicken.« Tom grinste und erklärte: »Was ein reicher Schwiegersohn wissen muß, weiß ich.« Der Alte stieß ihn lachend in die Seite und meinte: »Recht hast du! Nett sieht sie aus. Wo wohnt denn das Mädchen?« – »In New York.« – »Teil ihr mit, wir landeten übermorgen in New York. Und teile es allen Radiokonzernen mit. Ich hab die Fliegerei eigentlich auch satt. Möcht mich mal wieder bei Gibson rasieren lassen.« Der Vater ging, Johnny abzulösen. Tom eilte schnurstracks an den Sender.

Am Nachmittag passierten sie Berlin. Die Paketflugzeuge flogen, im gleichen Tempo, dicht über ihnen; und Boutherweks faßten, wie sie es seit zwanzig Jahren gewöhnt waren, Brennstoff, Proviant und Wasser. Percy und Cecely, die Zwillinge, bedienten den Ladungsmagneten, der die Fässer packte und in der Vorratskammer versenkte. – Allmählich bedeckte sich der Himmel mit Hunderten von Fliegern. Tausende von Fähnchen flatterten. Eine Luftparade fand statt. Der deutsche Reichssuperintendent hielt, per Lautsprecher, eine erschütternde Ansprache, gratulierte zum zwanzigjährigen Bestehen und ernannte alle gegenwärtigen und künftigen Insassen des Rekordflugzeugs zu ehemaligen Schülern des Nicolai-Gymnasiums. – Es war zum Heulen.

In der Nacht kreuzten Boutherweks den Ärmelkanal. Die Pariser und Londoner Flugzeuggeschwader waren illuminiert und flogen lebendige Bilder. Zum Schluß formierten sie sich zu einer riesenhaften Triumphpforte, durch die Boutherweks hindurchfliegen mußten. Am übernächsten Morgen überflogen sie Neufundland, und mittags gingen sie in New York nieder.

Ganz Amerika stand am Flugplatz. Zwei- bis dreitausend Menschen wurden zerquetscht. Sie starben lautlos, um die Feierlichkeit nicht zu stören. Sämtliche Monarchen der Staaten waren erschienen und baten um Autogramme. Das Rekordjäger-Regiment gab Salutschüsse ab. Boutherwek wurde von den vier ältesten Frauen Amerikas auf die Schultern genommen, während sich seine Familie mit den gefeiertsten Größen des Kontinents unterhielt: mit Harry Baker, dem eifrigsten Massenmörder der Staaten; mit Mary Hitchins, die gerade zum vierzigsten Male geschieden war; mit Stuart Stups, der sich nur von lebendigen Fischen ernährte; mit Vivian Laurens, die zwanzig Jahre lang auf den Zehenspitzen gestanden war. Allen Berühmtheiten drückten die Boutherweks die Hand. Nur ihr Rekordvorgänger, Ben Smile, war nicht gekommen. Er hatte sich, voller Verzweiflung, einem Ameisenbären zum Fraße vorgeworfen. Sein Ende soll entsetzlich gewesen sein. – Peggy Bluffhouse, Toms Braut, war natürlich auch da. Sie wurden an Ort und Stelle getraut und ritten auf Kamelen – Kamele waren damals sehr modern – ins junge Heim.

Die übrigen Boutherweks wurden in einen von der Regierung gewidmeten Glaspalast gebracht und gebeten, sich darin wohlzufühlen. Freilich seien sie es sich und dem Lande schuldig, daß man wochentags zwischen neun und achtzehn Uhr Führungen veranstaltete, die übrige Zeit gehöre ihnen. Das staatlich bewilligte Ehrengehalt sei an eine einzige Bedingung geknüpft: Nach ihrem Tode werde man sie einwecken und im Museum zur Nacheiferung den Schulklassen zeigen. – Boutherweks unterschrieben den Kontrakt und hielten es auch drei Tage aus.

Dann bestiegen sie, nachts und heimlich, ihr Flugzeug und flogen wieder davon. Sie hatten ihr Erdenleben bereits satt. Dorothy Boutherwek meinte, sie pfeife auf die Klinik und aufs Theater. Und Phil rasierte sich nun wieder selber. – Einen kurzen Brief hinterließen sie an die Regierung. Er wurde niemals veröffentlicht. Wahrscheinlich eignete sein Inhalt sich nicht so recht zur Publikation.

Im Jahre 1995 flogen Boutherweks immer noch. Zwischen Frisko und Leningrad. Ganz wie früher. Die Eltern starben freilich. Die andern aber fuhren weiter, ließen sich mit der Flugpost Gatten und Frauen zustellen und kamen niemals wieder zur Erde zurück.

Sie wollten keinem Menschen begegnen.

EIN KLEINER JUNGE UNTERWEGS

Bahnsteig 8 hatte sich geleert. Der Stationsvorsteher musterte, gewohnheitsgemäß, die Waggons und blieb überrascht bei der Lokomotive stehen. Die Lokomotive war nicht allein. Ein kleiner Junge marschierte langsam an ihr entlang, drehte sich um, marschierte ebenso langsam zurück, stellte sich dann mit durchgedrückten Knien vor dem Beamten auf und sagte: »Ich messe.«

»Kannst du denn schon zählen?«

»Na längst. Wer sie malen will, braucht hundert Meter Papier.«

»Aber man kann doch die Lokomotive auch kleiner zeichnen.«

Der kleine Junge schüttelte den Kopf, sah sich um und fragte: »Wohnst du hier? Nein? Bei uns in Breitenbach wohnt er im Bahnhof. Und zwölf blaue Kaninchen hat er! Hast du auch zwölf?«

»Nein«, sagte der Stationsvorsteher, »aber wo willst du eigentlich hin?«

»Meine Mutter besuchen. Es weiß keiner. Vater denkt, ich bin in der Schule. Bitte, gib mir mal deine Mütze! Ich hab gern welche auf, die mir viel zu groß sind.« Der kleine Junge blickte dem Mann ins Gesicht. Weil darin von einem Mützentausch nicht das mindeste zu lesen war, ließ er das Thema fallen, schob seine Hand zwischen die Finger des anderen, zog ihn durch die Sperre und die Treppen hinab und zum Portal des Bahnhofs hinaus. Hier besann sich der Stationsvorsteher auf seinen Dienst, blieb stehen und fragte:»Warum holt dich deine Mutter nicht ab?«

»Sie ist krank und wohnt bei einem Doktor.«

»Was fehlt ihr denn?«

»Ein Gewächs hat sie. Das hat er abgeschnitten. Ob er's mir zeigt? Was denkst du?« Der Stationsvorsteher zuckte die Achseln. Er schien dergleichen nicht zu wissen. Der kleine Junge holte einen Zettel aus der Tasche, hielt ihn in die Höhe und sagte:»Du darfst es lesen. Gürtlers, das sind wir.« Der Mann las:

Geehrter Herr Gürtler!

Es wurde die höchste Zeit, daß die Operation bei Ihrer Frau vorgenommen wurde. Sie befindet sich, den Umständen angemessen, wohl und wird, wenn keine Komplikationen eintreten, in 14 Tagen nach Breitenbach zurückkehren können. Ich darf Sie bitten, umgehend die Kosten der Operation, die 250 DM betragen, begleichen zu wollen. Mit diesem Preis hoffe ich, Ihren Einkommensverhältnissen weitgehend entgegengekommen zu sein.

Mit vorzüglicher Hochachtung
Ihr ergebener
Dr. Brausewetter, Pasewalker Allee 18 a

Der Stationsvorsteher faltete den Brief zusammen und wollte ihn zurückgeben. Aber der kleine Junge war nicht da. Er stand bei einer Blumenfrau und hielt ein buntes Paket Geld in der Hand. »Das ist für das Gewächs«, sagte er zu der erstaunten Frau. »Meine Mutter hat eins, und da will ich ihr einen Strauß hinbringen. Oh, da sind Soldatenblumen! Als wir noch unsern Garten hatten, standen welche drin. Ich möchte ein Sträußchen Soldatenblumen.«

Die Frau wickelte den Strauß ein, gab ihm Geld zurück und nieste.

»Prost!« rief der kleine Junge, »prost, meine Dame!« Er sah zum Himmel hinauf, drehte sich der Sonne zu, verzog das Gesicht und nieste ebenfalls. »Ich niese nur, wenn ich in die Sonne gucke«, erklärte er freundlich. »Dann aber immer.«

Der Stationsvorsteher trat hinzu und sagte: »Komm, jetzt setz ich dich auf die Straßenbahn.« Der kleine Junge nickte und fragte: »Hast du auch kleine Kinder?«

»Freilich! Genau so einen kleinen Jungen.«

»Genau so einen? Wie heißt er denn?«

»Arno.«

»Arno? Grünwalds Arno heißt auch so. Ich heiße Fritz, Rudi auch noch. Aber nur selten. Da kommt die Straßenbahn.«

»Das ist nicht die richtige.«

»Die fährt nicht zu meiner Mutter?«

»Nein, wir müssen auf die andere Seite.« Der Stationsvorsteher ging mit Fritz über die Straße. Und dann kam auch die richtige Straßenbahn. Er hob den Jungen hinauf und sagte zum Schaffner: »Das ist der Fritz aus Breitenbach. Er will in die Klinik von Dr. Brausewetter in die Pasewalker Allee. Dort liegt seine Mama.«

»Mutter«, korrigierte der kleine Junge.

»Wird besorgt«, meinte der Schaffner und nahm ihn bei der Hand.

»Paß gut auf dein Geld auf«, mahnte der Stationsvorsteher, »und grüß deine Mutter schön, und gute Besserung!« Fritz beugte sich vor, nahm die Mütze höflich ab und rief, während die Bahn losfuhr: »Vielen Dank noch! Und grüß deinen Arno von mir!«

Die Fahrt war lang. Der kleine Junge putzte sich erst einmal die Nase. Er tat es so gründlich, daß alle Fahrgäste die Prozedur interessiert verfolgten. Dann zählte er sein Geld. Er legte Schein für Schein auf sein linkes Knie und fragte, als er damit fertig war, seinen Nachbarn, einen jungen Mann, der angelegentlich zusah:

»Wieviel ist das?«

»Zweihundertfünfundvierzig Mark.«

»Hast du dich nicht verrechnet?«

»Nein.«

»Die kriegt der Doktor. Soviel Geld, was? Mein Vater war gestern abend gleich bei allen Bekannten und hat es geborgt. Börner hat nichts gegeben. Börner ist geizig.« Fritz stand auf, steckte das Geld tief in die Hosentasche, behielt die Hand drin und erläuterte: »Da müßt ihr mächtig aufpassen. Manchmal hat man ein Loch in der Tasche und weiß es nicht, und hups! ist das Geld weg. Ach ja!« Er seufzte und ging im Wagen spazieren. Eine dicke Dame hielt ihm ein Stück Schokolade entgegen. Er schüttelte den Kopf und sagte: »Nein, danke. Da kriegt der Anzug Flecke. Und wenn meine Mutter das sieht, ärgert sie sich. Seh ich überhaupt ordentlich aus?« Er drehte sich ein paarmal um sich selbst. Die Leute nickten und lachten. Der Schaffner rief von draußen herein: »Fritz, setz dich anständig hin!« Der kleine Junge kletterte also wieder auf seinen Sitz, gab dem jungen Mann den Blumenstrauß zum Halten, schaute zum Fenster hinaus und meinte nach einer Weile: »So ein Rummel bei euch!«

»Wie wahr doch so ein Kindermund spricht!« bemerkte eine nervös zwinkernde Frau. »Immer steht man mit einem Bein im Grabe.«

Fritz musterte eingehend die Füße der Frau und wandte sich schließlich, durchaus enttäuscht, wieder der Straße zu. »Breitenbach ist viel kleiner«, erzählte er zum Fenster hinaus. »Tausendmal kleiner.« Er zog den jungen Mann, der die Blumen hielt, am Ohr und sagte: »Du mußt mich mal besuchen. Da machen wir Spaß. Vielleicht ist in Liebenwerda gerade Jahrmarkt. Du lachst dich schief! Und dann essen wir bei uns zu Mittag. Was ißt du denn am liebsten?«

»Hammelfleisch mit grünen Bohnen«, sagte der junge Mann und wurde rot.

»Ich, Makkaroni mit Schinken. Aber das macht nichts. Meine Mutter kocht …« Der kleine Junge schwieg und baumelte mit den Füßen.

»Nein, wie süß er erzählt!« rief die dicke Dame mit der Schokolade, »unterhalte uns doch weiter, Fritzchen.« Der kleine Junge schien es nicht zu hören. Er nahm dem jungen Mann den Strauß aus der Hand und senkte den Kopf über die Blumen, obwohl er genau wußte, daß Soldatenblumen nicht duften.

»Pasewalker Allee!« rief der Schaffner und klingelte. »Fritz, aussteigen!«

Der kleine Junge rutschte vom Sitz, machte eine Verbeugung und sagte: »Gute Besserung!« Da lachten sie alle, und die dicke Schokoladendame patschte sich vor Wonne auf die Knie. Der Schaffner hob den Jungen aus dem Wagen und zeigte ihm das Haus des Doktor Brausewetter. Dann fuhr die Straßenbahn weiter. »Gute Besserung!« nickte die nervös zwinkernde Frau, »wie wahr doch so ein Kindermund spricht!«

»Seine Mutter liegt da drüben in der Klinik«, sagte der Schaffner und zeigte mit dem Daumen über den Rücken.

Der kleine Junge klingelte, strich sich die Schuhe sauber und holte das Geld aus der Tasche. Als die Tür geöffnet wurde, hielt er das Bündel weit von sich und sagte: »Hier bring ich das Geld für Frau Gürtler. Ich sollte es eigentlich in Breitenbach zur Post bringen, aber …«

»Komm nur herein«, sagte ein Fräulein und nahm ihn bei der Hand. Sie gingen auf weichen Läufern und traten in ein helles, stilles Zimmer.

»Es stimmt nicht ganz«, erklärte der kleine Junge, »ich hab die Fahrt davon bezahlt und die Blumen auch. Und hier ist der Zettel.« Er legte das Geld und den Brief auf den Tisch. Das Fräulein zählte, schrieb etwas und gab ihm den Brief wieder. »Es stimmt schon, kleiner Gürtler. Heb den Zettel gut auf!«

Er steckte ihn in die Tasche und fragte: »Wer bist du denn?«

»Ich bin die Schwester.«

»Die Schwester vom Doktor?«

»Nein. Von den Kranken.«

»Auch von meiner Mutter?«

»Freilich!«

»Da bist du ja eine Tante von mir.«

»Gewiß, das bin ich.«

»Und ich hab nichts davon gewußt«, sagte der kleine Junge, trat näher, betrachtete das Fräulein genau und schien sich zu freuen. Dann wickelte er die Blumen aus dem Papier und zählte: »Sieben – acht –. Acht Soldatenblumen hab ich gekauft.« Die Schwester strich ihm den Kragen glatt und fragte: »Willst du deine Mama sehen?« Der kleine Junge nickte.

Sie gingen den Korridor entlang und durch eine Tür, auf der eine Fünf stand.

Er blieb im Zimmer stehen und hielt den Strauß auf dem Rücken. Zwei Betten sah er, und in jedem lag eine Frau. Sie schliefen und hatten gelbe, schmale Gesichter. Langsam blickte der kleine Junge von einer zur andern. Dann drehte er sich zur Schwester und zeigte auf das Bett, das am Fenster stand. Sie nickte.

Er hob sich auf die Zehenspitzen, ging vorsichtig hinüber, setzte sich auf die Stuhlkante und sah seiner schlafenden Mutter ins Gesicht. Die Augenhöhlen schimmerten schwarzbraun, als wäre es gar keine Haut. Die Schläfen lagen tief eingesunken, und viele violette Äderchen zogen sich über die blasse Stirn. Der Mund stand offen, der Atem ging schnell und mühsam; und obwohl die Augen geschlossen waren, meinte man ihren müden und ängstlichen Blick zu spüren.

Der kleine Junge lächelte hilflos zu dem schlafenden Gesicht hinüber, legte die Soldatenblumen behutsam auf die Bettdecke und fuhr streichelnd mit den Händen durch die Luft. Dann lief er, an der Schwester vorbei, schnell aus dem Zimmer. Sie folgte ihm.

»Erst hab ich sie gar nicht erkannt«, sagte er draußen flüsternd zu dem Fräulein. »Bleibt ihr Gesicht immer so?«

»Aber nein! In vierzehn Tagen sieht sie wieder wie früher aus. Und wenn du gut folgst, wird sie ganz gesund.«

»Ich hab ihr immer gefolgt. – Du mußt ihr sagen, daß ich da war und kein bißchen geweint hätte. Und die Blumen hätte ich mitgebracht. Und der Vater läßt grüßen. Auf Wiedersehen!«

»Ich richte alles aus. Aber du bleibst jetzt noch hier, mein Kind. Erst hol ich dir Kaffee und Kuchen, und dann geb ich dir das Fahrgeld. Du kannst doch nicht nach Breitenbach laufen!«

»Ganz richtig gesund wird sie wieder, ja?«

»Bestimmt.«

»Wenn ich bei ihr bleiben könnte, bis sie gesund wird! Sie dürfte es nicht wissen. Und bloß, wenn sie schläft, gucke ich ins Zimmer. Es geht nicht. Ich weiß schon.«

Die Schwester brachte den kleinen Jungen ins Wartezimmer zurück, legte ihm ein paar Illustrierte zurecht und ging in die Küche. Als sie zurückkam, war die Tür verriegelt, und sie hörte den kleinen Jungen weinen. Es klang ganz leise und verzweifelt. Sie blieb unschlüssig stehen und bekam feuchte Augen. Da ging ein Herr im weißen Kittel vorbei und fragte: »Was ist denn hier los?«

»Der kleine Gürtler aus Breitenbach ist heimlich gekommen, Herr Doktor.«

»Hat er sie gesehen?«

»Ja, sie schlief.«

»Er soll noch hierbleiben. Die Frau hat ein verteufelt schwaches Herz. Vielleicht …« Der Arzt schwieg. Und beide hörten das unablässige leise Weinen.

Dann gab sich Doktor Brausewetter einen Ruck, nickte der Schwester zu und ging weiter.

FERDI KULP, DER STROLCH AUF WIDERRUF

Eine Faschingsgeschichte

Ferdi (genauer Ferdinand) Kulp war dümmer, als dies, dem Sprichwort nach, die Polizei zu erlauben pflegt. Da er aber ein reicher Junggeselle war und aufs Klugsein keineswegs angewiesen, fiel seine Dummheit nicht weiter auf. Und es erging ihm gut bis zu dem Tage, an dem er beschloß, sich sein Schnurrbärtchen, das Douglas Fairbanks aus dem Gesicht geschnitten schien, abnehmen zu lassen.

Er ließ es abnehmen, um auf der Faschingsredoute nicht erkannt zu werden. Der Einfall war nicht so übel; denn mit dem Schnurrbart fiel das letzte Erkennungszeichen Ferdis fort. Was übrigblieb, war nicht der Rede wert. – Mit einem Gesicht, das nun nichts weiter darstellte als den bloßen Vorwand, den Hut daraufzusetzen, verließ Ferdi den Friseur, begab sich unbemerkt in seine Wohnung, zog sich vom Altwarenhändler erstandene Lumpen an und spazierte freudig zu seinem Duzfreunde Jakob Paulig, um ihn zu überraschen.

Die Überraschung gelang – das darf gesagt werden – vollkommen! Ferdi klingelte. Pauligs Haushälterin öffnete; meinte, er möge etwas warten; kam wieder und gab ihm fünf Pfennige. Dann schlug sie ihm die Türe vor der Nase zu ...

Ferdi Kulps Gesicht hatte – auf Ehrenwort – noch nie geistreich ausgesehen. In diesem Augenblicke aber stand es konkurrenzlos da ...

Ferdi begriff mit der ihm eigentümlichen sicheren Langsamkeit, daß er für einen Strolch gehalten worden sei, wußte nicht recht, ob er sich darüber freuen sollte, und begab sich mit gemischten Gefühlen zu Leopold Strubbel, um seine Lumpenwirkung zum zweiten Male zu erproben. Strubbel öffnete persönlich, blickte mißmutig und hieb die Tür wieder zu. Ferdi Kulp stand so lange betroffen da, bis Strubbels Dienstmädchen, eine resolute Person, herauskam und ihm einen Teller Suppe kredenzte. Ob er wollte oder nicht – und da er satt war, wollte er eigentlich nicht –, er mußte sich auf die Treppe setzen und loslöffeln. Die resolute Person sah ihm wohlwollend zu, schlug ihm gar auf die Schulter und fragte, ohne Antwort zu erwarten, wie es schmecke. Zehn Pfennige und eine Wurststulle erhielt er außerdem. Ja, sogar die Backe wurde ihm, rauh aber gutgemeint, gestreichelt. –

Ferdi hatte einen stattlichen Bekanntenkreis, und er konnte auf diese Leute wirklich stolz sein! Wohin er auch kam – überall kriegte er ein paar Pfennige. Unerkannt, und um zirka fünf Mark Kleingeld reicher, betrat er schließlich abends den Redoutensaal.

Solange der Maskenzwang herrschte, machte ihm das Vergnügen offen gestanden absolut kein Vergnügen. Es hätte ihm völlig genügt, selber nicht erkannt zu werden. Aber daß er seinerseits die anderen Besucher nicht erkannte, machte ihn doch sehr einsam. – Man weiß, daß Einsamkeit nur für weise Menschen erträglich ist. Ferdi Kulp litt. Und als der Maskenzwang endlich aufgehoben wurde, als die Gesichter sozusagen freigegeben wurden, hatte sich unser dilettierender Lump, vor Schmerz, total betrunken.

Er stand unter dem Kronleuchter des feenhaft glänzenden Saals und erzählte einer angejahrten Pierrette mit lauter Stimme die Geschichte seines Vermögenszuwachses von zirka fünf Mark. Lachlustige Gäste versammelten sich um Ferdi und erfuhren in epischer Breite, daß Jakob Paulig fünf Pfennige gegeben habe; daß Leopold Strubbels Dienstmädchen, diese resolute Person, Vagabunden zu streicheln pflegte; daß Treppenstufen eine im Grunde kühle Sitzgelegenheit seien; daß Frau Direktor Tittel im Hauskleide doppelt so umfangreich erscheine wie im Ausgehe-Anzug – kurz, es kam zu einem zwar heiteren, aber trotzdem hinreichend ernsthaften Skandal. Paulig, Strubbel, Frau Tittel und Ferdis übrige »Kundschaft« war vollständig anwesend. Und es dauerte nicht lange, so nahmen die meisten ihre Masken wieder vor …

Herr Ferdi Kulp kreischte, mit einem ihm sonst fremden Stimmaufwand, seine denkbar unerwünschten Kenntnisse in die Gegend, bis ihn der Präsident des Abends, ein würdiger Schornsteinfeger, an die Bar schleppte. Dort tranken die beiden Herren mehrere Liköre. Ferdi griff splendid in die klimpernde Tasche und packte mehrere Pfund kupferner und anderer Scheidemünzen – stolz und nicht ohne Innigkeit – auf die Theke. Der Schornsteinfeger (von Beruf Landgerichtsdirektor) fiel fast von seinem hohen Barschemelchen, trank ein Glas Eiswasser und veranlaßte das weitere.

Das heißt: knapp zwei Minuten später landete Herr Ferdi Kulp auf der Straße, ohne die Füße benutzen zu müssen. Ein Schutzmann, der zufällig vorüberkam, übernahm den kostenlosen Weitertransport.

Doch der Rest der Nacht und somit der Ausklang dieser Faschingsredoute verlief für Ferdi wieder normal bis auf die Beschaffenheit der Schlafstelle, die in seinem Programm durchaus nicht als zu seinem Kostüm passend vorgesehen war.

Am nächsten Morgen gelang es schließlich dem Inspektor der Sicherheitswache XI, den komplizierten Sachverhalt, unter Heranziehung zahlreicher Zeugen, aufzuklären. Ferdi selber waren statt irgendwelcher Erinnerungen nichts als Kopfschmerzen zurückgeblieben.

Er durfte endlich seine Wohnung aufsuchen und verließ sie nicht wieder, bevor ihm sein reizvolles Schnurrbärtchen erneut gewachsen war. Das dauerte immerhin vier Wochen – eine Zeit, die selbst für Ferdi Kulp genügte, um zu einigen nachdenklichen Stunden und schließlich auch zu einem Ergebnis dieser für ihn ungewohnten strapaziösen Tageseinteilung zu kommen.

Dann verließ er die Wohnung. Und zwar für immer. Er zog in eine andere Stadt, weil seine Bekannten von früher ihn nicht mehr recht leiden konnten. – Nun, Ferdi konnte sich den Umzug leisten. Und er fand am neuen Orte auch bald wieder Bekannte, die ihn einluden und schätzten. Wir wissen ja: er war reich und auf Klugsein nicht angewiesen …

Sogar geheiratet soll er haben!

Faschingsredouten aber besuchte er später nur mit größter Vorsicht und ohne jegliche Vorprobe auf Maskentauglichkeit.

VERKEHRT HIER EIN HERR STOBRAWA?

Das Café ist, am zeitigen Nachmittag, noch recht leer. Ein paar Zeitungsleser sitzen herum. Der Boy gießt heißes Wasser aus einem Kännchen auf die Ränder des Teppichläufers, weil sie sich gerollt haben. Die Garderobenfrau steht hinter ihrer Theke und sortiert kleine Münzen. Neben ihr lehnt der Kellner und liest, möglichst unauffällig, die Rennberichte. Schlechte Geschäfte. Ein gewisser Herr Dubschek wird am Telefon verlangt. Nein, nicht hier. Da betritt eine kleine alte Dame das Lokal. Unter ihrem komischen Husarenhütchen steckt ein Gesicht, das dem Alten Fritz nachgemacht ist. Blaß, großnasig und zerknittert sitzt es auf der dünnen, kurzen Figur, die in dem Plüschmantel viel zuviel Raum hat. Die Frau bleibt vor dem Kellner stehen und sieht ihn abwartend an, bis er, ungern gestört, den Kopf hebt. Da lächelt sie ein bißchen und sagt mit lauter, angerosteter Stimme: »Entschuldigen Sie, verkehrt hier ein Herr Stobrawa?«

»Was soll er denn?« fragt der Kellner. Er hat gegen Leute, die nichts verzehren, von vornherein begründetes Mißtrauen.

»Man hat mir gesagt, er spiele hier jeden Tag Billard.«

»Jetzt sind die Spielzimmer noch geschlossen.«

»Verzeihen Sie, bringt Herr Stobrawa immer seine Geliebte mit hierher?«

Die Gäste werden aufmerksam. Die Garderobenfrau verzählt sich. Der Boy kriegt rote Ohren. »Ich dachte«, bettelt die kleine, alte Dame, »Sie könnten mir vielleicht Genaueres sagen. Früher verkehrten sie in einem anderen Café. In der Stralauer Straße. Nun ist sie aber umgezogen. Sie muß ganz in der Nähe wohnen. Und abends säße sie gewöhnlich hier. Ich habe ihre Spur verloren ... Verzeihen Sie ... Und da ... ja, so ist das.«

Wahrscheinlich hat die Geliebte des fraglichen Herrn Stobrawa früher bei ihr gewohnt und ist Geld schuldig geblieben. Man kennt das. Aber ob es nötig ist, deswegen vor fremden Menschen die Geheimnisse der Familie Stobrawa auszugraben?

»Ich bin nämlich seine Frau«, sagt da die kleine, alte Dame, als bäte sie um Entschuldigung. Sogar zu lächeln versuchte sie. »Ich will Ihnen selbstverständlich keine Ungelegenheiten machen.«

»Bei uns verkehren zwei Stobrawas«, konstatierte der Kellner.

»Der Name ist gar nicht so selten, wie man denken könnte.«

»Ich habe sein Bild mit.« Sie holte aus ihrer Handtasche eine Fotografie heraus. Es ist ein Gruppenbild. Von irgendeinem fröhlichen Ausflug, den man früher einmal machte. Verwandte waren dabei. An einer Waldlichtung zog ein junger Mann den Hut und fragte, ob sich die Herrschaften nicht fotografieren lassen möchten. Herr Stobrawa war gerade guter Laune und ließ es sich was kosten.

»Hier vorn der dicke Herr, das ist Herr Stobrawa.« Sie spricht von ihrem Mann, als wäre sie seine Haushälterin.

Der Kellner betrachtet das Bild lange Zeit. »Der eine von unseren Stobrawas ist dicker als der hier. Und der andere ist größer.«

»Der dickere könnte es schon sein. Die Aufnahme ist ja über ein Jahr alt!«

Die Garderobenfrau blickt dem Kellner über die Schulter, sagt nichts und sieht nur die kleine, alte Dame zuweilen von der Seite an.

»Ja«, sagte der Kellner, »da müssen Sie schon mal woanders fragen, gnä' Frau. Unsere Stobrawas sind das nicht. Sie kommen auch fast nie in Damenbegleitung!«

Sie packt das Bild sehr behutsam wieder ein. »Entschuldigen Sie vielmals«, sagt die kleine, alte Dame und wendet sich zum Gehen. Sie lächelt schon wieder und tut, als habe sie sich bloß zum Spaß erkundigt. »Guten Tag.«

»Guten Tag, gnä' Frau«, sagt der Kellner.

»Guten Tag«, sagt die Garderobenfrau.

Der Boy springt auf und hebt den Vorhang an der Tür zur Seite. Sie nickt und will hinaus. Da schlägt die Tür von draußen. Man hört Gelächter. Ein junges Mädchen kommt herein. Ihr folgt ganz dicht ein dicker Herr. Sie lacht. Frische, kalte Luft weht ins Lokal.

Die kleine, alte Dame ist zurückgewichen und starrt den Herrn an. Er sieht sie, wird rot, will grüßen, unterläßt es, hustet. Das junge Mädchen blickt sich ungeduldig um. »Komm!« ruft sie. Er wendet den Kopf unsicher von Frau Stobrawa fort.

Die kleine, alte Dame geht langsam durch die Tür. Wer durch die Scheiben blickt, kann sie noch sehen. Jetzt steht sie am Straßenbord und achtet besorgt auf die Autos, als sei ihr Leben äußerst kostbar. Der Kellner stöhnt komisch auf. Der Boy hält noch immer den Türvorhang in der Hand. Die Gäste lesen Zeitung. Dann geht der Kellner zum Büfett und sagt zur Mamsell: »Zweimal Kaffee, doppelt Milch und einen Mohnstrudel für Herrn Stobrawa.«

SPUK IN GENF

In einer Sommernacht dieses Jahres geschah am Quai du Mont Blanc in Genf – wenige Schritte vom Völkerbundpalast entfernt, vor dem Kaffeehaus »La Régence« – etwas recht Merkwürdiges. Knapp vor Mitternacht saßen an den Tischen, die auf dem Trottoir stehen, viele elegante Gäste und tranken, vor dem Zubettgehen, noch irgendwelche eisigen Getränke. Denn die Luft war schwül, auch der Wind vom See her brachte keine Abkühlung. Wohlhabende Genfer Bürger steuerten ihre Autos an den gegenüberliegenden Straßenbord und suchten sich dann, zwischen Reisenden aller Kontinente, einen Platz. Die Kapelle spielte, unter freiem Himmel, Partien aus berühmten Opern. Und alle Menschen, die hier saßen, spürten wohltuend, was sie miteinander verband: Die Pässe und die Brieftaschen waren in Ordnung. Der Café glace erfrischte. Und die Opernpiècen gehörten zur allgemeinen Bildung.

Da stand plötzlich ein Hafenarbeiter mitten auf der Straße ... Braungebrannt sah er aus und muskulös. Statt des Hemds trug er ein verschossen violettes Trikot ohne Ärmel, und statt des Gürtels eine breite schmutzigrote Schärpe.

Er schwenkte ein halbleeres Bierglas in der Hand und nickte den Kaffeehausgästen, die ihn ungern bemerkten, lächelnd zu. Er schien etwas betrunken zu sein, und sein Lächeln war nicht freundlich gemeint. Er schlenderte von einem Ende des Cafés zum andern, kam wieder zurück, hob überall sein Glas grüßend hoch und trank es allmählich aus. – Die Autos, die an ihm vorbei mußten, fuhren in großen Bogen um ihn herum. Und die Gäste des Cafés saßen, als sähen sie ein Theaterstück, das ihnen nicht gefiel.

Da goß der Arbeiter den Rest des Bieres aufs Pflaster, packte, als habe er großen Hunger, das Glas und biß krachend ein Stück davon ab.

Eine elegant gekleidete schwatzhafte Amerikanerin, in deren Nähe er stand, schrie auf und wurde blaß. Ihre Nachbarin drückte sich eilig das Taschentuch vor den Mund. Ein paar Gäste erhoben sich, stießen die Stühle zurück und liefen fort. Die Musiker vergaßen auf ihre Notenblätter zu blicken und gerieten aus dem Takt.

Indessen stand der Mann unbeweglich an seinem Platz und kaute Glas, daß es krachte. Gelassen beobachtete er die zunehmende Nervosität der anderen. Das Geräusch des zwischen seinen Zähnen splitternden, knirschenden Glases war das einzige, was man hörte … Dann nickte er, als unterhalte er sich heimlich mit jemandem, wiegte sich in den Knien und ging ein paar Tische weiter. Dort hob er das Glas von neuem, blickte ausdruckslos in die ängstlichen Gesichter und und biß sich einen zweiten Scherben ab.

Und wieder flohen mehrere Gäste. Andere verlangten empört, man möge ihnen den widerlichen Anblick ersparen. Die Kellner zuckten bescheiden mit den Schultern. Sie hatten keine Lust, mit jemandem, der Glas frißt, zu streiten. Außerdem waren sie vollauf damit beschäftigt, bei den flüchtigen Gästen die Zeche einzutreiben. Ein würdig weißhaariger Franzose ließ sich den Geschäftsführer kommen und stellte ihn entrüstet zur Rede. Der Geschäftsführer versprach, Abhilfe zu schaffen, wagte sich auch, bis auf einige Schritte, an den Mann auf der Straße heran, kehrte dann aber mutlos um. Inzwischen pendelte der Arbeiter von einem Ende des Cafés zum anderen, biß ohne Übereilung Scherben aus dem Bierglas, kaute sie klar und spuckte ein paar Splitter auf den Asphalt.

Ein blauuniformierter Polizist, mit weißen Fangschnüren, der versehentlich vom Quai de W. Wilson herüberkam, bog, als er das Schauspiel sah, behutsam in die Rue de Cloche ein und verschwand. Autos hielten mitten auf der Straße an; die Insassen legten erstaunt die Gesichter an die Scheiben. Die Kaffeehausgäste saßen hypnotisiert. Sie unterlagen der Sinnlosigkeit eines Vorgangs und erschraken vor dem törichten Mute dieses Menschen. Sie hatten Angst, tasteten nach ihren Brieftaschen, als bäten sie ihre Banken um Beistand. Das half hier nichts.

Das Glas neigte sich seinem Ende zu. Der Mann knackte die letzten Scherben ab, bis der dickwandige Boden übrigblieb, der nicht zu beißen war. Den hob er hoch, triumphierend und verächtlich.

Alle saßen stumm. Ein junges Mädchen hielt sich die Augen zu und wimmerte. Da trat der Mann auf den nächsten Tisch zu, nahm wortlos eine Zuckerdose aus Nickel fort, stülpte den Zucker auf den Tisch und hielt den Leuten drohend die leere Dose hin. Sofort fuhren alle Hände nach den Portemonnaies und warfen Münzen in das Gefäß. Ruhig wie ein bewaffneter

Räuber marschierte der Mann von Tisch zu Tisch und streckte seine Zuckerdose wie eine Pistole vor. Er bat nicht. Er dankte nicht. Er verließ keinen Tisch, bis man ihm nicht Geld gegeben hatte. Auf der Straße hatten sich Passanten angesammelt und verfolgten die Erpressung mit schweigendem Interesse. Der Geschäftsführer besann sich, zu spät, auf die Gefahr, in der sein Ansehen schwebte, und redete dem Manne zu, die Bettelei zu unterlassen. Der Mann schob den Schwätzer beiseite und kassierte weiter. Er schien die Gäste als gefüllte Automaten anzusehen. Er kam, und sie gehorchten ihm mechanisch.

Als er genug hatte, stellte er die Dose beiseite, warf den Boden des Bierglases achtlos weg, zog sich die Hosen hoch und ging.

Die Zurückbleibenden saßen müde wie Rekonvaleszenten. Was war eigentlich geschehen? Ein Mann ohne Schlips und Kragen hatte Glas gekaut. Aber es war ihnen, als wäre viel mehr und viel Drohenderes passiert. Die Kapelle begann Verdi zu spielen. Ein Kellner trocknete sich verstohlen die Stirn.

DER HUNGERKÜNSTLER

Es gibt einen Ruhm, für den man sich keine zwei Stück Kuchen kaufen kann. Und der Maler Komjanky hatte ihn, nach vielen Jahren, erreicht. Die Zeitungen berichteten mit größter Wärme von seiner eigenwilligen Begabung und erklärten, er habe das Zeug zu einem ganz verfluchten Kerl. Seine Phantasie hatte es ihnen angetan. Falls er sich entschlösse, ganz zur Graphik überzuschwenken, seien seine Chancen – das dürfe man, ohne Prophet zu sein, sagen – schlechterdings unabsehbar.

Früher hatte Herr Komjanky gehungert, weil niemand seinen Namen kannte. Jetzt hungert er, obwohl er berühmt geworden war. Der Unterschied mag vielen nicht beträchtlich erscheinen. Aber er ist's. Bis zum dreißigsten Lebensjahre hungert ein richtiger Künstler gern. Und hat er früher Erfolg, so zweifelt er ganz einfach an seiner Begabung. Hat er sich aber endlich durchgesetzt, dann bildet er sich auch schon ein, Anspruch auf Luxus erheben zu können. Haltbare Sohlen will er auf den Schuhen haben; einen zweiten Anzug hält er für unerläßlich; er will gelegentlich ein Menü essen, mit legierter Suppe und Nachspeise. – Wenn er das, trotz des Ruhms, nicht kann, ärgert er sich. Das Hungern macht ihm plötzlich nicht den geringsten Spaß mehr. Er hustet auf die Lorbeeren, weil er sie nicht in die Suppe tun kann. Das ist natürlich ungerecht. Aber Herrn Komjanky, um auf ihn zurückzukommen, war auch so! Er hungerte nur noch mit Widerstreben. Künstler sind exzentrische Geschöpfe.

Trotzdem malte und zeichnete er fleißig weiter. Die Staatsgalerie hätte fast eine lithographische Folge von ihm erworben. Und als er in der Sezession ausstellte, erhielt er Stöße von Briefen aus dem Publikum. Der Ruhm war nicht länger aufzuhalten … Einer der Briefschreiber schwor: wenn Herr Komjanky noch ein solches Bild wie die »Freiübungen der Jungfrauen« male, werde er, der Schreiber dieses, den Maler besuchen und solange ohrfeigen, bis er nicht mehr in den Sarg passe. Die anderen Briefe waren meist ähnlich gehalten. Sie unterschieden sich eigentlich nur durch die in Vorschlag gebrachten Todesarten voneinander. Aber zwei Briefe klangen anders. Der eine stammte von einer guterhaltenen Beamtenwitwe ohne Anhang. Sie schrieb: Aus seinen wundervollen Zeichnungen sei leider zu entnehmen, daß er sich recht unglücklich und in jeder Beziehung unbefriedigt fühle; sie habe eine noch recht wenig benutzte Vierzimmerwohnung, und wie er darüber denke. Der andere Brief war von einem Fräulein Stötteritz, das behauptete, die faden jungen Leute unerträglich zu finden und zu einem Manne aufblicken zu müssen. Herr Komjanky ging der Sache nach und durfte feststellen, daß der alte Stötteritz eine Konservenfabrik und eine Villa besaß, die beide nicht von Pappe waren.

Herr Komjanky heiratete also, weil er Armut mit Ruhm nicht mochte, die kleine Stötteritz, zog in die Villa, lernte chauffieren, Austern essen und Sekt trinken. Er hatte auch hierzu Talent und fand, er habe gar nichts Gescheiteres tun können. In den illustrierten Zeitungen erschienen Photographien von ihm.

Bis dann Herr Komjanky merkte, daß seine Bilder und Zeichnungen schlechter wurden. Er begriff sofort, woran das lag: Es ging ihm zu gut. Künstler wissen nicht, was sie wollen … Wenn sie berühmt geworden sind, denken sie ans Essen. Und wenn sie satt sind, denken sie an den Ruhm. Es hat nicht den geringsten Sinn, daran zu zweifeln, weil es stimmt. Herr Komjanky gehörte zu dieser fatalen Sorte, obwohl ihm das aufrichtig leid tat. Und als er nun vor der Entscheidung stand: gut zu malen oder gut zu leben, entschied er sich für das Malen.

Reichtum ist kein Scheidungsgrund. Und da er die junge Frau Komjanky geb. Stötteritz gut leiden mochte, blieb er in der Villa wohnen und richtete sich hier so ärmlich ein, wie es seine Mittel erlaubten. Zum Glück war eines der Dienstbotenzimmer frei. Dorthinein zog er. Er lief von jetzt ab in einem Anzug umher, der die Besucher maßlos erschrecken ließ. Und die alten Stötteritzens genierten sich seinetwegen bis auf die Knochen. Bei den festlichen Essen sahen ihm die fürstlich bewirteten Gäste mitleidig zu, wenn er, günstigstenfalls, zwei Spiegeleier aus der Pfanne aß und die braune Bratmargarine mit holprigen Stücken Schwarzbrot aufwischte. Der uralte Hausarzt, Sanitätsrat Ißbach, riet lebhaft, den Schwiegersohn, eventuell nur vorübergehend, in ein Sanatorium zu stecken. Doch die junge Frau wollte davon nichts wissen.

Herr Komjanky malte, zur Freude der Kultur, wieder wie früher; vielleicht noch um zehn Prozent besser. Nun behielt er erst recht seine theatralische Armut bei, verkniff sich sogar das

Atelier, beschränkte sich auf Graphik und mußte erleben, daß sein Ruhm anfing, Geld zu erzielen. Ein wichtiger Kunsthändler schloß mit ihm einen Kontrakt ab. Und bald war jeder Federstrich, den er tat, unter Sammlern seine zwanzig Mark wert. Der Schwiegervater übernahm einen Teil des Geldes, gutverzinslich, in den Konservenbetrieb; mit dem Rest spekulierte ein Freund der Familie an der Börse. Er spekulierte erfolgreich. Und Herr Komjanky wäre jetzt selber in der Lage gewesen, ein eigenes Auto und ein eigenes Haus zu finanzieren.

Doch er entzog dem Geld jeden Einfluß auf seine Lebensführung und haßte es, je mehr es sich häufte. Er aß nur noch dreimal wöchentlich warm, und dann meist Makkaroni mit Schinken. Er trug die gebrauchten Schuhe des Portiers ab. Er verzichtete auf die Vorzüge der Zentralheizung und fror, so sehr er konnte. Er hatte nie mehr als fünfzig Pfennige in der Tasche und rauchte Zigaretten, von denen seine Frau behauptete, sie wären zum Sichvergiften zu schlecht. Er saß, wenn er das Theater besuchte, im obersten Rang, indessen seine Frau in der Loge lehnte. Er lud Kollegen zu sich ein und schleppte Modelle ins Haus, nach deren Anblick seine Schwiegermutter ein Vollbad nahm. Und als ihn die Akademie zu ihrem Mitglied ernennen wollte, lehnte er ab.

Er steigerte sich derartig in die Einbildung, er sei arm, hinüber, daß er schließlich vergaß, wozu er all den Unfug trieb. Es hatte eine bloße Methode sein sollen und wurde Selbstzweck. Der Spleen machte sich selbständig. Und eine ganze Stadt amüsierte sich darüber. Wenn er aus der Villa trat, beinah wie ein Vagabund, bildeten die Gassenjungen Spalier …

Und schließlich wurde er, so wenig man gerade dies hatte erwarten dürfen, geizig wie ein Drache. Das Vermögen, das er erst ignoriert hatte, gewann, je mehr es wuchs, sein Interesse. Wenn er nicht arbeitete, saß er über den Kontoauszügen, Fabrikabrechnungen und Wertpapieren und hatte rote Augen. Sein Geiz war um so unheimlicher, als er ja das Geld verabscheute, seit er welches besaß, und es nie würde brauchen können. Es war vielleicht Schadenfreude darüber, daß es ihm gelang, den anderen Menschen, die das Geld liebten, eine wachsende Summe zu entziehen und diese, gewissermaßen, gefangenzusetzen. Er begann, den Haushalt der Schwiegereltern zu kontrollieren und Einschränkung zu fordern, wo er gar kein Recht dazu hatte.

Wer weiß, wie weit er die Originalität in seinem Leben noch hätte treiben wollen, wenn es ein origineller Tod nicht abgekürzt hätte. Herr Komjanky, der Meister der Graphik, wurde auf einer Landstraße von einem Auto überfahren; er war zu Fuß unterwegs, um wieder einmal nach der Natur zu zeichnen. In dem Auto, das ihn totfuhr, saß seine Gattin. Einer ihrer Verehrer steuerte den Wagen. Sie luden die Leiche des abgerissen gekleideten Gatten auf und transportierten sie nach der Villa Stötteritz.

Der fahrlässige Verehrer kam ins Gefängnis. Die Nachlaßwerke des Toten kamen in Museen. Sein Vermögen kam in geeignete Hände.

DUELL BEI DRESDEN

Am 28. Oktober 1927 sollte in der Dresdner Heide, nahe der Ullersdorfer Mühle und der großen den Wald schneidenden Chaussee, ein Pistolenduell stattfinden. Die Gegner waren ein Assessor am Landgericht – Kinne mit Namen, vierzigjährig, baumlang – und ein junger Chemiker, namens Graff. Man hatte Freunde mitgebracht und einen Assistenten des Altstädter Krankenhauses, mit dem Graff bekannt war.

An der Kreuzung der Radeberger Chaussee und der Ullersdorfer Landstraße warteten drei Autodroschken. Die Chauffeure spielten Skat und waren angewiesen, neugierige Fragen ausweichend zu beantworten. Es kam aber niemand vorüber, der sie hätte fragen können; kein Forstgehilfe, kein Milchwagen, kein Ausflügler. Die Chauffeure hatten sich Flaschenbier mitgenommen. Finken hüpften über die Autodächer, flogen fort und kamen wieder. Der Himmel wurde langsam ganz hell und glasblau.

Da brachten vier Herren die Leiche des Chemikers Graff aus dem Walde. Der Arzt begleitete den Trupp. Assessor Kinne, der den Zug beschloß, trug den Waffenkasten und rauchte eine Zigarre. Die Chauffeure sprangen an ihre Wagen. Und wenige Minuten später sausten die Autos stadtwärts …

Das Duell hatte gar nicht stattgefunden. Graff war, noch während jemand die Distanz abschritt, zusammengebrochen und am Herzschlag gestorben. Der Assessor hatte, als ihm der Arzt den Befund mitteilte, die Hände gerieben, als wasche er sich, und geäußert: Ob so oder so, – Herr Graff habe nun also seinen Willen.

Graff gehörte zu den heimlichen Kriegsopfern, die man mitzuzählen vergaß. Daß er zehn Jahre nach dem Kriege starb, ist kein Einwand. Er wurde damals eingezogen, als die alten Feldsoldaten, wenn man sie zum viertenmal ins Feld schickte, miteinander wetteten, ob sie schon in acht oder erst in vierzehn Tagen wieder zurückwären. Sie verloren unterwegs, gewöhnlich in Brüssel, den Transportführer – irgendeinen kleinen hilflosen Offiziersanwärter – verkauften die Feldmontur, besuchten armeebekannte Lokale und Mädchen, tauchten schließlich, achselzuckend, wieder im heimatlichen Reservedepot auf und hatten gegen ein paar Wochen Arrest nicht das geringste einzuwenden.

Damals beschloß die Oberste Heeresleitung den Kinderkreuzzug und holte Graff mit seinen Altersgenossen zum Militär. In langen Kolonnen marschierten sie nach den leeren Kasernen. Ein bißchen Musik war dabei. Und die Mütter blickten aus den Fenstern auf die Schlachtparade hinunter. – Am Nachmittag stülpte man den Jungens verschwitzte Helme über, verpaßte ihnen schlotterndes Uniformzeug, und am nächsten Tage begann der Drill. Sie lernten grüßen, stillstehen, Parademarsch, Kniebeugen, und was sonst zum Sterben nötig war.

Graff geriet in ein Fußartillerie-Reserveregiment, und mit ihm so viele Schüler und Banklehrlinge, daß eine Einjährigenkompagnie formiert werden mußte. Die Wahl der Ausbildungsmannschaft besorgte der Kompagnieführer, Oberleutnant d. R. Kinne (E. K. I.). Er wählte vorzüglich. Kein Sergeant war ihm roh genug. Es schien, als hasse er die Kindergesichter und als habe er vor, wie ein Engelmacher dazwischen zu fahren. Wenn er, im grünen Friedensrock, die Reihen abschritt, zitterte sein kaiserlich hochgewichster Schnurrbart genießerisch, und wenn die Unteroffiziere nicht gemein genug fluchten, half er, kenntnisreich, nach.

Nachdem er einen Gefreiten (im Zivilberuf Lehrer) hatte an die Front schicken lassen, weil der mit den Erziehungsmaßnahmen in der Kompagnie nicht einverstanden war, kannten die übrigen Gefreiten und Unteroffiziere kein Halten mehr. Sie quälten ihre Konfirmanden wie die Teufel, sie überboten sich im Erfinden von Gemeinheiten und Strafen. Es kam oft genug vor, daß jemand beim Exerzieren oder beim Granatenschleppen zusammenbrach. Nach jeder Typhus- und Cholera-Impfung ließ Kinne die Einjährigen zweihundertfünfzig Kniebeugen machen und sah persönlich darauf, daß sie tief und exakt ausgeführt wurden. Einer, der sich beim Hauptmann zum Rapport hatte melden lassen, mußte, unter einem Vorwand, drei Stunden lang über den Exerzierplatz rennen und kriechen. Er bekam den Sonnenstich und wurde ins Lazarett eingeliefert.

Wer nicht, in den hohen, schweren Stiefeln, vom Querbaum herab, über ihn hinweg, die Hocke wagte – diesen riskanten Sprung durch die Luft, mit hochgerißnen Knien – wurde offiziell für einen Scheißkerl erklärt. Beim Stalldienst war es streng verboten, anders als mit bloßen Händen auszumisten. Graff hatte, für die Dauer des Reitunterrichts, ein Pferd, das böse war und wie verrückt um sich schlug und biß. Täglich zerfetzte es ihm das Hemd und die Haut, und täglich schleuderte es ihn, mit rasenden Hufschlägen, in die Stallgasse. Einmal traf es ihn so unglücklich, daß er eine halbe Stunde lang wimmernd liegen blieb. Die Unteroffiziere versammelten sich um ihn und rissen Witze. Er bat vergeblich um ein anderes Pferd.

Oberleutnant Kinnes rechte Hand hieß Aurich. Dieser Kerl war, wegen tollkühner Frontleistungen, schon Offizierstellvertreter gewesen, aber wegen unerhörter Roheitsdelikte degradiert worden. Jetzt war er Sergeant. Abends ließ er sich von den Reichen einladen, nahm Geldgeschenke an, vergalt aber derartige Bestechungen mit doppelter Quälerei.

Graff wurde herzkrank. Beim Strafexerzieren brach er zusammen. Sergeant Aurich befahl dem Gefreiten vom Dienst, den Einjährigen Graff in Arrest zu bringen. Wegen Subordination. Da kroch Graff auf die Knie, zog sich am Karabiner hoch und schleppte sich hinter der Schwarmkolonne her.

Auf dem Heimmarsch, als zu singen befohlen war, und Graff, der in der Reihe taumelte, nicht sang, kam Aurich, lächelte lauernd und rief: »Na Graff, wenn du vorhin einen Revolver hattest, – hättest du mich übern Haufen geknallt?« Graff riß den Kopf hoch und brüllte, daß die Kameraden erschraken: »Jawohl, Herr Sergeant!«

Am Abend, als er eine Stunde zu Hause war, bekam der Junge einen Weinkrampf. Er warf sich auf dem Bett herum, fuchtelte mit den Armen und schrie fortwährend: »Ich erschieß den Hund! Ich erschieß den Hund! Ich erschieß den Hund!«

Die Mutter stand neben ihm.

Am nächsten Tag brachte sie dem Sergeanten, heimlich, eine Kiste Zigarren und bat, er möge ihren Jungen schonen. Aurich nahm die Zigarren und lachte.

Graff konnte keine Treppe mehr steigen, ohne Herzkrämpfe und Atemnot zu haben. Er meldete sich vergeblich krank und beantragte, als der Stabsarzt wieder nichts fand, seine Untersuchung durch die Generaluntersuchungskommission. Die Generalärzte schickten ihn vier Wochen auf den Weißen Hirsch ins Lazarett. Als er zur Kompagnie zurückkam, war Sergeant Aurich eben ins Feld gerückt. Der Oberleutnant übernahm seine Funktion und brachte es fertig, daß Graff, nach wenigen Tagen, kränker war als je zuvor. Dem war jetzt alles gleich; er hatte jede Furcht vor Bestrafung verloren, war renitent, zeigte seinen Haß ganz offen, und der Oberleutnant war bestrebt, sein Zerstörungswerk trotzdem ungehindert fortzusetzen.

Graff meldete sich erneut zur Generaluntersuchung und wurde zu einem überplanmäßigen Bataillon abgeschoben, wo die Halbtoten der sächsischen Armee aufbewahrt und mit Kartoffelschälen unterhalten wurden.

Bevor Graff die Einjährigenkompagnie verließ, hatte er mit dem Oberleutnant ein längeres Gespräch. Er sagte unter anderem:»Sie haben mich wissentlich und mit Vergnügen zugrunde gerichtet. Sie haben uns behandelt, als wären wir Viehzeug. Ich hoffe, Sie nach dem Kriege wiederzusehen.«

Schließlich ging der Krieg zu Ende. Graff kehrte, schwer krank, ins Gymnasium zurück, erledigte die fällige Prüfung, studierte an verschiedenen Hochschulen, erledigte wiederum mehrere Prüfungen, fand eine bescheidene Anstellung bei einem Nahrungsmittelchemiker und war weder in der Lage, seinen Posten, der Gesundheit brauchte, so wie er es gewünscht hätte, auszufüllen, noch durch einen längeren Urlaub die erforderliche Gesundheit zurückzuerlangen. Mit fünfundzwanzig Jahren war er ein Todeskandidat von der langwierigen Sorte und wußte das. Seine Mutter, mit der er zusammenwohnte, suchte er über die Herzanfälle und die bittre Melancholie lächelnd zu täuschen. Er rauchte nicht und trank keinen Alkohol. Er enthielt sich der Frauen und gab vor, er entbehre sie nicht. Nur wenn er allein war, ließ er sich von seinen Wünschen abwürgen. Dann saß er am Fenster und blickte auf die Straße hinunter und in die fremden Häuser hinüber, als hocke er jenseits der Welt.

Nur zu einer Leidenschaft hatte er noch den Mut, zum Haß! Er übte sich jahrelang im Pistolenschießen – im Garten eines Freundes – und brachte es zu ungewöhnlicher Fertigkeit. Die Schießscheibe, die er sich selber gemalt hatte, einen Offizier im grünen Rock und mit gewichstem Schnurrbart, traf er, auf jede gangbare Distanz, mitten ins Herz. Der Freund, ein Referendar, unterrichtete ihn regelmäßig über Aufenthalt und Lebensführung des Assessors Kinne, den er von Gericht her kannte. Graff wartete auf die Gelegenheit.

Sie kam. Nach einem der Spaziergänge, die er mit seiner Mutter durch den Großen Garten zu machen pflegte, stiegen sie – es war an einem der letzten Septembertage – auf eine Straßenbahn. Der Wagen war besetzt, und sie blieben auf der hinteren Plattform stehen. Plötzlich sagte jemand zu ihm: »Wir kennen uns doch?«

Graff zuckte zusammen und blickte den Sprecher an, der, ohne ersichtlichen Grund, an Gesichtsfarbe verlor. Frau Graff faßte ihren Sohn am Arm. Er riß sich los und sagte zitternd: »Mutter, das ist er!« Und ehe die Umgebung eingreifen konnte, schlug er zu. Assessor Kinne stand regungslos, als habe das Schicksal »Stillgestanden!« kommandiert, und ließ sich ohrfeigen. Und Graff schlug mit beiden Fäusten, lautlos und ernst, als ob er eine dringliche, bestellte Arbeit verrichte. Seine Mutter zerrte an ihm. Andre griffen ein. Der Schaffner brüllte, brachte den Wagen zum Stehen und stieß Graff auf die Straße. Die Mutter folgte ihm.

Etliche Fahrgäste forderten eifrig die Feststellung der nötigen Personalien. Aber Kinne wischte sich das Blut vom Mund und sagte ärgerlich: »Mischen Sie sich nicht in diese Angelegenheit!«

Vier Wochen später fand das Duell statt. Graff hatte die Verzögerung gewünscht, damit seine Mutter keinen Verdacht schöpfe. – Der Ausgang der Affäre ist bekannt. Das Leben des jungen Chemikers reichte zum Vollzug der Rache nicht aus. Doch vielleicht bewahrte ihn das Geschick nur davor, vor seinem Peiniger »zu guter Letzt« auch noch erschossen zu werden?

EIN HERR FÄLLT VOM STUHL

Es ist bekannt, daß Menschen, die im Sitzen einschlafen, vornüber sinken. Immer tiefer und tiefer. Wenn die Körpernerven, die trotz des Schlafens munter bleiben, spüren, daß sich das Schwergewicht allzusehr vom Stuhl entfernt, geben sie dem Kopf einen Ruck. Er fliegt nach rückwärts, und das sogenannte Einnicken kann wieder von vorne beginnen. Wenn die Nerven aber den richtigen Augenblick versäumen, purzelt der Schläfer vom Stuhl.

Alfredo Torres, einem braven Bürger von Buenos Aires, erging es so. Er schlief ein und fiel vom Stuhl. Wäre ihm das zu Hause passiert, hätte es niemand weiter erfahren, und die Öffentlichkeit wüßte heute noch kein Wort über den Fall. Nun passierte die Sache aber leider Herrn Torres nicht zu Hause, sondern im Theater. Die Stuhlreihen waren schmal.

Und nun interessiert sich eine ganze Stadt für die Angelegenheit. Herr Torres hat nämlich die Rechnung, die der Arzt sandte, keineswegs bezahlt, sondern dem Dramatiker geschickt, der an dem Malheur die Schuld trägt. Denn – argumentiert der Rechtsanwalt des Verletzten – wäre das Theaterstück amüsanter gewesen, wäre Herr Torres nicht eingeschlafen. Wäre er nicht eingeschlafen, wäre er nicht vom Stühlchen gefallen. Wäre er nicht vom Stühlchen gefallen, hätte er sich nicht wehgetan. Also: er verletzte sich, weil das Stück schlecht war. Der Fall liegt eigentlich klar. Aber nur für Herrn Torres und seinen Rechtsanwalt. Der Stückeschreiber und dessen Rechtsanwalt sind natürlich ganz anderer Ansicht. Da während der Aufführung – wenn sie auch schlecht war – von zweitausend Besuchern nur ein einziger vom Stuhl fiel, scheint dieser Fall doch wohl mehr auf Kosten dieses Besuchers, als auf die des Stückes gesetzt werden zu dürfen.

Immerhin ist der Prozeß noch im Gange. Wir wollen hoffen, daß Herr Torres mit seiner Klage abgewiesen wird. Denn wo kämen wir hin, wenn es den Autoren so erschwert würde, langweilige Dramen aufführen zu lassen?

ZWEI MÜTTER UND EIN KIND

Gerade als die achtjährige Marlene im Hof des Merckschen
Grundstücks ihre Puppe Oswald hoch auf die Teppichklopf-
stange gesetzt hatte, weil sich moderne Puppen beizeiten das
Schwindelgefühl abgewöhnen müssen –, denn es kann leicht
sein, daß sie mal im Flugzeug verreisen müssen – erschien
Pony, die kleine Schwester, auf der Bildfläche und sagte: »Du
sollst sofort nach Hause kommen. Unsere neue Mutter ist da.«
Marlene nickte und schüttelte die Betten im Puppenwagen
zurecht. Pony machte kehrt, stieg langsam über das holprige
Pflaster zurück und verschwand im Torbogen.

Die Merckschen Kinder standen staunend neben Marlene.
Und einer der Jungens fragte: »Wie heißt sie denn?«

»Fräulein Stampfer, glaub ich«, gab sie zur Antwort.

»Das ist ja nun Unsinn«, meinte Herta Merck, »wenn sie eure
neue Mutter ist, heißt sie natürlich Frau Nieritz, genau wie dein
Vater.«

»Gott, bist du blöd!« sagte der Junge, »der Vater heißt doch
nicht Frau Nieritz!« Er streckte die Hand vor und wollte der
Schwester, um den Grad ihrer Dummheit anschaulich aus-

zudrücken, ein unsichtbares Kreuz auf die Stirn zeichnen. Da kriegte er aber eins auf die Finger. Er schlug wieder. Und es entstand einer der üblichen Merckschen Familienzwiste. Die anderen Geschwister ergriffen, damit die Erbitterung der Duellanten nicht so rasch nachlasse, Partei, und schließlich stand Marlene allein auf dem Hof. Das Gefecht tobte abseits, auf den Barrikaden des Lagerschuppens.

Marlene nahm ihren Wagen und verschwand straßenwärts.

Die Puppe Oswald hockte noch immer oben auf der Klopfstange, wurde plötzlich nervös, kippte hintenüber und schlug aufs Pflaster. Mit zum Himmel erhobenen Armen, ängstlich zurückgelehnt, saß sie da. Unverletzt. Denn sie war aus Stoff.

Auf der Straße draußen blickte sich Marlene vorsichtig um. Dann schob sie ihren Wagen dicht an der Häuserfront entlang und bog rasch in eine der Gassen ein, die auf die Oppelstraße führen. Hier verlangsamte sie den Schritt, spazierte unter den großen Ulmen vor der ehemaligen Feldartilleriekaserne, wie ein Kindermädchen nach dem Mittagessen, mit gutmütiger Würde. Und dort, wo links das freie Feld beginnt, mit den Landschaftsgärtnereien und den Kranzbuden, blieb sie eine Weile stehen. Sie spielte mit den Ästen, die sich über die Zäune bogen, brach kleine Birkenzweige ab, legte sie in den Wagen, pflückte drei Gänseblümchen, die nahe an der Straße standen, tat die Blumen zu den Zweigen und setzte dann ihren Weg fort. Bis zum St.-Pauli-Friedhof.

Oben im 4. Revier, wo die Gräber der letzten Jahre sind, auf einem Hügel hoch über den unzähligen Grabkreuzen vergangener Jahrzehnte, öffnete sie ein quietschendes Gruftgitter, zog den Puppenwagen mühsam über drei Stufen, stellte ihn neben die Taxuszeile, setzte sich auf die kleine grüne Bank neben dem

Grab und blickte hinunter, über die Gräber und Kreuze und Urnen und Engel hinweg, nach der Stadt, deren Türme und Gasometer in violettem Dunst lagen.

Dann ging eine von den alten Frauen vorüber, die dazu bestellt sind, die Gräber sauberzuhalten und die Topfblumen zu gießen. Und sie nickte dem Kinde freundlich zu. Marlene merkte es gar nicht. Sie kniete sich hin, entfernte verdorrte Zweige und Blumen, legte, an ihrer Statt, die drei Gänseblümchen und das frische Birkengrün, sorgfältig verteilt, aufs Grab, holte die Puppe Florfina aus dem Wagen, setzte sie neben eins der Gänseblümchen, kauerte sich auf den Granitrand und sagte nach einer Zeit: »Oswald sitzt noch auf der Teppichstange. Erinnere mich nachher daran, daß wir ihn abholen. Sonst bleibt er die ganze Nacht über dort und weint. Vielleicht würde er auch herzkrank vor Angst. Sitz ruhig!«

Ein Herr und eine Dame kamen vorbei, in schwarzen Kleidern, und er trug einen glänzenden Zylinder. Der Kies knirschte.

Marlene strich Florfina übers Filzhaar, schüttelte den Kopf, als antwortete sie auf irgend etwas, und meinte: »Fräulein Stampfer heißt nun Frau Nieritz und denkt, deswegen ist sie unsere Mutter. So ein Einfall, was? Das ist genauso, als wenn ich zu Mercks ginge und sagte: Guten Tag, ich bin ab heute Ihre Tochter und heiße Marlene Merck. Verstehst du? Na also. Sogar du verstehst es und bist bloß eine Puppe. Vater versteht es nicht. Weil wir keine Mutter mehr hätten, müßten wir eine neue bekommen, hat er gesagt. Wenn man aber keine Mutter mehr hat, da hat man eben keine Mutter mehr.«

Marlene holte sich die Puppe Florfina auf den Schoß, fragte: »Bist du sehr müde?« und betrachtete das Panorama der Stadt.

Dann fuhr sie halblaut fort: »Soll ich dir eine Geschichte erzählen? Vielleicht das Märchen von der kleinen Martha, die stets alleine war? Der kleinen Martha war nämlich die Mutter gestorben. Und da dachte sie eines Tages, ich will sie gleich mal besuchen. Und kaufte sich ein Flugzeug, von ihrem gesparten Geld. Und das Flugzeug wurde in eine große Kanone gesteckt. Und Martha saß darin. In einem Rucksack hatte sie Milch und Zwieback. Und eine Bonbonniere für ihre Mutter … Dann wurde die große Kanone abgefeuert. Und das Flugzeug sauste direkt vor den Himmel. Und am Himmel hieß es: Wer nicht tot ist, darf nicht rein! Aber Martha gab dem Schupo die Bonbonniere, und da durfte sie. Sie suchte lange, und die Straßen hatten blaue Nummern, und auf der Straße Nummer Hunderttausendelf saß Marthas Mutter und hatte ein schönes goldenes Kostüm an. Und Marthas Mutter merkte nichts, sondern saß auf einem Klappsessel wie im Kino und sah sich die Fotografien an, wo ihre sechs Kinder drauf waren. Da setzte sich Martha heimlich mit auf den Sessel und nahm ihre Mutter bei der Hand und sagte fröhlich: ›Endlich hab ich dich gefunden. Ich mag nicht allein auf der Erde bleiben und tu hier so, als ob ich tot wäre, und der Schupo hat deine Pralinees, aber das ist nicht schlimm, ich kauf dir neue. Gar nichts ist jetzt schlimm, denn jetzt hab ich dich wieder, meine gute Mutti, und …‹«

»Meine gute Mutti«, sagte die kleine Marlene noch einmal und konnte die Türme der Stadt nicht mehr sehen, weil sie weinen mußte. Sie legte den Kopf neben die drei Gänseblümchen und hielt sich die Hände vors Gesicht.

Pferdehändler Nieritz saß mit den Hochzeitsgästen – es waren nur Verwandte von ihm da und ein guter Geschäftsfreund – in der guten Stube. Lisbeth, seine neue Frau, schnitt Napfkuchen in Stücke, goß Kaffee ein und nötigte die Gesellschaft, zuzulangen. Mitunter stand sie von ihrem Platz auf und trat ins Nachbarzimmer, in dem die Kinder saßen und frohen Lärm machten.

»Robert hat eben Mutter zu mir gesagt, und Gertrud hat mir die Hand gestreichelt«, erzählte sie halblaut am Tisch und freute sich. Und Pferdehändler Augustin, der Geschäftsfreund, meinte, es werde sich auch so gehören.

»Ja, ja, aber wo bleibt Marlene?« fragte Nieritz, »sie hat so an meiner ersten Frau gehangen; und seit Lisbeth zu uns kommt, ist das Kind fast nie zu Hause.«

»Bei uns auf dem Turnerweg, zwei Häuser weiter«, wußte eine der Schwägerinnen, »wohnt eine Witwe mit einem kleinen Jungen und will seit zwei Jahren einen gewissen Lippold heiraten, einen hübschen, ordentlichen Menschen. Er ist bei der Post. Aber das Kind läßt es einfach nicht zu. Wenn Lippold zu Besuch ist, heult und schreit es so lange, bis der Mann wieder geht. Die beiden Leute sind verzweifelt und wissen nicht, was sie anfangen sollen.«

»Pony!« rief Nieritz. Und die Kleine kam, mit einem großen Stück Kuchen in der Hand, aus dem Nebenzimmer.

»Hast du Marlene nicht geholt?«

»Doch. Sie hat genickt. Und da bin ich wieder gegangen.«

»Ob sie noch immer bei Mercks ist?« fragte die neue Mutter.

»Nein.«

»Wo denn? Im Keller? In den Ställen oder auf dem Heuboden?«

»Nein. Auch nicht.«

»Wo denn sonst?«

»Ich möchte es nicht sagen.«

»Komm mal her!« befahl der Vater, »wo ist Marlene? Ich will es wissen.«

»Marlene ist … Nein, ich sag es nicht.«

»Wo?«

»Marlene ist … Auf dem Friedhof wird sie sein. Da ist sie meistens. Mich hat sie auch schon mitgenommen.«

Die Gesellschaft saß etwas betroffen da. Der Vater senkte den Kopf und spielte an der Uhrkette. Frau Augustin schnalzte mit der Zunge.

»Es ist gut. Geh wieder hinüber!« sagte der Vater dann, und das kleine Mädchen ging.

Ziemlich still war es. Man hörte nur, wie die Kinder nebenan lachten und mit den Tassen klapperten. Plötzlich stand die neue Frau Nieritz auf, holte ihren Hut, hob einen großen Nelkenstrauß aus einer Vase und wickelte die Blumen in weißes Papier.

»Du willst sie holen gehn?« fragte der Mann.

»Ja, ich hole sie. Seid mir nicht böse. Aber ich muß fort.«

»Das ist sehr schön von dir, Lisbeth«, sagte eine Schwägerin. Dann ging die Frau. Und Pferdehändler Augustin meinte zu Nieritz, zu so einer Gattin könne er sich gratulieren. Hoffentlich bleibe sie so.

Sie bemerkten einander schon von weitem. Und das Kind stellte sich, wie zur Verteidigung, dicht hinter die Gittertür. Die Frau war ganz blaß, blieb unten vor den Stufen stehen und mußte das Gesicht heben, um der kleinen Stieftochter in die Augen zu sehen.

»Willst du nicht nach Hause kommen?« fragte die Frau.

Marlene schüttelte, kaum spürbar, den Kopf und schwieg.
»Warum bist du mir nur böse, Kind? Ist es denn so schlimm
von mir, daß ich sechs Kindern, die keine Mutter mehr haben,
ein bißchen helfen will? ... Ich weiß, daß man nur eine Mutter
haben kann, und wenn die stirbt, ist man für immer mutter-
los ... Aber man braucht doch wen, Marlene!«

Die Frau setzte sich müde auf eine der Stufen, zu Füßen des
Kindes, blickte auf ihren Hochzeitsstrauß und sagte: »Glaub
mir, es ist immer noch besser, ich bin bei dir, als gar keiner ...
Siehst du, ich war doch auch einmal ein kleines Mädchen wie
du. Hast du nie daran gedacht? Und mein Vater hat nicht wieder geheiratet, als meine Mutter starb. Ich glaube, das war noch
trauriger, und ich war noch unglücklicher als heute du.«

Marlene stand ganz still hinter der sitzenden Frau und hörte
zu. »Als Kind war ich immer allein. Denn mein Vater fuhr zwar
nicht nach Holstein, Belgien und Dänemark wie deiner. Weil er
kein Pferdehändler war. Aber zu Hause war er trotzdem nicht.
Und dann fuhr ich selber fort, nach Hamburg, und war Verkäuferin in einem Handschuhgeschäft. Sonntags ging ich mit
Freundinnen spazieren, doch ich paßte nicht zu ihnen. Sie waren hübscher als ich, und sie lachten mehr. Geheiratet hat mich
auch niemand. Dabei wollte ich so gerne Kinder haben ...«

Die Frau nahm die Nelken aus dem weißen Papier und hielt
den Strauß im Schoß.

»Und ich wurde immer älter«, sagte sie, »und als mich dein
Vater fragte, ob ich eure Mutter werden wollte, kam ich zu
euch. Nicht deshalb, weil ihr eine Mutter braucht, denn die ist
tot. Sondern weil ich Kinder liebhaben möchte ... Du denkst,
du bist allein, Marlene. Aber ich bin viel mehr allein als du ...«

Die Frau saß gebückt und faltete, mit großer Sorgfalt, das

Seidenpapier zusammen. Da stahl sich eine kleine Hand an ihr vorbei und nahm den Nelkenstrauß fort. Und als sich die Frau umdrehte, sah sie, wie Marlene die Blumen auf das Grab legte. Dann setzte das Kind ihre Puppe in den Wagen, schob das kleine Fahrzeug durch die offene Gittertür, die Stufen hinab, auf den Kies, und sagte leise: »Komm, steh auf. Du machst sonst dein Kleid schmutzig.«

Sie gingen nebeneinander durch die Grabreihen und sprachen kein Wort. Erst auf der Straße, bei den Gärtnereien, deutete die Frau, beinahe schüchtern, auf den Wagen und fragte: »Wie heißt sie denn?«

»Florfina«, sagte das kleine Mädchen, »und Oswald sitzt noch auf der Stange.«

ES GIBT NOCH DON JUANS

Das, was ich erzählen will, erlebte ich vor zwei Jahren während eines Winteraufenthaltes in einem großen Gebirgshotel. Seitdem ist viel Neuschnee über die Sache gewachsen. Ich traue mich langsam mit der Sprache heraus.

Ich begegnete dort einem Mann – er mochte Anfang der Vierzig sein –, von dem die jungen Mädchen und die jungen Frauen behaupteten, sie seien ihm »verfallen«. Sie hatten die verschiedensten Charaktere, Haarfarben, Erfahrungen und Figuren, und sie waren verschieden klug, verschieden alt, verschieden gebildet. Aber darin stimmten sie überein: sie seien ihm, wenn er nur wolle, ausgeliefert. Und es war deutlich zu sehen, daß er meistens wollte. Er hatte Sinn für Vollständigkeit, und wenn er durch die Hotelhalle ging, glaubte man, alle Frauenherzen schlagen zu hören.

Die Männer waren, soweit sie ihren Aufenthalt mit kleinen Abenteuern auszuschmücken suchten, in bedauerlicher Lage. Es befand sich, das fühlten sie schnell heraus, einer in ihrer Mitte, der ihnen, noch dazu auf geheimnisvolle Art, überlegen war. Was da vor sich ging, grenzte an unlauteren Wettbewerb.

Und es gab keine Instanz, vor der sie hätten Beschwerde führen dürfen. Die Situation war eigentlich zu unheimlich, um komisch genannt zu werden. Und doch war es für den neutralen Beobachter erheiternd, zu sehen, wie Angst und Erwartung wuchsen, sobald der Mann auftauchte, und wie sich Angst und Erwartung mit ihm durch den Saal bewegten.

Man darf mir glauben, daß ich nicht ohne weiteres gesonnen war, den Zauber, von dem die Frauen und Mädchen benommen flüsterten, als erwiesen hinzunehmen. Ich wagte denen gegenüber, die mich ein wenig zu ihrem Vertrauten gemacht hatten, Zweifel zu äußern. Es ist ja ausreichend bekannt, daß die Besucherinnen winterlicher Sporthotels nicht eigentlich mit ausgesprochen klösterlichen Plänen ins Gebirge geraten. Und ich ließ mir, nahezu über die Grenzen der Höflichkeit hinaus, anmerken, daß ich in dieser Richtung Verdacht hegte.

Auch daß man meine Vermutung lebhaft bestritt, vermochte mich nicht zu überzeugen. Ich war eher geneigt, an das Libertinertum sämtlicher Frauen als an geheimnisvolle Einflüsse jenes Mannes zu glauben.

Als ich aber sah, wie eines der jungen Mädchen umfangreiche Angstzustände bekam und, wenn auch leise, mit den Zähnen klapperte, so oft er sich ihr näherte, und daß sie, obwohl es den Spielregeln des Hotelbetriebs widersprach, seine Tanzaufforderungen ausschlug, und als ich ferner feststellte, daß sich Frauen, deren Ehemänner dabeisaßen, zu recht unbedachtem Verhalten hinreißen ließen, wurde ich allmählich immer neugieriger und verbrachte die Abende damit, daß ich den gefürchteten Mann nicht mehr aus den Augen ließ.

Eines Tages war eine der mir bekannten Damen sehr vergnügt. Sie erzählte, eine ihrer Freundinnen werde am Nachmittag eintreffen, und zwar handle es sich um eine ungewöhnlich selbstsichere und schlagfertige Person. Daß auch sie dem Don Juan unterliegen werde, sei wohl ausgeschlossen. Die ungewöhnliche Person erschien. Der Mann – er war auf alle Neuerscheinungen abonniert – bat sie sofort um einen Tanz. Sie lächelte uns, ehe sie sich erhob, listig zu. »Jetzt werde ich euch alle rächen«, besagte der Blick. Sie tanzte mit ihm. Er betrachtete sie aufmerksam, unterhielt sie und sich und brachte sie an unseren Tisch zurück.

Sie war blaß, lehnte sich tief in den Sessel und sagte: »Das hätte ich nie für möglich gehalten!« Dann berichtete sie etwas ausführlicher. Er habe sie forschend angesehen. Er habe, ohne daß sie Anlaß gegeben hätte, Reden geführt, wie sie beim ersten Tanze nicht erlaubt sind. Sie sei außerstande gewesen, ihn in die Schranken zu weisen. Sie habe es nicht einmal vermocht, Empfindungen in sich zu unterdrücken, die sie bisher in ihrer Gewalt geglaubt hatte. Ja, sie erklärte, und diese Offenherzigkeit machte der an ihr gerühmten Klugheit Ehre: »Wenn er mich aufgefordert hätte, sofort den Saal zu verlassen und ihm, wohin auch immer, zu folgen, hätte ich's getan.« Dann schüttelte sie sich vor nachträglichem Schreck und meinte: »Entsetzlich, daß es so etwas gibt. So wenig ist man seiner selbst sicher.«

Am gleichen Abend gab es eine weitere kleine Sensation. Der Mann tanzte mit einer Aristokratin, die ihm, wie ich erfuhr, bis jetzt ausgewichen und unnahbar begegnet war. Als sie das dritte Mal an unserem Tisch vorüberkamen, schloß die Dame die Augen, taumelte, wäre fast hingesunken, brach den

Tanz, sich entschuldigend, ab und begab sich, mit Schritten, als sei sie lange krank gewesen, auf ihr Zimmer.

Ich vergaß bis jetzt, das Äußere des Mannes zu beschreiben. Ich wartete, genauer, damit, weil diese Beschreibung den Lesern keinerlei Aufschluß bieten wird. Er war mittelgroß, untersetzt gebaut, hatte ziemlich brutale Gesichtszüge, dunkle Augen, ein vorzügliches Gebiß – diese Angaben werden keinen Eindruck machen. Aber ich kann ihn zum Glück anschaulicher vorstellen. Denn er kam, anläßlich eines Maskenballs, als Douglas Fairbanks und sah diesem Schauspieler allerdings ungewöhnlich ähnlich. Er wirkte wie ein stämmigerer, unfeinerer Bruder des Amerikaners. Den Männern im Hotel war nicht klar, wieso man bei solch einem Aussehen ein Don Juan sein könne, den Frauen auch nicht.

Da weder das Äußere des Mannes noch die Eindrücke der Frauen als Erklärung dienten und ich doch auf nichts neugieriger war als auf einen Erklärungsversuch, tat ich das letzte, was mir helfen konnte: Ich ging auf den Mann zu und sagte ihm, wie sehr er mich, im Hinblick auf seine merkwürdige Wirkung, interessiere. Er nickte. Dann bummelten wir in die Bar, tranken etwas und unterhielten uns über ihn. Er dachte wahrscheinlich, ich wolle seine Abenteuer kennenlernen, und erzählte mir eine haarsträubende Geschichte nach der anderen. (Diese Geschichten sind es wert, verschwiegen zu werden.) Ihm lag keineswegs daran, sich in Szene zu setzen. Er übertrieb bestimmt nicht. Er berichtete nur und war selbst verwundert, daß ihm solche Affären hatten zustoßen können. »Ich weiß auch nicht, woran es liegt«, meinte er, »aber die Frauen rennen mir die Bude ein. Und je älter ich werde, um so jünger werden die Jahrgänge.« Auf das, was mir am Herzen lag, wußte er keine Antwort. Er gab zu, daß er ziemlich brutal auftrete und daß sein Blick bestimmte Wirkungen hervorzurufen scheine. Oft gegen seinen Willen. Denn ich könne verstehen, daß ihm sein Talent oft genug lästig und ungesund vorkomme. Dann geriet er wieder ins Erzählen. Stoff genug hatte er ja. Es war Morgen, als wir uns trennten und zu Bett gingen. Ich wußte nicht mehr als vorher. Der einzige Trost war jetzt, daß der Mann selber auch nichts wußte.

Wenige Tage danach reiste er ab. Er fuhr nach Davos, und anschließend wollte er nach Afrika, um Löwen und andere wilde Tiere totzuschießen. Die Abenteuer in Europa waren ihm zu gefährlich. Und außerdem lebte er als jüngerer Sohn und Miterbe von beachtlichen Einkünften einer Fabrik im Rheinland. Die Frauen atmeten hörbar auf. Mehrere Ehen renkten sich wieder ein. Ein paar junge Mädchen bekamen wieder rote Bakken. Und alle gestanden sie: Sie hätten vor dem Mann Angst gehabt, bevor er sich ihnen näherte. Sie hatten Angst gehabt, wenn er sich mit ihnen beschäftigte. Sie hatten noch Angst gehabt, wenn er sie schon wieder ignorierte.

Jetzt war er fort, und ich habe nur noch von einem kleinen Nachspiel zu berichten, an dem er, wenn auch unfreiwillig, nicht schuldlos war. Eine Kaufmannsgattin, die ohne den dazugehörigen Kaufmann im Gebirge war, kam zum Hoteldirektor und teilte empört mit, daß man ihr die erlesensten Stücke ihrer Leibwäsche entwendet habe. Es war von Dessous aus Paris, von Nachthemden aus Brüsseler Spitzen und von anderen hauchdünnen Dingen die Rede. Und es lag nahe und war in diesem Falle wohl auch richtig, das Hotelpersonal zu verdächtigen.

Der Direktor zitierte den Chef d'Etage, die Gouvernante, die Stubenmädchen und Hausburschen, suchte anschließend die Bestohlene auf und erklärte rundheraus, er könne, obwohl der Verdacht fortbestehe, nichts unternehmen. Die Dame war entrüstet, sagte, was in solchen Fällen gesagt wird, und drohte, sie werde die Ortspolizei verständigen. »Das möchte ich der gnädigen Frau nicht unbedingt empfehlen«, antwortete der Direktor behutsam, »denn die Polizei würde das Etagenpersonal verhören müssen, und eine der ersten Routinefragen wäre, ob man einmal oder auch öfter jemanden in Ihr Zimmer hineingehen oder aus dem Zimmer herauskommen sah, der, eh, sich in der Zimmernummer geirrt haben könnte. Irren ist menschlich, gnädige Frau, doch das Personal meint, mindestens viermal und jedesmal etwa zwei Stunden lang pflege man Zimmernummern nicht zu verwechseln. Auch daß ein solcher Irrtum so oft und lange der gleichen falschen Nummer gegolten habe, meint eines der Stubenmädchen, sei einigermaßen seltsam. Gerade dieses Mädchen dürfte die Diebin sein, und ich werde sie entlassen, sobald ich kann. Im vorliegenden Falle bin ich im Zweifel, was ich tun soll. Wünschen Sie, daß ich die Polizei anrufe?«

Die Kaufmannsgattin wünschte es nicht. Sie zog auch nicht aus. Sie wagte es nicht. Denn der zu ihr gehörige Kaufmann wurde in ein paar Tagen erwartet. Das Zimmer neben jenem, das zu einigen Verwechslungen und zu einem Wäschediebstahl Anlaß gegeben hatte, war für ihn seit langem vorbestellt und vorgesehen. Er traf pünktlich ein, erwies sich als umgänglicher Hotelgast und besorgter Gatte, konnte nicht ahnen, was alle anderen wußten, und spielte seine fatale Rolle zur allgemeinen Zufriedenheit. Bis er einen anonymen Brief erhielt, zum nächsten Kostümfest – verblüffenderweise und sogar zur Überraschung seiner Frau – als Douglas Fairbanks erschien und um Mitternacht im Großen Saal …

Doch das ist eine ganz andere Geschichte. Sie gehört nicht hierher. Vielleicht erzähl ich sie ein andermal. Vielleicht aber auch nicht.

GRÜSSE AUF DER PLATTE

Arthur und Püppchen, seine Gattin, standen im Kaufhaus. Sie hatten soeben für Arthurs Vater einen Strohhut gekauft, denn Strohhüte sind im Dezember besonders preiswert, und Püppchen machte auf dem Zettel, den sie in der Hand hielt, einen Strich. Wieder etwas erledigt! Der Gatte Arthur war mit Paketen behangen und schien schlechter Laune. »Nun nur noch ein Geschenk für Tante Olga, das ist notwendig«, sagte Püppchen und musterte die Ladentische aufmerksam. Tanten, die alt und wohlhabend sind, verdienen Aufmerksamkeit. »Wir könnten ihr eigentlich auch einen Strohhut schenken«, meinte Arthur.

Sie schüttelte den Kopf.

»Oder einen Ankersteinbaukasten.«

»Verrückt«, sagte Püppchen und suchte energisch weiter.

»Was hältst du von einem vergoldeten Rasierapparat?« fragte er.

»Für Tante Olga?«

Arthur wagte nicht zu nicken, sondern schleppte sich und die Pakete stumm voran. »Halt!« rief er plötzlich und zeigte auf ein Schild. Seine Frau studierte, was darauf stand, und sagte: »Gar nicht übel.« Dann klopften sie, wie das Schild es befahl, an die nächste Tür. Ein Fräulein trat heraus: »Sie wünschen?«

»Wir möchten eine Grammophonplatte mit unserer eigenen Stimme haben«, verlangte Püppchen.

»Für Tante Olga«, erläuterte Arthur.

»Ich kann Ihnen so eine Platte als Geschenk nur empfehlen«, sagte das Fräulein. »Treten Sie, bitte, näher. Eine mittelgroße Platte kann 2½ Minuten besprochen werden und ist 500 bis 600mal spielbar. Hier sind zwei Mikrophone. Stellen Sie sich, bitte, nebeneinander, der Herr links, die Dame rechts. Kostet 3 Mark 50, zum Mitnehmen. Es geht gleich los.«

»Aber was sollen wir denn sagen?« fragte Arthur verlegen.

»Viel Glück, Gesundheit, langes Leben, Sie könnten leider nicht bei ihr sein«, schlug das Fräulein vor.

»Einen Vorzug hat diese Art, Glück zu wünschen, schon«, sagte Püppchen. »Man braucht der alten Schraube dabei nicht ins Gesicht zu sehen.«

»Aber es ist deine Tante, nicht meine«, frohlockte Arthur. Das Fräulein war im Nebenraum verschwunden. Das Ehepaar stand vor dem Mikrophon und wünschte der fernen Tante alles Gute.

Am Heiligen Abend erschien Tante Olga beim Bürgermeister Gruber. Man hieß sie willkommen. Der Salon war voller Menschen. Tante Olga begrüßte alle Anwesenden und sagte dann, auf ein Päckchen zeigend, das sie vorsichtig hielt: »Beste Frau Bürgermeister, Sie haben doch ein Grammophon, und ich habe keins. Meine Nichte aus Berlin hat mir eine Grammophonplatte geschickt. Die möchte ich gern mal hören. Meine Nichte und ihr Mann haben nämlich selber auf die Platte gesprochen, schreiben sie. Was es heute alles gibt. Eine Erfindung jagt die andere.«

»Aber gern«, sagte der Bürgermeister, holte das Grammophon heran und zog es auf. Tante Olga wickelte die Platte aus dem Papier, legte sie auf den Apparat und setzte sich, das Taschentuch im Hinterhalt, in einen Sessel. Alles hielt den Atem an. Der Bürgermeister schraubte eine neue Nadel ein, setzte sie auf die Platte, stellte den Apparat an und ging auf Zehenspitzen zum Sofa, zu Frau Doktor Riemer. Man saß im großen Kreis, rund um den Apparat. Die Nadel schnarrte. Und dann begann die Platte zu sprechen:

»Einen Vorzug hat diese Art, Glück zu wünschen, schon. Man braucht der alten Schraube dabei nicht ins Gesicht zu sehen ... kschschsch ... Aber es ist deine Tante, nicht meine ... ksch kchsch ... Na los, sag was Nettes ... tststs ... Was denn? Vielleicht, ob sie hundert Jahre alt werden will? Sitzt in der Provinz auf ihrem Geld, diese knausrige Person ... kschschsch ... Darf ich bitten, meine Herrschaften, möglichst langsam, laut und deutlich sprechen ... krrr ... Liebes Tantchen! Hier sind Püppchen und Arthur aus Berlin. Wir wünschen dir zum Weihnachtsfest alles Gute. Wir kämen gern mal zu dir hinüber. Na, vielleicht in den Ferien, wenn wir nach Binz fahren ... ksch kchsch ... Püppchen meinte vorhin, es sei ein wahrer Jammer, daß wir dich so lange nicht gesehen hätten ... ksss ... Treten Sie nicht so nahe ans Mikrophon, meine Herrschaften. Weiter weg, wenn ich bitten darf ... krrr ... Was macht die Gesundheit, Tantchen? Sei nur recht vorsichtig. Arthur meinte, wir sollten dir einen Baumkuchen schicken. Aber bei deiner Verdauung, und außerdem sind wir knapp mit dem Geld ... Pst, sind die zwei Minuten noch nicht bald 'rum? Was soll ich der Person denn noch sagen? … kschschsch. Sie soll uns, ehe sie in ihrem Geld erstickt, mal einen Tausender schicken … ksss … Liebe Tante, hoffentlich verbringst du den Heiligen Abend im Kreise von lieben Bekannten. Es ist komisch, wenn man bedenkt, daß wir hier in ein Mikrophon reden, und ihr könnt es da hören. Die Platte ist fünf- bis sechshundertmal spielbar und kostet bloß … kschschsch … Pst! Nicht den Preis sagen. Das geht sie einen Dreck an … kschschsch … Hoffentlich hat sie das nicht gehört … kschschsch … Ach wo, was man leise spricht, kommt nicht auf Platte. Verflucht, ist die Zeit noch nicht bald 'rum? … ksss … Hat sie überhaupt ein Grammophon? Nächste Weihnachten kommen wir bestimmt zu dir hinüber. Wir freuen uns jetzt schon darauf, dein liebes altes Gesicht endlich wieder einmal zu sehen … ksss … Lach nicht, Arthur …«

Tante Olga, die bis dahin wie gelähmt dagesessen hatte, stand auf, riß die Platte vom Apparat herunter und warf sie wütend aufs Parkett. Bürgermeisters und die anderen Leute saßen bedrückt herum. Ein paar junge Leute kicherten. Frau Doktor Riemer wollte die arme Tante trösten.

»Lassen Sie mich in Ruhe!« schrie Tante Olga und suchte ihren Hut.

»Wo wollen Sie denn jetzt hin?« rief der Bürgermeister. »Bleiben Sie hier, was wollen Sie denn jetzt zu Hause?«

»Mein Testament umstoßen«, erklärte die Tante und schmiß die Türen zu.

BERLINER BAUMBLÜTE

Der Berliner Frühling findet in Werder statt. Sobald die Obst-
bäume blühen, macht man seinen Ausflug dorthin.
Werder ist ein kleines Städtchen, hinter Potsdam, an den Ha-
velseen gelegen. Man sieht, vom Dampfer aus, ein paar Türme.
Dahinter erheben sich weißwattierte Hügel, als lägen Riesen-
federbetten zum Lüften da. Der Blick verlohnt sich schon. Aber
die Berliner stehen im Verdacht, sie benutzten die Baumblüte
nur als Vorwand: als einen Grund zum Trinken.
Die Reichsbahndirektion, Bezirk Berlin, hat angeordnet,
daß an jeden der von Werder zurückfahrenden Sonderzüge
drei Extrawagen angehängt werden. Für besonders schwere
Fälle. Jeder, der gegen Abend nach Berlin zurückkehrt, ist in der
Lage, die Verordnung der Reichsbahn für weise zu halten. Ich
habe trotzdem den Eindruck, daß die Berliner kein ausgeprägt
alkoholischer Volksstamm sind. Sie trinken nur gegen, nicht
über den Durst. Aber gerade diese mangelnde Übung trägt die
Hauptschuld, daß so viele, die ausgingen, die Baumblüte zu suchen, einen Affen fanden.

Dazu kommt, daß es Ehrensache zu sein scheint, Werder schwankend zu verlassen. Wer hier nicht betrunken wird, der wird von den andern – o sinnreiche Sprache! – nicht für »voll« angesehen.

Fahren wir einmal hinaus? Ja? Los! Am Bahnhof beginnt der Rummel. Man quetscht sich in das Abteil. Der Zug ruckt an, und nun geht die Debatte los. Zwei junge Mädchen machen sich Luft.

»Is det der richtje Zuch?«

»Jawoll.«

»Wen haste jefracht?«

»Leute.«

»Leute?«

»Leute.«

»Leute! – Die könn Dir vill erzählen. – Wenn die Dir sachen, wir fahren in Himmel, det globste ooch.«

»Jetzt ha ich die Handschuh liejen lassen.«

»War Zwirn, wa?«

»Hm. – Hier muß ma stehn. Nich mal sitzen kann ma.«

»Laß man! Hier stehste besser als uff de Klosterstraße.«

An dieser Gesprächsstelle grinsen die andern Abteilinsassen. Die Klosterstraße ist nicht im feinsten Viertel des Nordens gelegen. Und wenn ein junges Mädchen dort herumsteht … Also, der Beruf der Damen ist klar.

In Werder steigt alles aus. Die Straßen sind von Buden flankiert, in denen man Obstwein einkauft. Man kriegt nicht nur die Flasche, sondern einen Tragriemen mit einem niedlichen Netz dazu. Dahinein stopft man die Flasche, hängt das Ganze quer über die Brust, etwa wie ein Fahnenträger, und geht weiter. Am ersten Wiesen-Eckchen, das kein Zaun absperrt, setzt man sich hin und trinkt. Oder man klettert noch ein paar Minuten steil nach oben, zahlt zwanzig Pfennige Entree und befindet sich im Garten eines Bergrestaurants. Die Menschen wimmeln und suchen Platz. Eine Blechkapelle, in Jagduniform, skandaliert. Wer wen zu packen kriegt, tanzt. Die Kellner blicken wütend auf all den Unverstand und sind um ihre beladenen Tabletts besorgt.

Im Hause sind Säle, wo die oberen zehntausend Ausflügler mittagessen. Bestellen darf man natürlich. Aber Zweck hat es nicht. Man reißt den Kellnern aus den Händen, was sie gerade anschleppen. Sonst sitzt man noch am Abend hungrig da. Nebenan ist der offizielle Tanzsaal. Eine Mark Eintritt. Er ist ziemlich leer. Denn man will sein Geld vertrinken, nicht an der Kasse abgeben.

Im Nebenflügel sitzen mehrere Dutzend Polizisten auf den Fensterbrettern und blicken sachkundig in das Teufelstreiben. Erhöhte Alarmbereitschaft! Das ist bitter nötig. Bald muß eine Alkoholleiche abgeschleppt, bald eine Prügelei geschlichtet, bald ein Taschendieb festgenommen werden. Sanitäter sind auf dem Sprung. Betrunkene stürzen leicht Abhänge hinunter. Gebrochene Beine gehören zum Fest.

Hinter dem Lokal geht es unmittelbar ins Grüne. Bänke und Tisch sind aufgeschlagen. Kleine unschuldige Blütenbäume stehen dabei und müssen es ertragen, daß man sie als Garderobenständer benützt. Das Gros der Besucher legt sich ins Gras, packt die Freßpakete aus, entkorkt die Flaschen, lacht, grölt, kaut, trinkt, wird auf anschauliche Art zärtlich.

Mitten auf dem Rasen steht ein junges Mädchen. Im Sonntagskleid. Steht da und lacht, daß die Bäume wackeln. Sie kann sich kaum aufrechthalten. Und lacht! Es klingt unheimlich.

Sie sucht sich an Pfosten zu klammern, die nicht da sind. Sie purzelt auf alle Viere, kriecht herum. Und lacht. Sie öffnet ihr Handköfferchen und legt alles, was drinsteckt, sorgfältig ins Gras. Wenn sie nur nicht so abscheulich lachte! Man schleppt sie fort.

Als, gleich nach der Schöpfung, die Grazie verteilt wurde, war der Berliner nicht mehr da. Er arbeitete wahrscheinlich und hatte das Klingeln überhört ...

Auf dem Dampfer, heimwärts, schmettern sechs Trompeter Volkslieder in die Luft.

Mein Nachbar hat Wasser in den Augen. Er schlägt den Takt und heult den Takt. Seine Frau mustert ihn schräg von der Seite und denkt: »Er hat doch en jutes Herz, mein jeliebter Jottlieb!«

Dabei ist das noch sehr die Frage ...

FEIER MIT HINDERNISSEN

Jene Feier, von der ich sogleich berichten werde, fand im vorigen Jahr bei Harriet Spencer statt. Ich hatte Harriet kennengelernt, als sie noch Elevin der Steinschen Akrobatikschule war. Dort hatte ich sie eines Tages versonnen in einer Ecke stehen und das linke Bein fast schwermütig über die rechte Schulter legen sehen. Wie sie das wohl mache, hatte ich höflich gefragt, und ob sie keine Knochen habe und woran sie während solcher Kunststücke denke. Seitdem duzten wir uns.

Nun traf ich sie, am Nachmittag des Heiligabends, zufällig wieder. Sie hatte die ersten Engagements, in Köln und Manchester, hinter sich und trat in Berlin auf. »Tag, Paula«, sagte ich. (Harriet Spencer hieß sie nur im Varieté.) Und sie lud mich zur Weihnachtsfeier ein. Es kämen ein paar nette Kollegen. Die Arbeitsstätte sei am Heiligen Abend geschlossen. Die Gelegenheit sei günstig.

Weil ich nicht im engeren Sinne Familiäres vorhatte, ging ich hin. Es waren mehrere Herren und Damen anwesend, und Paula rief, nun könne das Essen anfangen. Die Wirtin kam ins Zimmer und trug einen Stoß Teller. Einer der Herren fragte, ob er behilflich sein dürfe, griff nach den Tellern und warf einen nach dem andern, quer durchs Zimmer, auf den Tisch, an dem wir saßen. Dann pfiffen Messer und Gabeln an unsern Ohren vorbei und legten sich gehorsam neben die Teller. Die Wirtin schrie um Hilfe. Aber der Herr sagte freundlich: »Keine Sorge, liebe Frau, ich bin der weltberühmte Jongleur Mazeppa.« Und dann schleuderte er dampfende Frankfurter Würstchen, für jeden Gast ein Paar, auf die Teller. Ich bin ein offener Charakter; zu lügen widersteht mir; ich erkläre, daß er den Kartoffelsalat auszuteilen der Wirtin überließ. Wegen der Mayonnaise.

Wir waren unser sieben. Und Paula sagte, Alfredo, der Luftakt, fehle noch, doch die Haustür sei bis zehn offen. Wir wünschten einander Appetit und begannen zu essen. Da erhob sich ein würdig wirkender, vollbärtiger Herr, und wir legten die Bestecke beiseite, um seiner Tafelrede zu lauschen. Er sagte aber gar nichts, lächelte nur höflich, packte das Tischtuch und riß es blitzartig unter den Tellern und Gläsern fort. Das Geschirr klirrte kaum. Paula sah, daß ich zusammenzuckte, und meinte begütigend, Professor Bellini sei ein großer Zauberkünstler. Ich entgegnete, ich habe einen nervösen Magen. Der Professor bat um Entschuldigung. »Schon gut«, sagte ich, leicht verstimmt.

Wir aßen unsre Frankfurter Würstchen. »Eigentlich wollte ich einen Christbaum mitbringen«, sagte Professor Bellini zu Paula, »aber ich dachte, du hättest einen.«

»Nein, Alfredo wollte ihn besorgen«, meinte Paula.

»Ich begreife nicht, wo der Kerl bleibt«, erklärte eine muskulöse Blondine.

»Alfredos Partnerin, sie heißt Elvira«, flüsterte mir Paula ins Ohr. Da klopfte es, als poche jemand gegen Glas.

»Da ist er endlich«, rief Elvira und lief blindlings zum Fenster. Sie öffnete es; draußen, die Winternacht im Rücken, stand ein eleganter junger Mann. Er hielt einen allerliebsten Tannenbaum, der mit brennenden Kerzen besteckt war, in der Hand und wünschte Fröhliche Weihnachten.

»Ist er wirklich sämtliche vier Stockwerke draußen am Haus hochgeklettert?« fragte ich ernstlich erschrocken. Paula nickte und schien sich nicht zu wundern. Alfredo reichte den brennenden Tannenbaum durchs Fenster und wollte grade ins Zimmer steigen. Da erblickte er den Tisch und brüllte: »Ihr habt mit dem Essen nicht auf mich gewartet? Na, dann gute Nacht.«

Und schon war er wieder verschwunden! Elvira beugte sich aus dem Fenster und rief: »Freddy, sei doch nicht so empfindlich!« Aber der junge Mann kam nicht zurück. Elvira schloß verstimmt das Fenster und sagte: »Dauernd nimmt er übel.«

Wir aßen weiter. Die Würstchen waren leider kalt geworden. Es war wohl Bestimmung, daß dieser Abend nicht ruhig verlaufen sollte. Im Korridor entstand Lärm. Mir blieb, nur bildlich gesprochen, das Messer im Halse stecken. Die Tür wurde aufgerissen. Im Rahmen erschien Paulas Wirtin. Doch sie wurde von unsichtbaren Gewalten zurückgerissen, und an ihrer Stelle tauchte ein Mann auf. Ein Mann von beträchtlichen Ausmaßen. Er sagte mit zornbebender Stimme: »Mein Name ist Herr Streitmüller. Ich wohne eine Etage tiefer.«

Paula rief: »Frohes Fest, lieber Herr Streitmüller. Was haben Sie zu Weihnachten bekommen?«

Aber Herr Streitmüller war gegen Konversation. Er hob drohend den Arm und brüllte: »Wozu hat das Haus eine Treppe? Warum klettern Ihre Gäste die Fassade hinunter? Meine Frau hat vor Schreck die Sprache verloren!«

»Seien Sie froh«, sagte Professor Bellini, ging auf den Eindringling los und zog ihm eine lebendige Ente aus der Tasche. »Hier«, meinte der Professor sanft, »bringen Sie das Geflügel Ihrer sprachlosen Gemahlin.« Doch Herr Streitmüller haute dem Zauberkünstler auf die Finger und schrie: »Ich hole die Polizei!«

In diesem Augenblick erhob sich einer von Paulas Gästen, ein breitschultriger, untersetzter Mensch, und sagte müde: »Tür zu, Fenster auf!« Elvira lief zum Fenster und öffnete es. Paula schloß die Tür und flüsterte mir zu: »Um des Himmels willen, Ajax, der Kraftakt, wird zornig.«

Ajax schritt schläfrig auf den langen Herrn Streitmüller zu, packte ihn plötzlich, trug ihn zum Fenster, hob ihn hoch, schob die langen zappelnden Beine übers Gesims und hielt den ganzen Mann mit einem gestreckten Arm in die kühle Nacht hinaus. »So«, meinte Ajax, »wenn Sie frech werden, mache ich langsam die Hand auf. Verstanden? Ich ersuche Sie nunmehr, O du fröhliche, o du selige zu singen. Elvira, 'ne Zigarette.« Elvira gehorchte. Herr Streitmüller gehorchte nicht. Wir hörten ihn ächzen. »Falls Sie das Lied nicht kennen, singen Sie statt dessen O Tannenbaum«, sagte Ajax, »aber warten Sie nicht allzu lange, sonst lasse ich Sie fallen.«

Nun gab Herr Streitmüller nach. Er sang: »O Tannenbaum, o Tannenbaum, wie grün sind deine Blätter.« Dann wurde im dritten Stock ein Fenster aufgerissen, und Frau Streitmüller sah zu ihrem größten Erstaunen ihren singenden Mann frei in der Luft hängen. Sie fand dabei ihre Sprache wieder. »Singen Sie mit, werte Dame«, rief Ajax, »sonst fällt Ihr Gatte auf die Straße!« Frau Streitmüllers Augen füllten sich mit Tränen der Wut. Aber sie sang. Und ohne einen weiteren Kommentar abzuwarten, begann das terrorisierte Ehepaar schließlich sogar die zweite Strophe.

»Ajax, halt ein«, rief Paula. »Sie können den Text nicht.« Ajax, der Kraftakt, transportierte Streitmüller ins Zimmer zurück und sagte: »Gehen Sie mir rasch aus den Augen.« Das tat der lange Herr denn auch. Er verschwand, so schnell ihn seine zitternden Beine trugen. Und wir waren wieder unter uns.

»Ich habe eine Überraschung für euch«, sagte der Professor Bellini. »Ich möchte bescheren. Dreht euch nicht um!« Er trug einen Tisch in eine Zimmerecke, setzte den brennenden Christbaum auf den Tisch, und wir hörten, wie er hantierte und seine Geschenke hinlegte. Es war richtig weihnachtlich, und wir wagten uns nicht umzudrehen.

»Ist er nicht goldig?« fragte Paula.

»So«, rief der Professor endlich, »jetzt dürft ihr herschauen!« Wir wandten uns um und riefen wie aus einem Munde: »Ah!« Der Tisch war mit Geschenken beladen! Es glänzte und glitzerte wie im Märchen.

Aber die Freude dauerte nicht lange. Plötzlich brüllte der Jongleur Mazeppa: »Meine Uhr!« Und Elvira heulte: »Mein Armband!« Und Ajax knurrte: »Mein Zigarettenetui.« Ich rief: »Meine Strumpfbänder!« Der Professor hatte uns bestohlen. Er hatte uns ausgeplündert! Unsre Taschen waren leer, und der Inhalt lag, bunt und strahlend, auf dem Weihnachtstisch. Wir stürzten drauflos, und jeder suchte, was ihm gehörte. Ich fand außer der Brieftasche meine Uhr, Hildegards Fotografie, den Füllfederhalter, den silbernen Kamm, den Paß und den Steuerbescheid auf dem Tisch. Den andern erging es ähnlich. Ajax war besonders wütend, denn Bellini hatte ihm die Schnürsenkel heimlich aus den Schuhen gezogen und unter den Christbaum gelegt. »Armer Mensch«, sagte Ajax mitleidig, »nun hat sich's ausgezaubert.« Dann packte er den Professor und warf ihn durchs Fenster auf die vorm Haus stehende Platane.

Mazeppa, der Jongleur, wollte Bellini einen Teller hinterherschleudern, traf aber den Kraftakt. Elvira kreischte auf und sprang, mit einem Salto, aufs Sofa. Paula hielt die Beine vors Gesicht. Die Männer warfen mit Stühlen und brennenden Christbaumkerzen. Vorm Hause, hoch im Baum, heulte der Zauberkünstler.

Ich empfahl mich, ohne viele Worte zu machen. Auf der Straße wurde mir wohler. Vor der Platane hatten sich Passanten versammelt und riefen nach einer Leiter. Denn Professor Bellini hing unerreichbar im Wipfel. Herr und Frau Streitmüller sahen schadenfroh aus dem Fenster.

Ich ging zu Aschinger, trank fünf Steinhäger und nahm an der Bescherung für Junggesellen teil. Ich bekam ein Paket Pfefferkuchen geschenkt. Sie waren steinhart.

Ich benutze sie noch heute als Briefbeschwerer.

KINDER SPIELEN NEBENAN

»Und wir?« fragt Hildegard. Die Mutter und Doktor Paulmüller wollen allein sein.

»Ihr räumt umgehend das Feld. Martha soll jedem einen Kuchen geben. Dann verfügt ihr euch in euer Zimmer.«

»Wir bleiben lieber nebenan«, sagt Karl.

»Aber zerschlagt nichts! Und gebt auf Ada gut acht. Vorwärts marsch!«

Die Kinder gehen, mit verlegenen Schritten, ins Nebenzimmer. Der Gast steht auf und will hinter ihnen die Tür schließen.

»Laß das«, flüstert die Frau, »sie sind mißtrauisch geworden.« Er nimmt eine Zigarette und tritt ans Fenster. Sie sagt: »Morgen fährt er auf zwei Tage nach München. Ich komme gegen vier Uhr.«

»Frau!« hören sie Karl nebenan mit verstellter Stimme brummen, »wo sind bloß meine Skier? Wir werden noch den Zug versäumen.«

»Diese Martha ist eine grundliederliche Person«, behauptet Hildegard empört, »hat doch die Schneeschuhe wahrhaftig in mein Nachtschränkchen gestellt!«

»Schnell, schnell, Frau! Sind meine Lackschuhe im Koffer?
Also Adakind, sei schön brav. Vor allem, während Hildegard
und Karl in der Schule sind. Und nun gib Papa einen Kuß! Wiedersehen, Liebling!«

»Laß dir von Martha einen Kuchen geben«, sagt Hildegard,
»und folge ihr, als ob ich es wäre!«

»Ich mag aber keine Kuchen mehr!« behauptete Ada.

»Kleine Kinder mögen immer Kuchen«, antwortet Hildegard kategorisch. Und jetzt lachen die Kinder, als hätten sie das
schon oft gehört.

Herr Paulmüller hat den Kopf gesenkt. Die Frau verzieht den
Mund.

»Ist ja gar kein Winter mehr«, findet Hildegard.

»Da spielen wir Autopartien«, schlägt Karl vor. »Oder Mas-
kenbälle. Oder Sommerfeste.«

»Nein, wir spielen Zubettgehen«, meint Ada nach einer
Weile. »Hilde ist die Mutter. Und Karl und ich, wir müssen gute
Nacht sagen.«

Eine Pause tritt ein. Dann ruft Hildegard: »Und nun ins Bett,
ihr Volk! Es ist höchste Zeit!«

»Ich möchte noch ein bißchen lesen«, meint Karl.

»Gibts nicht, mein Junge. Morgen früh stehst du nicht auf.«

»Darf ich in dein Bett kommen?« fragt Ada.

»Heute nicht, mein Schatz. Mama geht noch einmal fort.«

»Mit Papa?« fragt die Kleine.

»Mit wem denn sonst, Naseweis? Also, vorwärts, marsch!«

Dann hört man kleine Kinderküsse. Plötzlich fragt Ada:
»Mutti, wann gehst du wieder mit uns Haarschneiden?«

»Haarschneiden? Ich denke, das tut so weh?«

»Trotzdem.«

»Aber wir waren doch erst vor einer Woche, Ada!«

»Trotzdem. Bitte, gute Mutti!«

»Nun, laß schon die Dummheiten!«

Doch jetzt sagt auch Karl: »Mama, geh doch mit uns Haarschneiden!«

»Was soll denn das heißen?« ruft Hildegard. »Warum wollt ihr denn partout zum Friseur? Heraus mit der Sprache! Warum wollt ihr schon wieder die Haare geschnitten haben?«

Ada schluchzt auf, es klingt gar nicht mehr wie Kinderspiel, und sagt mit leiser Stimme: »Weil du ... weil du sonst nie mehr mit uns fortgehst.«

In beiden Zimmern ist es still geworden. Und dann weinen drei Kinder, als hätten die Tränen monatelang gewartet. Es ist schwer erträglich anzuhören, wie sie, schluchzend und schlukkend, gegen ihren großen Kummer angehen. Sie weinen immer lauter. Die Klagen des einen befeuern die Klagen des anderen.

JOHANN BAPTIST KRÜGEL

An einem trüben Frühnachmittag eilten mehrere Männer und
Frauen, anscheinend den armen Volksschichten angehörend,
in die immer stille, kleine Schulgasse. Einige der dunkel gekleideten Personen trugen billige Blumensträuße.
Es mochte gegen drei Uhr nachmittags sein. Vor einem
Haustor stand ein Mann mit brauner Schürze und bohrte mit
einem Draht in einer kurzen Messingröhre herum. Ein kleiner
Junge eilte mit einer abgebrochenen Holzpuppe in der Hand in
ein Haus, über dessen Portal eine Tafel mit dem sonderbaren
Namen »Agavara« hing. Als die Gruppe der Trauergäste an diesem Hause vorbeigegangen war, fuhr von der entgegengesetzten Seite ein einfacher Leichenwagen ein. In diesem Augenblick
traten mehrere Frauen mit Schürzen und Kopftüchern, Männer im Arbeitskittel und Kinder aus einem einstöckigen, gelb
gestrichenen Haus, um den Wagen zu erwarten. Die Trauergäste aber betraten das kleine Haus.
Johann Baptist Krügel, Beamter der Staatsbahnen, war einen
Tag vor seinem 58. Lebensjahre, an einem Samstag nachmittag, plötzlich gestorben. Wenige Minuten zuvor hatte er in

der Küche seiner kleinen Wohnung einen noch dampfenden Hackbraten besichtigt, den die Wirtschafterin, die sich gerade beim Greisler befand, für des Herrn morgigen Ausflug zubereitet hatte. Als Krügel sich bückte, um den Duft der Fleischspeise mit zugekniffenen Augen einzuatmen, stieg eine Blutwelle gegen seine Schläfen, schien dort innezuhalten, um sich dann jäh gegen die Füße zu stürzen. Krügel fühlte eine eigentlich wohltuende Blutleere im Gehirn, er richtete sich ein wenig auf, drückte sogar die Tischkante, bis er in der Herzgegend einen schleierhaften Druck empfand. Jetzt wurde ihm unwohl. Er hörte, wie knapp neben seinem Ohr, das Rollen des Harzers, der im Wohnzimmer immer frei umherflog, aber mit einem Male sank Krügel mit halbgewendetem Oberkörper um.

Mit Krügel war ein sonderbarer Mensch dahingegangen. Nie hatte er seine Person in den Vordergrund gedrängt, und man konnte fast glauben, daß er sich niemals in einer Situation befunden hatte, die oft entscheidend für das Hochkommen eines Menschen ist. Wer Krügel kannte, mußte sich gestehen, einen zwar in seiner Art eigenen, doch durchaus nicht fesselnden Menschen vor sich zu sehen, der mit seinem Dasein zufrieden ist. Es erschien ferner selbstverständlich, daß er unvermählt war. Wie hätte jemals eine Frau an dem scheuen Mann, der mit seiner etwas korpulenten Erscheinung beinahe lächerlich wirkte, Gefallen finden können? Nie hätte Krügel ein Wort über die Liebe verloren, wenn er auch zuweilen Äußerungen machte, die auf eine gewisse Grübelei des Mannes hinwiesen.

So lebte Johann Baptist anscheinend das Leben eines ins Dasein sendungslos gesetzten Menschen, dessen Interessenkreis von Berufsnot, karger Erholung und begrenzten Genüssen ausgefüllt war. Und doch täuschte er alle! Er täuschte sie guten Willens, wie einer, der seine Mitmenschen mit seinen Angelegenheiten nicht belästigen will, da doch jeder genug an sich selber zu tragen hat. Aber Krügel dachte noch weiter: Er, dessen Blick in jede Seele eindrang, er, der den scheuen Winkelgängen seines eigenen Wesens zu folgen vermochte, wußte, wie schwer es ist, innere Erschütterungen und Beschwingungen anderen Menschen deutlich zu machen und diese, wenn nicht schon zu einer Anteilnahme, so doch zu einem schonenden Ernst zu bewegen. Krügel hatte das große Erlebnis seiner Liebe hinter sich; was dann folgte, war ein scheinbares Sichselbstgenügen. Als kaum 35jähriger Mann trat er den Gleichgang eines Menschen an, von dem besondere Kenntnis zu nehmen überflüssig schien. So blieb es eigentlich unbemerkt, daß er allmählich Sonderheiten annahm.

Als er, mitten in seinen Studien und unentschlossen, welchen Weg er ihnen geben sollte, aus purem praktischem Betätigungsdrang in die Dienste der Staatsbahnen trat, hatte er nicht das Gefühl, sich von seiner Jugend jetzt entfernen zu müssen. Der Satz vom »Ernst des Daseins«, den er tiefer und weitschauender als mancher faßte, hatte für ihn etwas Aufheiterndes, ja, er sah mit einer durchaus schönen Freude der Zukunft entgegen. Krügel hatte keinen Verkehr, worüber er nicht staunte. Wie hätte er, der die Zeit immer als eine großartige Mahnung empfand, Stunden vergeuden sollen, da ihm jede Geselligkeit als Selbstbetrug erschien. Allerdings verstand er, daß es nicht anging, in dieser Richtung allgemeine Grundsätze aufzustellen; das Wort Schopenhauers von der »Manufakturware des Lebens«, mit dem der Philosoph die meisten Menschen bezeichnete, hatte für Krügel etwas Tröstendes.

An einem Märznachmittag besuchte Krügel, der schon Jahre

Beamter war, eine der kleinen Vorstadtanlagen, von der man einen weiten Blick auf die Stadt hat. An die Brüstung eines kleinen Mauervorsprunges gelehnt, sah Krügel zu dem von Dächern und Türmen, Kuppeln und Mauern, Anlagen und Lehnen gebildeten Farben-Chaos hinunter. Ein Mädchen trat zu der Brüstung und legte Handschuhe und Täschchen vor sich hin. Sie sah Krügel mit keinem Blicke an. Er wandte seinen Kopf und ließ das Auge zuerst teilnahmslos, dann neugierig auf der Unbekannten ruhen. Schließlich verwirrte sie ihn. Er prüfte heimlich ihre Gestalt, dann sah er nur ihr Profil. Streng war die Linie, die sich von den Nasenflügeln zu den beharrlich geschlossenen Lippen zog, um die es zu zucken schien. Weich und doch gebieterisch wölbte sich das Kinn.

Jetzt sah das Mädchen ihn an. Er konnte ihren Blick nicht aushalten und senkte die Lider. Rasche Wärme schlängelte in ihm empor. Als er aufsah, erwartete ihn der Blick des Mädchens.

»Sind Sie fremd hier?« fragte er.

»Nein.«

»Darf ich mich Ihnen anschließen?«

Aus einer wie jetzt entdeckten Tiefe seines Wesens war ein neues Gefühl gekommen: Gefühl der Annäherung.

Er nannte seinen Namen. Dann erfuhr er, daß er mit der Tochter eines reichen Kaufmanns spreche. Er prüfte nicht den Ton ihrer Rede, dachte auch nicht daran, jedes der an ihn gerichteten Worte gleichsam wie innere Wegspuren zu betrachten, auf denen er zum Wesen eines Menschen gelangen könnte; er war umhüllt vom weichen Vollton ihrer Stimme und von seiner Erregung über die Schönheit eines Zufalles. Dann löste sich seine Sprache.

»Sind Sie böse?« fragte er. Plötzlich wollte er ihren Vornamen wissen.

»Trude.«

Er sann nach, als hörte er den Namen zum erstenmal. Sie wandten sich zum Gehen. Krügel sprach von sich, von der Stille seines Lebens. Er meinte, oft komme ihm der skurrile Gedanke, man solle sein Leben gelegentlich von anderen überprüfen lassen.

Trude war belustigt, und als sie Krügel neben sich gravitätisch schreiten sah, lächelte sie. Sie dachte daran, welch guten Scherz der Zufall sich mit ihr erlaubt habe, und fragte im stillen, was wohl dieser Mann von ihr verlange.

»Langweile ich Sie?« fragte er.

»Durchaus nicht.«

»Es war frech, Sie anzusprechen.«

Sie lachte auf. Als sie ihn anblickte, überraschte sie der Ernst seiner nicht unschönen Züge. Seine Augen waren ernst, glänzten auf, verdunkelten sich oder bekamen etwas Traumhaftes.

»Ich habe eine üble Art«, meinte er. »Ich spreche nur von mir. Darf ich Ihnen sagen, warum?«

Trudes Gesicht war zum Gelächter vorbereitet.

»Menschen, die viel allein sind, hören ihre Gedanken lauter als andere. Habe ich aber einmal Gelegenheit zu einem Gespräch, dann glaube ich immer, mich erklären zu müssen.«

»Wie sonderbar«, sagte Trude. »Es gibt auch solche Menschen, nicht wahr? Warum sind Sie allein?«

»Ich weiß es nicht. Mag sein, daß ich kein Vertrauen erwecke. Ich bin immer ungelenk gewesen, aber die anderen haben sich niemals die Mühe genommen, zu untersuchen, was hinter meiner Scheu stecken kann.«

Trude hörte aufmerksam zu. Seine Ausdrucksweise interessierte sie, ohne ihr gewisse Vorstellungen zu geben. Sie hatte das Gefühl, mit einem Menschen zu sprechen, der sich vielleicht zu Unrecht gering einschätzte.

»Und Sie?« fragte Krügel.

»Von mir ist nicht viel zu sagen.«

Sie wich aus. Sie war innerlich zu bequem, um sich zu erklären. Auch wußte sie, daß ihre Gedanken sich nicht schnell zusammenfänden, um dahinzufließen. Sie wollte nur plaudern. Die sonderbare Begegnung ausnützen, ein – sie lächelte bei diesem Gedanken – harmloses Abenteuer haben, das sie einmal ihren Bekannten zum besten geben könnte. Trudes Welt war klein, doch lebhaft. Wohlstand, rasche Genußfolge waren ihr Bedürfnis. Nicht mehr und nicht weniger eitel als andere Mädchen ihres Standes, zog ihre Phantasie, da sie Männern galt, doch einen sicheren Weg. Trude wich keinem Flirt aus, doch sie behütete sich in Augenblicken, deren Folgen sie beunruhigen könnten. Trude Lohr wollte eine bestimmte Wahl treffen. Nie hatte sie diesen Gedanken geäußert, wenn sie zu einer Aufrichtigkeit gleichsam genötigt wurde. In Momenten ernster Selbstbesinnung hielt Trude eine Art Gewissensprüfung ab und erkannte, deutlicher als sonst, den Weg ihrer Leidenschaften. Doch schnell riß sie sich von derartigen Anwandlungen los.

Daß sie jetzt mit dem ärmlich gekleideten Manne ging, gab ihr ein unbekanntes Gefühl der Unruhe und des Mißtrauens.

»Wollen Sie mir nichts von sich verraten?« hörte sie.

»Nein«, gab sie lachend zurück.

Sie verließen die Anlage und näherten sich dem neuen Villenviertel.

»Wie sind Sie in diese Gegend gekommen?« wollte Krügel wissen.

»Ich hatte hier eine Bekannte besucht.«

Sie gingen eine im Bau befindliche Straße. Trude stolperte, und Krügel ergriff ihre Hand, die er lange behielt.

»Aber«, sagte Trude und entzog ihm die Hand. »Ganz nette Bauten, sehen Sie doch.« Sie wies auf eines der Häuschen.

»Schön, ja«, meinte er und nahm wieder ihre Hand, drückte sie schnell und gab sie frei, um sie zu streicheln.

»Nicht doch«, sagte Trude, und im gespielten kindlichen Ton: »Das ist nicht erlaubt.«

Er fühlte etwas Schicksalhaftes in diesem Beisammensein, das er mit einer Fülle rascher Vorstellungen belastete. War es ein Zufall, daß er plötzlich im Gespräch mit einer Unbekannten war, die schon nach wenigen Augenblicken ihn beunruhigte? Und warum diese Wehmut, die ihn gierig machte, sich jede Sekunde dieses Erlebnisses einzuprägen, als sollte er einmal rücklebend hier Erholung finden?

»Darf ich Sie wiedersehen? Ich wäre Ihnen sehr dankbar.«

Trude lächelte.

Sie sahen einander am nächsten Sonntag vormittag. Trude hatte gleich beim Kommen erklärt, sie müsse spätestens in einer Stunde zu Hause sein, da sie Besuch erwarte. Krügel war auch so dankbar. Seit der ersten Begegnung mit Trude lebte er mit unheimlicher Kraft. Alles, selbst das Unbedeutendste, das ihn äußerlich oder innerlich berührte, war von brennender Gegenwartslust erfüllt. Und überall glänzte das Bild des Mädchens.

›Was geschieht mit mir?‹ fragte er sich. ›Ich mache mich lächerlich. Wie ist das alles gekommen? Ich habe sie ja lieb!‹

Und er sann diesem Gedanken mit kindischem Lächeln nach. Es ist wohl recht dumm von mir, überlegte er, bin ich nicht ein reifer Mann und lasse mich wie ein Jüngling gehen. Hätte ich nicht schon hundertmal Liebschaften anknüpfen können? Warum gerade dieses Erlebnis?

Er konnte den Sonntag nicht erwarten. An dem dem ersten Zusammentreffen folgenden Tage ging er wieder in die Vorstadtanlage und suchte die Brüstung des kleinen Vorsprunges auf, wo er in versonnter Freude lange stehen blieb. Der Sonntag kam. Der Morgen blendete in Krügels Zimmer, wo der Spiegel, Gläser und selbst das Muster an der hellen Wand wie silberschwer schimmerten. Krügel lag schon lange, die Hände unter den Kopf geschoben, mit offenen Augen, die nachts so heiß geträumt hatten, und atmete schnell, weil sein Herz nur ein jagender Pulsschlag der Freude war. Er erhob sich, öffnete das Fenster und lachte in den warmen Morgenwind.

Ich bin doch ein Narr, dachte er und blickte auf die stille Gasse hinunter. Immer haben mich frühe Sonntagmorgen erschüttert. Man erwacht und weiß die Stadt in ungestörtem Schlaf. Einzelne Schritte, die unten gehen, haben etwas Freudiges. Und ich liege, sitze oder stehe, bin frei einen ganzen feierlichen Tag. Und heute ...

Er kleidete sich an und eilte hinaus.

Trude entschuldigte sich wiederholt. Sie wäre gern länger mit ihm gegangen, doch man wolle bald wieder zusammenkommen. An irgendeinem Nachmittag in der Woche.

»Ich habe viel an Sie gedacht«, sagte er.

Trude überhörte es. Sie war gekommen, weil sie ihr Versprechen halten wollte und weil die Zusammenkunft doch sonderbar war. Einmal etwas anderes. Etwas, woran man sich immer wieder gern erinnert.

»Wollen wir einander recht oft sehen?« fragte Krügel. »Ich könnte mir nicht vorstellen, daß wir heute zum letztenmal ...« Trude war überrascht. Es verdroß sie jetzt, daß sie sich zu einer Verpflichtung bestimmen lassen sollte, an die sie überhaupt nicht gedacht hatte. Man wollte, meinte sie, alles dem Zufall überlassen. So sei es schöner, die Freude größer. Krügel antwortete nicht, aber dann, wie von einem plötzlichen Gedanken erfaßt, rief er, er müsse sie wiedersehen. Sie bedauerte ihn. Ihre Heiterkeit war gestört. Sie hatte sich ihm angeschlossen, weil ihr ein plötzlicher Gegensatz gefiel. Auf der einen Seite das gesellschaftliche Blendlicht, auf der anderen Seite eine Idylle. Aber dieser Mann, so gestand sich Trude, der vielleicht Romantiker oder Edelmann ist, müsse auf die Dauer müde machen, da man ihm nicht immer Echo sein könne.

»Wir können einander gelegentlich sehen«, sagte sie, »ich will Ihnen meine Adresse geben.«

Er sah sie verständnislos an. »Ich weiß, daß es dumm von mir ist. Wir kennen einander kaum und ich ... es ist so schwer, Ihnen alles zu sagen.«

»Nein, wie komisch Sie sind.«

Dieses Wort schmerzte ihn.

»Kommen Sie übermorgen«, sagte Trude, »gegen sieben Uhr abends. Ich will vor der Kunsthalle auf Sie warten.«

Die Zusammenkunft vor der Kunsthalle hatte Krügel mit seltsamer Angst erwartet. Trudes ausweichende Art beim letzten Abschied beunruhigte ihn derart, daß er sich mit der Absicht trug, die Beziehung aufzugeben. Was konnte er erwarten? Doch, wie ungewöhnlich lebte er. Seit jenem Nachmittag im

Vorstadtpark, da er Trude zum erstenmal erblickt hatte, sah er sich wie abseits stehen. So quälte ihn sein Gefühl und beglückte ihn zugleich.

Trude kam. Ihre Herzlichkeit erschütterte ihn. Seine Worte überstürzten sich. Er achtete nicht auf den Weg. Immer zu Trude gewendet, sprach er auf sie ein. Sein Arm streifte den ihren. Sie gingen in die die Kunsthalle umschließende Anlage und setzten sich. Krügel achtete auf die schnellen Blutsprünge in seinen Schläfen. Seine Hände waren feuchtkalt. Er beugte sich zu ihrer Hand, und während er ihre Finger streichelte, küßte er den zarten Handrücken. Trude sah mit peinlichem Lächeln in die stille Allee. Plötzlich umarmte und küßte er sie, ließ sie nicht frei, nahm Trudes Atem und verlor den seinen. Dann fielen seine Arme herab, und sein Mund war atemschöpfend offen.

»Bitte, gehen wir«, sagte sie. »Hat denn das alles einen Zweck?«

Sie erhob sich. Krügel blieb sitzen. Um ihn brandete es. Die Hitze in seinen Wangen empfand er wie den Atem eines ihm nahen Feuers. Er schloß die Augen und sah das schon Verlorene: Die Umarmung, schon anders, kühner, siegreicher.

Er erhob sich und folgte mit umschweltem Blick. Noch fühlte er Druck und Wärme der Umarmung, den Duft ihrer Haut, der über sein Antlitz strich.

Trude sprach mit leichtem Ton von ihren Reiseplänen. Ob auch er verreisen werde? Er verneinte. Er verbringe seinen Urlaub in der Stadt. Die Sonntage draußen in den nahen Wäldern.

Er fühle sich am wohlsten, wenn er nichts vom Trubel des Reiseverkehres wisse.

Trude dachte, wie melancholisch er alles vorbringe.

»Eilen Sie?« fragte er, da sie ihre Schritte beschleunigte.
»Ja.« – Beim Abschied versprach Trude, ihm zu schreiben.
Sie war schon lange im Haus verschwunden, als er, noch immer wartend, vor dem Tore stand.

Johann Baptist Krügel hat Trude Lohr nicht wieder gesehen. Unzähligemal war er in der Straße erschienen, hatte oft eine Stunde und noch länger das Haus im Auge behalten. Nie wagte er es, ihr einen Zettel hinaufzuschicken. Schließlich wich er dem Stadtteil aus. Er bestürmte sich mit Fragen, klügelte an seiner Betrübnis herum und verurteilte sich. Er sagte sich, wie viel er vielleicht erreicht hätte, wenn er weniger vom eigenen Ernst behindert gewesen wäre. Die ersten Wochen seines Alleinseins drängten ihn in einen Kummer, der ihn oft gedankenlos vor sich hinblicken ließ. Dann ängstigte er sich vor dem Knarren einer Tür, vor den Schritten, die im Hause gingen, vor Stimmen, die durch Mauern kamen. Im Amt arbeitete er hastiger, als sollten diese Stunden alles Bangen von ihm fernhalten. Und doch durchfloß Trauer seine Gedanken. Jetzt erst empfand er, wie er Trude Lohr liebte. Er konnte sein Gefühl nicht beschwichtigen, auch wenn er sich gestand, daß er eine der zahllosen harmlosen Episoden, die schnell vergessen werden, erlebt hatte. Aber im Entfalten seiner Innigkeit, mit der er dieses Erlebnis umgab, fühlte er ein Recht auf Trude, auf Liebe.

Trude Lohr hatte die Zusammenkünfte mit Krügel leichthin aufgegeben, wenn sie auch nicht ohne Rührung seiner gedachte. Wohin hätte eine engere Verbindung führen sollen, für die Trude weder Zeit noch Laune hatte? Ihr Leben forderte Heiterkeit und Bewegung und Kurzweil gesellschaftlichen Umganges. Ihr Herzenswunsch lag, wenn auch nicht unklar, noch fern.

Jahre waren vergangen. Johann Baptist Krügel saß in seinem Amt, wie er seit Jahr und Tag gesessen. Oft dachte er an Trude Lohr, und wenn er sein Einsamsein bedachte, glaubte er selbst nicht daran, daß das Erlebnis mit Trude ihn vom weiteren Weg zur Liebe zurückgehalten hätte. Und doch empfand er, sobald er sich weiterwagen wollte, als hielte Trudes Blick ihn ab. Er alterte. Stille wurde seine Zeit. Niemals sprach er über die Liebe. Sein Leben ergötzte sich an kleinen Freuden. Seine Lust galt den sonntäglichen Ausflügen.

Es war ein sonderbarer Zufall, daß Krügel an jenem Samstag, da ihm die Wirtschafterin den noch dampfenden Hackbraten zeigte, mit eigenartiger Wehmut dem kommenden Ausflug entgegensah, hatte ihn doch, wie nie zuvor, die plötzliche Erinnerung an Trude Lohr ergriffen. Doch schnell verscheuchte er diese Gedanken. Seine Wirtschafterin war hinunter zum Greisler gegangen, um etwas Brot zu holen. Krügel stand allein in der Küche. Er näherte sich dem Tisch, auf dem der Hackbraten lag. Als er sich bückte, um den Duft der Fleischspeise mit zugekniffenen Augen einzuatmen, stieg die verhängnisvolle Blutwelle gegen seine Schläfen.

Beim Eintreten in die Küche sah die Wirtschafterin ihren Herrn auf dem Rücken liegen, den Kopf zur Seite gewandt.

3 GELUNGENE GAUNEREIEN

Selbst hohe Polizeifunktionäre vermögen sich manchmal dem Zauber eines gelungenen Hochstaplertricks nicht ganz zu entziehen. Zu den besten Tricks, von denen ich jemals hörte – und die alle in der Wirklichkeit mit Erfolg durchgeführt wurden – gehören folgende drei, die ich heute erzählen will.

Da ist zunächst die Sache, die von einem internationalen Hochstapler nach sorgfältiger Vorbereitung in Mailand gedreht wurde. Es erscheint da ein Herr, sehr elegant in einer Luxuslimousine vorgefahren, den rechten Arm in der Schlinge, in einem der ersten Juwelengeschäfte der Stadt. Er wird sehr höflich empfangen, wählt schließlich eines der kostbarsten Kolliers und zieht zur Bezahlung die Brieftasche. Bis hierher ist alles in bester Ordnung. Nun bemerkt aber der feine Herr, daß er augenblicklich nur 10 000 Lire bei sich hat. Das Kollier kostet aber 60 000 Lire. So etwas kann schließlich passieren. Der Herr ist aber trotzdem sichtlich verlegen, bis er auf einen rettenden Gedanken kommt. Da er selbst nicht schreiben kann – er trägt den rechten Arm in der Schlinge – fragt er höflich bittend den Juwelier, ob er bereit wäre, ein paar Zeilen an seine Frau zu schreiben, die der Chauffeur dann nach Hause bringen würde, um die fehlenden 50 000 Lire zu holen. Er werde solange hier im Geschäft warten. Natürlich ist der Inhaber des Geschäfts gerne bereit, dies zu tun. Er nimmt einen Geschäftsbriefbogen und schreibt nach dem Diktat des Käufers: »Liebe Maria, gib bitte doch dem Chauffeur, der Dir diese Zeilen bringt, 50 000 Lire, die ich sofort brauche, um ein äußerst preiswertes Kollier zu kaufen. Auf Wiedersehen am Abend, Dein Mario.« Der Juwelier legt diesen Brief in eins seiner Familienkuverts, verschließt ihn und gibt ihn dem Herrn. Dann nimmt der Chauffeur den Brief und erhält den Auftrag, »nach Hause« zu fahren und das Geld sofort ins Geschäft zu bringen. Was auch prompt geschieht. Nach zehn Minuten schon bringt der Chauffeur die fehlenden 50 000 Lire. Der Juwelier erhält das Geld, der Herr das Kollier; er bedankt sich noch besonders für die Mithilfe des Juweliers bei der Heranschaffung des Geldes und verschwindet – auf Nimmerwiedersehen!

Erst am Abend, als der Juwelier von seiner Frau gefragt wird, ob denn das Kollier, zu dessen Ankauf sie ihrem Mann, auf dessen eigenen Brief hin, die 50 000 Lire ins Geschäft schickte, wirklich so preiswert gewesen sei, hatte er Gelegenheit, über die schlichte Großartigkeit des Tricks, auf den er soeben hereingefallen war, gründlich nachzudenken.

Noch verblüffender und vom Standpunkt des künstlerischen Reizes sensationeller ist der Trick einer Pariser Hochstaplerin, der vor einigen Jahren in Paris ungeheures Aufsehen und Bewunderung erregt hat.

1. Akt: Madame P. erscheint bei einem berühmten Professor der Psychiatrie und erklärt folgendes: Ich werde in unge-

fähr einer Stunde mit meinem Sohn bei Ihnen erscheinen, Herr Professor. Ich bitte Sie, ihn zu untersuchen. Er leidet an der fixen Idee, von jedermann 100 000 Francs verlangen zu müssen, für zwei Brillantringe und ein Diadem, von denen er behauptet, sie an mich verkauft zu haben. Dabei vergißt er vollständig, daß ich seine Mutter bin. Ich bitte Sie – hier fängt Mme. P. zu schluchzen an – meinen unglücklichen Sohn sehr schonend zu untersuchen. Der Professor ist mit allem einverstanden, bittet aber Mme. P., ihm die Erlaubnis zu geben, ihren Sohn eventuell gleich in eine geschlossene Heilanstalt – die Anstalt des Professors in einem Pariser Vorort – zu bringen. Er bittet die Dame auch, sich sofort, nachdem der Sohn im Ordinationszimmer sein wird, aus dem Hause zu begeben, damit er sich später bei ihrem Anblick nicht unnötig aufrege. Weinend erklärt sich die unglückliche, aber elegante Mutter einverstanden. Der Arzt tröstet die Mutter mit einer Aussicht auf spätere vollkommene Heilung.

2. Akt: Mme. P. erscheint im Juwelenladen der Rue de la Paix, wählt zwei außerordentlich kostbare Brillantringe und ein Diadem aus weißem Saphir, in Platin gefaßt, und bittet den jungen Inhaber des Geschäfts, Monsieur Pantiban, mit ihr zu ihrem Vater, Professor X. zu gehen, damit dieser die schuldigen 100 000 Francs zahle. In Anbetracht der hohen Summe ist der Inhaber, der höfliche M. Pantiban, sofort bereit, mitzukommen. Sie gehen zusammen in die elegante Wohnung des Professors. Nach fünf Minuten geht die Tür des Ordinationszimmers auf und der Professor lädt mit der bekannten Arztgeste Herrn Pantiban ein, zu ihm zu kommen. Der junge Geschäftsmann verschwindet sofort im Zimmer des Professors.

3. Akt:

»Bitte nehmen Sie Platz!«

»Danke.« (Der Juwelier setzt sich.)

»Wie war doch gleich Ihr Name?«

»Pantiban, Herr Professor.«

»Stimmt, nun, wie geht's?«

»Oh, ausgezeichnet!«

(Der Professor ergreift den Perkussionshammer): »Darf ich Sie bitten, die Beine übereinander zu legen? So …« (er macht es vor).

»– – – – –??? Wie meinen Sie, mein Herr?«

»Die Sache ist ganz ungefährlich. Ich möchte bloß Ihre Kniereflexe untersuchen.«

»Meine … was, meine Kniereflexe? Sind ganz in Ordnung, verzeihen Sie, mein Herr, ich habe wenig Zeit. Offenbar ein Irrtum. Ich bin kein Patient. Ich habe Ihrer Tochter drei Schmuckstücke verkauft. Ich komme wegen der 100 000 Francs.«

(»Aha, da haben wir die fixe Idee!«):

»Bitte, beruhigen Sie sich!«

»Was heißt da beruhigen? Ich will sofort mein Geld, sonst schlage ich mörderischen Krach!«

»Das wird Ihnen hier wenig nützen, mein Herr. Ich muß Sie darauf aufmerksam machen, daß ich berechtigt bin, Sie sofort in eine Irrenanstalt einliefern zu lassen. Überlegen Sie sich doch, daß schließlich alles nur zu Ihrem Besten geschieht.«

»Zu meinem Besten? Herr, treiben Sie keinen Spaß mit mir. Ich werde die Polizei holen. Sie scheinen ja mit von der Bande zu sein.« (Er steht auf und beginnt zu toben, das Telefon an sich zu reißen usw. Der Professor läutet zwei handfesten Dienern und gibt den Befehl): »Lassen Sie diesen Patienten nicht aus den

Augen, schwerer Fall, wird in zehn Minuten durch die Anstalt im Auto abgeholt. Sperren Sie ihn solange ein!«

4. Akt: Nach vier Tagen gelingt es der ausgezeichneten Pariser Polizei, den als vermißt gemeldeten Juwelier Pantiban aufzufinden. Als Tobsüchtigen in der Sicherheitszelle eines privaten Sanatoriums. Von seiner »Mutter« fehlt bis heute jede Spur.

Als letzten möchte ich den wunderbaren Trick eines südamerikanischen Hochstaplers erzählen, der vor einigen Jahren der Chrysler-Company viel Geld gekostet hat.

Buenos-Aires. Samstag, eine Stunde vor Ladenschluß. Der übliche elegante Herr erscheint im Verkaufsraum der Chrysler-Company. Kauft kurzerhand eines der teuersten Imperialmodelle. Der Herr weist sich aus und zahlt mit Scheck auf Buenos-Aires. Er steigt sofort in sein neues Auto und fährt davon, wie dies in Amerika bei einem Automobilkauf oft der Fall ist. Eine halbe Stunde später erscheint derselbe Wagen, aber mit einem andern Herrn als Fahrer am Steuer. Dieser neue Herr ersucht den Chryslermann um Anbringung einer zweiten Sucherlampe. Der Vertreter erkennt den soeben gegen Scheck verkauften Wagen und fragt sofort – aufs höchste mißtrauisch –, wie der Herr zu diesem Wagen käme. Darauf erwidert der Herr seelenruhig, er habe diesen Wagen soeben infolge eines glücklichen Zufalls für nur 500 Dollar erworben. Er nennt auch den Namen des Herrn, der ihm den Wagen verkaufte; Herrn Z. Beiläufig erklärt er den Sachverhalt noch dahin, daß Herr Z. (der erste Käufer des Wagens) durch ein Telegramm plötzlich nach Europa berufen wurde, zum Abschluß eines großen Geschäfts. Herr Z. habe das in einer knappen Stunde in See stechende Schiff soeben im Hafen erreicht.

Dies hören, den Wagen beschlagnahmen lassen und die Kriminalpolizei aufs Schiff schicken, ist eins für den Automobilhändler. Der Hochstapler rechnete offenbar mit dem Samstag, an dem die Banken früher schließen. So hätte man erst am Montag den Schwindel mit dem ungedeckten Scheck gemerkt. Die Polizei erscheint an Bord des Schiffes. In Begleitung des Autovertreters. Mister Z. erklärt, im vollen Recht zu sein. Er könne das eben für 6000 Dollar gekaufte Auto auch verschenken. Dies gehe keinen Menschen etwas an. Er droht der Automobilgesellschaft mit ungeheuren Schadenersatzansprüchen, sofern man ihn jetzt an seiner Europareise hindere. Es nützt nichts. Er muß herunter. Der Betrug ist doch zu offensichtlich.

Es vergeht der Samstag und der Sonntag. Schließlich aber wird es doch Montag. Der erste Kunde ist der Chryslervertreter. Er reicht den Scheck ein. Nach zwei Minuten liegen sechs blanke Tausenddollarnoten vor ihm. Er traut seinen Augen nicht, fragt den Beamten, ob dies bestimmt auch kein Irrtum sei. »Nein«, sagt dieser, »auf dem Konto des Scheckausstellers ist ein noch weit größerer Betrag, als ich eben ausgezahlt habe.«

Der Vertreter rast zur Polizei, erklärt den Fall, das ungeheure Mißverständnis, geht persönlich in die Zelle des Herrn Z., entschuldigt sich tausendmal, bietet dasselbe Auto als Geschenk an.

Eisiges Lächeln empfängt ihn.

»Sie haben mir das größte Geschäft meines Lebens verpatzt. Sie haben meinen Kredit hier vernichtet. Meine Rechnung wird Ihnen mein Anwalt schicken.«

Es war nichts zu machen. Die lückenlose Großartigkeit

dieses Tricks kostete die Chrysler-Company weit über 100 000 Dollar.

Auch für die Demonstration eines meisterhaften Tricks moderner Hochstapelei ein etwas hohes Lehrgeld.

DER KURZE BESUCH

Am Montag hatte Künzelmann den Malvolio gespielt. Nach der Vorstellung war er, aufgeregt und notdürftig abgeschminkt, von uns zum Nachtschnellzug eskortiert worden. Heute, am Mittwochabend, mußte er wieder zurückgekommen sein. Denn er hatte in »Kabale und Liebe« den Wurm darzustellen. Wir saßen am Stammtisch im Ratskeller und warteten auf ihn. Er war erst seit etlichen Monaten in unserer Stadt. Aber Sympathien stellen sich, wie man ja weiß, schnell ein oder gar nicht. Außerdem hatten wir es uns immer schon in den Kopf gesetzt, alle ehrlichen Kerle, deren wir habhaft werden konnten, um unsern Stammtisch zu scharen. Mit Künzelmann waren wir vier.

»Hoffentlich hat er in Königsberg keinen Ärger gehabt«, meinte Börner. Künzelmann war nämlich nach Königsberg gereist, um seine Freundin Lotte wiederzusehen, mit der er jahrelang in B. engagiert gewesen war. Zu Beginn der neuen Spielzeit hatte sie das Geschick getrennt. Beide hatten B. verlassen. Lotte war nach Königsberg gegangen, er ans Schauspielhaus unserer Stadt. Den ersten spielfreien Tag, der sich bot, hatte er benutzt, sie zu besuchen. »Warum soll er denn Ärger gehabt haben?« fragte Paulig. Er war der Naivste von uns.

Börner wies darauf hin, daß Künzelmanns Lotte gestern abend eine Operettenpremiere gehabt habe. »Vielleicht war sie heiser.«

»Das ist bei Soubretten nicht wichtig«, sagte ich. Dann tranken wir einander zu, blickten auf die Wanduhr und warteten weiter.

Endlich kam Künzelmann. Er sah blaß und übernächtig aus, gab uns dreien geistesabwesend die Hand, nahm Platz und schwieg. Da es manchmal immer noch klüger ist, eine Dummheit zu fragen als gar nichts, fragte ich: »Na, wie war's?«

»Ich habe selten so gelacht«, antwortete er. Das war eine seiner Redensarten. Wir kannten ihn hinlänglich. Sie bedeutete, entgegen ihrem Wortlaut, in Künzelmanns Munde, nichts Gutes.

Börner räusperte sich. »War die Premiere ein Durchfall?«

»Welche Premiere?« Künzelmann hielt das Glas gegen das Lampenlicht und starrte gedankenlos hinein. »So eine Frage! Die Operettenpremiere in Königsberg natürlich!«

»Ach so. Nein, ein Riesenerfolg«, erwiderte er. Das war es also nicht. Was mochte bloß geschehen sein? Paulig erinnerte sich, daß es nicht gut ist, junge, hübsche Frauen monatelang allein zu lassen. »Mach dir nichts draus«, meinte er. »Das ist der Lauf der Welt, mein Junge.«

»Von welchem Lauf ist die Rede?« fragte Künzelmann.

»Einsame Fräuleins leiden zuweilen an schlechtem Gedächtnis. Mir hat sich mal ein Mädchen verlobt, obwohl sie in München längst verheiratet war. Sie hatte das total vergessen.« Paulig lächelte melancholisch.

»Quatschkopf!« knurrte Künzelmann. Dann holte er tief Atem. »Es war ganz anders.«

»Erzähle!« fragten wir unisono.

»Als der Zug gestern früh in Königsberg einfuhr, stand Lottchen auf dem Perron. Anfangs fiel sie mir um den Hals. Später stellte sie mir einen Kollegen vor, einen gewissen Kohlhaas. ›Liebling‹, sagte Lottchen, ›ich muß leider sofort wieder ins Theater. Die gestrige Generalprobe hat nicht geklappt. Der Intendant hat noch eine Probe angesetzt. Es hilft nichts. Die Kunst verlangt Opfer. Mittags bin ich zurück. Dann kommst du zu mir. Die Adresse weißt du. Meine Wirtin kocht hinreißend. Bis zur Premiere haben wir füreinander Zeit. Für die Vorstellung liegt eine Logenkarte beim Bühnenportier. Nach der Premiere treffen wir uns im Theaterrestaurant. Du siehst, ich bin ein vorsorgliches Weib. Wann fährst du zurück?‹ ›Morgen früh um zehn. Und was mach ich jetzt?‹ ›Kohlhaas ist spielfrei‹, meinte sie. ›Er wird dir die Stadt zeigen. Bis nachher! Gib Küßchen!‹ Weg war sie. Kohlhaas sagte, er kenne in der Nähe ein Lokal, das sich zum Frühschoppen eigne. Wir gingen hin. Er hatte recht. Das Lokal eignete sich großartig. Gegen zwölf erklärte er, daß er ganz in der Nähe noch ein Lokal wüßte. Deshalb gingen wir. Er hatte recht. Dieses Lokal war keine Minute vom ersten entfernt.«

»Aha«, murmelte Börner.

»Ganz recht. Von dort aus war es gar nicht weit zum dritten Lokal. Später gingen wir in ein viertes. Dann ins nächste. Dann ins übernächste.«

»Schrecklich«, sagte Paulig.

»Ganz recht. Dieser Kohlhaas hatte phantastische Lokalkenntnisse. Königsberg ist eine große Stadt. Und überall Kneipen!«

»Zum Mittagessen kamst du natürlich nicht«, meinte ich.

»Natürlich nicht. Zum Kaffeetrinken kam ich übrigens auch nicht.«

»Und zur Premiere?«

»Zur Premiere auch nicht.«

»Warst du wenigstens nach der Vorstellung im Theaterrestaurant?« fragte ich.

»Lottchen wartete doch dort!«

»Das Theaterrestaurant ist das einzige Königsberger Lokal, das mir Kohlhaas nicht gezeigt hat. Sonst waren wir überall.«

Börners Gesicht wies Spuren von Verzweiflung auf. »Ihr habt doch nicht etwa«, fragte er, »die ganze Nacht durchgekneipt?«

»Doch«, erwiderte Künzelmann. »Ohne Pause und Zwischenvorhang. Ununterbrochen.«

»Und dann?«

»Wir mußten ein Taxi nehmen. Sonst hätte ich den Zug nicht mehr erreicht.«

Wir saßen ziemlich versteinert da. Börner fragte zögernd: »Und du hast Lottchen überhaupt nicht wiedergesehen?«

»Nein, Freunde. Wann denn wohl?«

»Sie hat dich sicher überall gesucht.«

»Es ist anzunehmen«, sagte Künzelmann. »Ich wies aber bereits zu Beginn meiner Ausführungen darauf hin, daß Königsberg eine große Stadt ist.«

»Ein erschütterndes Gemälde menschlicher Leidenschaften«, meinte Paulig und zog das Taschentuch, um sich zu schnäuzen. »Was mußt du auf der Rückreise gelitten haben, du Ärmster!«

»Ja, ich hatte wahnsinnige Kopfschmerzen«, gestand der Schauspieler.

»Hast du ihr eine Depesche geschickt?« fragte ich.

»Nein, sie hat mir eine geschickt«, sagte Künzelmann. »Hier ist sie.«

Börner faltete das Telegramm auseinander und las: »Alles Gute für ferneren Lebensweg. Lotte.«

»Sehr großzügig«, meinte ich.

»O ja«, sagte Künzelmann. »Großzügig war sie immer.« Dann rief er: »Herr Ober, ein Pilsner und drei Pyramidon!«

WIE EULENSPIEGEL DIE KRANKEN HEILTE

Es stimmt schon. Wer als Kind ein rechtes Radieschen war, wird als Erwachsener immer schlimmer. Noch dazu, wenn der Vater zu früh wegstirbt. So war es auch mit Till Eulenspiegel. Er trieb es von Jahr zu Jahr toller. Er wechselte die Berufe öfter als das Hemd. Und da er nirgends lange bleiben konnte, weil man ihn sonst verkehrt aufgehängt oder wenigstens halbtot geschlagen hätte, kannte er, kaum daß er zwanzig Jahre alt war, Deutschland wie seine Westentasche. So kam er auch nach Nürnberg. Und hier trieb er's ganz besonders bunt. Er klebte an die Kirchentüren und an's Rathausportal Plakate, auf denen er sich als Wunderdoktor ausgab.

Es dauerte auch gar nicht lange, da kam der Verwalter vom Krankenhaus zum Heiligen Geist anspaziert und sagte: »Sehr geehrter Herr Doktor! In unserem Spital liegen so viele Kranke, daß ich mir nicht mehr zu helfen weiß. Alle Betten sind belegt, und das Geld reicht vorn und hinten nicht. Können Sie mir keinen Rat geben?«

Eulenspiegel kratzte sich hinterm Ohr und antwortete: »Doch, lieber Mann. Aber guter Rat ist teuer.«

»Wieviel?« fragte der Verwalter.

Und Eulenspiegel sagte: »Zweihundert Gulden.«

Zunächst blieb dem guten Mann die Luft weg. Und dann erkundigte er sich, was der Herr Doktor Eulenspiegel dafür leisten wolle.

»Dafür mache ich in einem einzigen Tag alle Kranken gesund, die im Hospital liegen! Wenn mir's nicht gelingen sollte, will ich keinen Pfennig haben.«

»Ausgezeichnet!« rief der Mann, nahm Eulenspiegel auf der Stelle mit ins Krankenhaus und sagte den Kranken, der neue Doktor wolle sie alle heilen. Sie müßten sich nur genau nach seinen Vorschriften richten.

Dann ging er ins Verwaltungsbüro und ließ Till mit den Kranken allein. Eulenspiegel ging langsam von Bett zu Bett und unterhielt sich mit den Leuten. Er sprach sehr leise und geheimnisvoll mit jedem von ihnen. Und einem jeden sagte er das gleiche.

»Ich will euch allen helfen«, sagte er, »dir, mein Freund, und den andern auch. Und ich weiß ein fabelhaftes Rezept dafür. Ich muß einen von euch zu Pulver verbrennen. Dieses Pulver müßt ihr dann einnehmen. Ich habe mir auch schön überlegt, wen von euch ich zu Pulver verbrennen werde: den Kränksten im Saal. Das wird das beste sein, meinst du nicht auch? Na also.« Dann beugte er sich noch tiefer und fuhr fort: »In einer halben Stunde hole ich den Verwalter herauf. Der wird die Gesunden unter euch fortschicken. Es wird also gut sein, wenn du dich ein bißchen beeilst, mein Lieber. Denn den Letzten verbrenne ich leider zu Pulver. Die Sache will's!«

So ging er zu jedem und erzählte jedem das gleiche. Dann holte er endlich den Verwalter nach oben. Und der Verwalter rief mit lauter Stimme:»Wer sich gesund fühlt, ist entlassen!«

In drei Minuten war der Saal leer! Alle rannten oder humpelten, so schnell sie nur irgend konnten, aus dem Krankenhaus hinaus. Solche Angst hatten sie! Es waren welche dabei, die seit zehn Jahren hier gelegen hatten. Der Hospitalverwalter war sprachlos. Er raste ins Büro und brachte Eulenspiegel zweihundertzwanzig (220) Gulden. Die streckte er ihm hin und sagte:»Zwanzig Gulden gebe ich Ihnen extra. Sie sind der beste Arzt der Welt.«

»Stimmt«, sagte Eulenspiegel. Damit meinte er den Geldbetrag. Er steckte ihn in die Tasche, empfahl sich und machte, daß er Nürnberg in den Rücken bekam.

Schon am nächsten Tag kehrten alle Kranken ins Hospital zum Heiligen Geist zurück und legten sich wieder in ihre Betten.

Der Verwalter war außer sich.»Um alles in der Welt«, rief er, »ich denke, er hat euch gesund gemacht?«

Da erzählten sie ihm, warum sie gestern davongelaufen waren, und daß sich keiner habe zu Pulver verbrennen lassen wollen.

»Ich bin ein Esel«, sagte der Verwalter.»Der Lump hat mich betrogen, und ich habe ihm sogar noch zwanzig Gulden mehr gegeben, als er verlangt hat!«

BRIEFE AN MICH SELBER

DER ERSTE BRIEF

Berlin, 12. Januar 1940
nachts, in einer Bar

Sehr geehrter Herr Dr. Kästner!
Hoffentlich werden Sie mir nicht zürnen, wenn Sie diese Zeilen morgen früh in Ihrem Briefkasten vorfinden. Daß ich Ihnen – obwohl ich weiß, daß es nicht nur ungewöhnlich, sondern, rundheraus, unschicklich ist, sich selber zu schreiben – einen Brief schicke, mag Ihnen beweisen, wie sehr ich wünsche, zu Ihnen vorzudringen.

Werden Sie, bitte, nicht ärgerlich! Werfen Sie den Brief nicht in den Papierkorb, oder doch erst, nachdem Sie ihn zu Ende gelesen haben! Gewährt es Ihnen nicht eine gewisse Genugtuung, daß ich Sie, unbeschadet unserer gemeinsam genossenen und erduldeten Vergangenheit, mit dem höflichen, Abstand haltenden »Sie« anrede statt mit dem freundschaftlichen Du, das mir zustünde?

Ich kenne Ihren Stolz, der Zutrauen für Vertraulichkeit hält.

Ich weiß um Ihr empfindsames Gemüt, das Sie, in jahrzehntelangem Fleiß, mit einer Haut aus Härte und Kälte überzogen haben, und ich bin bereit, darauf Rücksicht zu nehmen. Zurückhaltung bewirkt verdientermaßen Haltung. Wir, sehr geehrter Herr Doktor, wissen das, denn wir erfuhren es zur Genüge. Nun finde ich aber, während ich, von lärmenden und lachenden Menschen umgeben, Ihrer bei einer Flasche Feist gedenke: daß man die Einsamkeit nicht übertreiben soll. Ich verstehe und würdige Ihre Beweggründe. Sie lieben das Leben mehr als die Menschen. Gegen diese Gemütsverfassung läßt sich ehrlicherweise nichts einwenden, was stichhaltig wäre. Und auch das ist wahr, daß man nirgendwo so allein sein darf wie in den zitternden Häusern der großen Städte.

Wer Sie flüchtig kennt, wird nicht vermuten, daß Sie einsam sind; denn er wird Sie oft genug mit Frauen und Freunden sehen. Diese Freunde und Frauen freilich wissen es schon besser, da sie immer wieder empfinden, wie fremd Sie ihnen trotz allem bleiben. Doch nur Sie selber ermessen völlig, wie einsam Sie sich fühlen und welcher Zauber, aus Glück und Wehmut gewoben, Sie von den Menschen fernhält. Sie sind deshalb bemitleidet und auch schon beneidet worden. Sie haben gelächelt. Man hat Sie sogar gehaßt. Das hat Sie geschmerzt, aber nicht verwandelt.

Kein Händedruck, kein Hieb und kein Kuß werden Sie aus der Einsiedelei Ihres Herzens vertreiben können. Wer das nicht glaubt, weiß überhaupt nicht, worum es geht. Er denkt vielleicht an den tränenverhangenen Weltschmerz der Jünglinge, die sich vor drohenden Erfahrungen verstecken wie scheue Kinder vor bösen Stiefvätern. Doch Sie, mein Herr, sind kein Jüngling mehr. Sie trauern nicht über Ihren Erinnerungen, und

Sie fürchten sich vor keiner Zukunft. Sie haben Freunde und Feinde in Fülle und sind, dessenungeachtet, allein wie der erste Mensch! Sie gehen, gleich ihm, zwischen Löwen, Pfauen, Hyänen, gurrenden Tauben und genügsamen Eseln einher. Und obgleich Sie vom Apfelbaum der Erkenntnis aßen, wurden Sie aus diesem späten Paradies nicht vertrieben.

Trotzdem: Es ist nicht gut, daß der Mensch allein sei! Und wenn Sie schon anderen verwehren, bis zu Ihnen vorzudringen, sollten Sie wenigstens mir gestatten, Ihnen gelegentlich näherzukommen. Ich wähle, da ich uns kenne, den Weg über die Post. Zerreißen Sie den Brief, wenn Sie wollen, aber ich wünschte, Sie täten es nicht!

Mit den besten Empfehlungen
Ihr sehr ergebener
Erich Kästner

NB. Eine Antwort ist nicht nötig.

Anmerkung nach Empfang des ersten Briefs

Berlin, 13. Januar 1940
zu Hause

Vorhin klingelte der Postbote und brachte den Brief. Und nun, nachdem ich, ein bißchen verlegen, gelesen habe, was ich mir gestern nacht schrieb, muß ich mir recht geben. Ich sollte wirklich mehr Umgang haben, mindestens mit mir, und wenigstens schriftlich!

Es tut wohl, von jemandem, dem man nahesteht, Briefe zu erhalten. Und, zum Donnerwetter, ich stehe mir doch nahe? Oder bin sogar ich mir selber fremd geworden? Mitunter habe ich dieses Gefühl. Dann wird mir unheimlich zumute, und es hilft nichts, daß ich vor den Spiegel draußen im Flur hintrete und mir eine kleine Verbeugung mache. »Gestatten, Kästner«, sagt der Spiegelmensch. Mein rechtes Auge lächelt aus seiner linken Augenhöhle. Es ist zuweilen nicht ganz einfach, gute Miene zu bewahren.

Ich werde mich wieder mit mir befreunden müssen. Wenn es nicht anders geht, meinetwegen auf brieflichem Wege. Schlimmstenfalls erhöhe ich bloß den Markenumsatz der Reichspost. Ich will nicht vergessen, stets einen Briefumschlag mit getippter Anschrift bei mir zu tragen. Es wäre doch recht fatal, wenn die Sekretärin dahinterkäme, daß ich mir selber schreibe.

Es läßt sich zwar kaum vermeiden, daß Schriftsteller etwas verrückt sind. Aber die meisten sind noch stolz darauf und tragen ihren Spleen im Knopfloch. Diese Leute sind mir zuwider. Man hat die verdammte Pflicht, sich nicht gehen zu lassen. Kollegen, denen die Schöpfung einen sogenannten Künstlerkopf beschert hat, tun mir leid, weil sie ihn nicht umtauschen können; und ich wundere mich immer wieder, daß sie, statt sich ihrer auffälligen Gesichter insgeheim zu schämen, sie eitel zur Schau tragen, wie Barfrauen ein gewagtes Dekolleté.

DER ZWEITE BRIEF

Berlin, den 19. Januar 1940
in einem Café am Kurfürstendamm

Mein lieber Kästner!

Früher schriebst Du Bücher, damit andere Menschen, Kinder und auch solche Leute, die nicht mehr wachsen, läsen, was Du gut oder schlecht, schön oder abscheulich, zum Lachen oder Weinen fandest. Du glaubtest, Dich nützlich zu machen. Es war ein Irrtum, über den Du heute, ohne daß uns das Herz wehtut, nachsichtig lächelst.

Deine Hoffnungen waren das Lehrgeld, das noch jeder hat zahlen müssen, der vermeinte, die Menschen sehnten sich vorwärts, um weiterzukommen. In Wirklichkeit wollen sie nur nicht stillstehen, weil sie Angst vor der Stille haben, nicht etwa vorm Stillstand! Ihr Weg ist der Kreis, und ihr Ziel, seine Peripherie immer schneller und möglichst oft zurückzulegen. Die Söhne überrunden die Väter. Das Ziel des Ringelspiels ist der Rekord. Und wer den gehetzt blickenden Karussellfahrern mitleidig zuruft, ihre Reise im Kreise sei ohne Sinn, der gilt ihnen mit Recht als Spielverderber.

Nun Du weißt, daß Du im Irrtum warst, als Du bessern wolltest. Du glichst einem Manne, der die Fische im Fluß überreden möchte, doch endlich ans Ufer zu kommen, laufen zu lernen und sich den Vorzügen des Landlebens hinzugeben, und der sie, was noch ärger ist, für tückisch und töricht hält, wenn sie seine Beschwörungen und schließlich seine Verwünschungen mißachten und, weil sie nun einmal Fische sind, im Wasser bleiben.

Wie unsinnig es wäre, Löwen, Leoparden und Adlern die Pflanzenkost predigen zu wollen, begreift das kleinste Kind.

Aber an den Wahn, aus den Menschen, wie sie sind und immer waren, eine andere, höhere Gattung von Lebewesen entwickeln zu können, hängen die Weisen und die Heiligen ihr einfältiges Herz.

Sei es drum! Mögen sie weiterhin versuchen, aus Fischen rüstige Spaziergänger, aus Raubtieren überzeugte Vegetarier und aus dem Homo Sapiens einen homo sapiens zu machen! Du jedoch ziehe Deinen bescheidenen geistigen Anteil, den Du an diesem rührenden Unternehmen hattest, mit dem heutigen Tage aus dem Geschäft! Du bist vierzig Jahre alt, und Dich jammert die Zeit, die Du, um zu nützen und zu helfen, hilflos und nutzlos vertatest! Mache kehrt, und wende Dich Dir selber zu!

Der Teufel muß Dich geritten haben, daß Du Deine kostbare Zeit damit vergeudetest, der Mitwelt zu erzählen, Kriege seien verwerflich, das Leben habe einen höheren Sinn als etwa den, einander zu ärgern, zu betrügen und den Kragen umzudrehen, und es müsse unsere Aufgabe sein, den kommenden Geschlechtern eine bessere, schönere, vernünftigere und glücklichere Erde zu überantworten! Wie konntest Du nur so dumm und anmaßend sein! Warst Du denn nur deshalb nicht Volksschullehrer geblieben, um es später erst recht zu werden?

Es ist eine Anmaßung, die Welt, und eine Zumutung, die Menschen veredeln zu wollen. Das Quadrat will kein Kreis werden; auch dann nicht, wenn man es davon überzeugen könnte, daß der Kreis die vollkommenere Figur sei. Die Menschen lehnen es seit Jahrtausenden mit Nachdruck ab, sich von uneigennützigen Schwärmern zu Engeln umschulen zu lassen. Sie verwahren sich mit allen Mitteln dagegen. Sie nehmen diesen

Engelmachern die Habe, die Freiheit und schließlich das Leben. Nun, das Leben hat man Dir gelassen. Sokrates, Campanella, Morus und andere ihresgleichen waren gewaltige Dickköpfe. Sie rannten, im Namen der Vernunft, mit dem Kopf gegen die Wand und gingen, dank komplizierten Schädelbrüchen, in die Lehrbücher der Geschichte ein. Die Wände, gegen die angerannt wurde, stehen unverrückt am alten Fleck, und nach wie vor verbergen sie den grenzenlosen Horizont. Deshalb riet Immanuel Kant, zum Himmel empor und ins eigene Herz zu blicken. Doch auch davor scheuen die Menschen zurück, denn sie brauchen Schranken; und wer sie beschränkt nennt, sollte das gelassen tun, und nicht im Zorn.

»Wer die Menschen ändern will, beginne bei sich selbst!« lautet ein altes Wort, das aber nur den Anfang einer Wahrheit mitteilt. Wer die Menschen ändern will, der beginne nicht nur bei sich, sondern er höre auch bei sich selber damit auf!

Mehr wäre hierüber im Augenblick nicht zu schreiben. Der Rest verdient, gelebt zu werden. Versuch es, und sei gewiß, daß Dich meine besten Wünsche begleiten!

Dein unzertrennlicher Freund
Erich Kästner

PS. Vergiß nicht, der Sekretärin aufzutragen, daß sie ein paar Blumen besorgt und auf Deinen Schreibtisch stellt! Ich weiß, wie sehr Du es liebst, über Flieder oder Tulpen hinweg auf die verschneiten Dächer zu blicken.

Ja, und an dem braunen Jackett fehlt ein Knopf. Du hast ihn in die rechte Außentasche gesteckt. Die Aufwartung soll ihn sofort annähen.

Übrigens: daß eine Aufwartefrau auch eine »Aufwartung« genannt wird, ist recht bezeichnend. Das Verbalsubstantiv, das die im Zeitwort enthaltene Handlung ausdrückt, genügt offensichtlich, da man eine solche Angestellte, unbeschadet ihrer weiblichen Eigenschaften, zwar als eine personifizierte Tätigkeit, dagegen als Frau eigentlich gar nicht zur Kenntnis nimmt.

Gute Nacht, mein Junge!

MAMA BRINGT DIE WÄSCHE

Aus Berliner Tagebuchblättern

17. Januar 1944

Vorgestern nacht war nun also meine Wohnung an der Reihe. Ein paar Kanister »via airmail« eingeführten Phosphors aufs Dach, und es ging wie das Brezelbacken. Geschwindigkeit ist keine Hexerei. Dreitausend Bücher, acht Anzüge, einige Manuskripte, sämtliche Möbel, zwei Schreibmaschinen, Erinnerungen in jeder Größe und mancher Haarfarbe, die Koffer, die Hüte, die Leitzordner, die knochenharte Dauerwurst in der Speisekammer, die Zahnbürste, die Chrysanthemen in der Vase und das Telegramm auf dem Schreibtisch: »ankomme 16. früh anhalter bahnhof bringe weil paketsperre frische wäsche persönlich muttchen.« Wenigstens einer der Schreibmaschinen wollte ich das Leben retten. Leider sausten mir schon im dritten Stock brennende Balken entgegen. Der Klügere gibt nach.

Hinterher ist einem seltsam leicht zumute. Als habe sich das spezifische Gewicht verändert. Für solidere Naturen bestimmt ein abscheuliches Gefühl. Nicht an die Güter hänge dein Herz! Die Bücher werden mir am meisten fehlen. Einige Briefe. Ein paar Fotos. Sonst? Empfindungen wie: »Jetzt geh ich heim, leg mich auf die Couch, guck in den Kronleuchter, denk an fast gar nichts, lauf nicht ans Telefon und nicht an die Tür, wenn's läutet, bin so allein, daß die Tapete Gänsehaut kriegt …« Damit ist's aus. Für Jahrzehnte. Und dann die Bettwäsche, die Oberhemden, die gestickten Taschentücher, die Krawatten, die mir Mutter allweihnachtlich schenkte. Die stolze Schenkfreude, die sie nach jeder großen Wäsche immer wieder neu hineingeplättet hat. Das ist nun mitverbrannt. Ich glaubte, dergleichen könne gar nicht verbrennen. Man muß, ehe man mitreden kann, alles erst am eignen Leib erfahren. Oder an der eignen Leibwäsche. Na ja.

Den Schlüssel hab ich noch. Wohnung ohne Schlüssel ist ärgerlich. Schlüssel ohne Wohnung ist geradezu albern. Ich wollte die Dinger wegwerfen. In eine passende Ruine.

Und ich bring's nicht fertig! Mir wär's, als würfe ich frisches Brot auf den Müll. Welch unsinnige Hemmung Schlüsseln gegenüber, die wohnungslos geworden sind! Trotzdem ist es so. Non scholae sed vitae discimus.

Wenn wenigstens die Mama nicht gekommen wäre! Seit den ersten Angriffen auf Berlin hatte ich ihre Besuche hintertrieben. Zuweilen mit wilden Ausreden. Wozu ihre Besorgnisse durch den Augenschein noch steigern? Ein paarmal war sie richtig böse geworden. Ich hatte es hingenommen. Und nun rückte sie mit dem Wäschekarton an!

Ausgerechnet in dem Augenblick, in dem mir die Engländer die Wohnung gekündigt hatten. Die Stadt brannte noch. Das

Verkehrsnetz war zerrissen. Die Feuerwehr stand unrasiert und übernächtig vor züngelnden Fassaden. In der Roscherstraße war kein Durchkommen. Möbel lehnten und lagen naß, schief und schmutzig im Rinnstein.

An den Ecken wurden heißer Kaffee und Klappstullen verteilt.

Was half's? Ich zog also gestern im Morgengrauen zum Bahnhof Charlottenburg. Natürlich gesperrt. Zum Bahnhof Zoo. Gesperrt. Zu Fuß an den schimmelfarbigen Flaktürmen vorbei zum Bahnhof Tiergarten. Die Stadtbahn fuhr. Bis Lehrter Bahnhof. Alles aussteigen. Pendelverkehr bis Friedrichstraße. Umsteigen. Anhalter Bahnhof. Gesperrt. Wo kommen die Züge aus Dresden an? Am Görlitzer Bahnhof. Ankunftszeiten? Achselzucken. Als ich im Görlitzer Bahnhof einpassierte, war ich genau drei Stunden unterwegs. Der Schnellzug aus Dresden. Vielleicht gegen zehn Uhr. Vielleicht auch gegen elf. Ich stellte mich an die Sperre und wich nicht von der Stelle, bis, nach endlosem Warten, der Zug einlief. Er hatte irgendwo bei Berlin auf freier Strecke halten müssen.

Die Reisenden sahen blaß und nervös aus. Den Qualm über der Stadt hatten sie von weitem ausgiebig beobachten können. Ängstlich suchten ihre Augen nach den Angehörigen hinter der Sperre. Was alles war in der Neuzeit über Nacht möglich, wer weiß, schwerer Angriff auf die Reichshauptstadt, noch jetzt von den Bränden bonbonrosa angehauchte Rußwolken überm Dächermeer, die lächerlichen Luftschutzkeller, mit den Fenstern halb überm Gehsteig, die Gas- und Wasserröhren in Kopfhöhe, rasch tritt der Tod den Menschen an. Siemensstadt soll auch wieder dran gewesen sein, und wenn Paula erst einmal schläft, kann man neben dem Bett Kanonenkugeln ab-

schießen, sie hört nichts, dann das Kind anziehen, der Rucksack, der schwere Koffer, der verfluchte Krieg. Ley hat eine Bar
im Bunker, wo hab ich eigentlich die Fahrkarte. Mensch, gib
gefälligst mit deiner dämlichen Kiste Obacht, und bitte, lieber
Gott, laß ihnen nichts passiert sein …

Da entdeckte ich die Mama. Mit dem Wäschekarton an
der Hand. Ich winkte. Sie sah unverwandt geradeaus. Ich rief.
Winkte. Rief. Jetzt bemerkte sie mich. Lächelte verstört.

Nickte mehrmals. Ging hastig auf die Sperre zu und hielt
dem Beamten steif die Fahrkarte entgegen.

Noch während wir in der dröhnenden Bahnhofshalle standen, berichtete ich ihr, was geschehen war. Die Wohnung sei
verbrannt. Das gesamte Gartenhaus. Das Vorderhaus.

Die Seitengebäude. Auch andere Häuser in der Straße. In
den Straßen ringsum. In anderen Vierteln. Berlin eigne sich
heute ganz und gar nicht für Mütter über siebzig. »Weißt du
was«, sagte ich, »wir bleiben hier in der Nähe, essen in einer
Kneipe zu Mittag, unterhalten uns gemütlich, – und mit dem
ersten Nachmittagszug fährst du zurück. Es wird zeitig dunkel.
Am Ende gibt's wieder Alarm. Vielleicht auch nicht; denn seit
sie meine Wohnung erwischt haben, hat Berlin für sie enorm
an Reiz eingebüßt.

Trotzdem …« Ich lachte ziemlich künstlich.

Da fragte sie leise: »Die Teppiche auch?«

Mir verschlug's den Atem.

»Und das neue Plumeau?«

Ich erklärte ihr noch einmal und so behutsam, wie eine
Bahnhofshalle es zuläßt, daß das Feuer keine Ausnahme ge-
macht habe. Die Teppiche seien fort, das neue Plumeau von
Thiels aus der Prager Straße, das Klavier, auf dem ich als Kind

die Dur- und Molltonarten geübt hätte, die Möbel aus den Deutschen Werkstätten, die Cotta'sche Goethe-Jubiläumsausgabe, das Zwiebelmuster, die dünnstieligen Weingläser, die Badewanne, die Tüllvorhänge, der Liegestuhl samt dem Balkon ...

»Komm!« sagte sie, »ich muß die Wohnung sehen!« Es gelang ihr noch nicht, die vier Zimmer aus der Welt wegzudenken. Sie lief auf die Straße. War nicht zu halten. Wir fuhren. Stiegen aus. Stiegen um. U-Bahn. Stadtbahn. Ab Tiergarten pendelte ein Omnibus. An einer Station kam ich mit der einen Hand und dem Wäschekarton nicht ins Abteil. Der Rest war längst im Wagen. Die Leute rührten sich nicht. Ich mußte sehr laut werden, bis ich meine Hand und den Karton wieder hatte. Die Mama stand oder saß, je nachdem, und starrte ins Leere. Tränen liefen über ihr Gesicht wie über eine Maske.

Zwei Stunden dauerte es diesmal bis Charlottenburg. Vom Bahnhof aus steuerte sie den von früher her gewohnten Weg, kaum daß ich Schritt halten konnte. Der Zugang durch die Sybelstraße war abgeriegelt. Also Dahlmannstraße, Kurfürstendamm, Küstriner Straße. Über Stock und Stein, über Stuck und Stein. Auch hier ging's plötzlich nicht weiter. Trümmer, Qualm, Feuerwehr, Einsturzgefahr, es hatte keinen Zweck. Noch ein paar Schritte. Aus. Die Räume überm Haustor waren heruntergesackt. Der Schutt versperrte den Blick in den Hof. Der Sargdeckel war zugeklappt. Die Mama blickte ratlos um sich. Dann packte sie meinen Arm und sagte: »Bring mich zurück.«

Wieder zwei Stunden Fahrt. Unheimliches Gedränge. Autobus, Stadtbahn, U-Bahn, aussteigen, pendeln, umsteigen. Meine Befürchtung, der Anblick solcher Ruinenfelder wie etwa des Hansaviertels werde ihr Herz meinethalben mit neuer, stärkerer Angst erfüllen, erwies sich als unbegründet. Sie sah auch jetzt nicht links, noch rechts. Wahrscheinlich schaute sie in den großen Wäscheschrank aus hellgrünem Schleiflack. In das Fach mit den Überschlaglaken, Bettüchern und Kopfkissenbezügen. In das Fach mit den sorgfältig gestapelten Oberhemden. In die Schachteln mit den exakt gefalteten Taschentüchern. Auf die säuberlich geschichteten Frottiertücher, Handtücher und Wischtücher. Da waren auch noch die zwei nagelneuen Kamelhaardecken. Von Salzmanns. Und der dunkelblaue Bademantel vom Geburtstag vor zwei Jahren. Und das Silber. Für zwölf Personen. Stück um Stück nacheinander gekauft. Mein Junge, wissen Sie, hat eine Aussteuer wie ein heiratsfähiges Mädchen. Und jedes Jahr schenk ich ihm etwas hinzu. Ja, selbstverdient, natürlich. Dreiundsiebzig werd ich im April. Aber wenn ich ihm nichts mehr schenken könnte, würde mir das Leben keinen Spaß mehr machen. Er sagt zwar jedesmal, nun müßte ich endlich mit Arbeiten aufhören. Doch das laß ich mir nicht nehmen. Schriftsteller ist er. Er darf aber nicht schreiben. Seine Bücher hat man verbrannt. Und nun die Wohnung ...

Als der Schnellzug anrückte, dunkelte es bereits. Ich lief eine Weile nebenher und winkte. Sie biß sich auf die Lippen und versuchte zu lächeln.

Dann fuhr ich wieder nach Charlottenburg. Neun Stunden war ich insgesamt in Berlin herumgegondelt. Am Mantel fehlten zwei Knöpfe. Als ich am Stuttgarter Platz aus dem Omnibus kletterte, sagte jemand: »Es wird gleich Voralarm geben!«

Da fing ich zu laufen an. Manchmal schlug mir der Wäschekarton gegen die Beine. In der Ferne heulte die erste Sirene. Das mußte Grunewald sein.

KURZGESCHICHTE IN FÜNF AKTEN

1. Akt

Er mißfiel mir von Herzen. Vielleicht lag es daran, daß das junge Mädchen an seiner Seite dunkelbraunes Haar und blaue Augen hatte. Sie war viel zu hübsch, ihre Wimpern waren viel zu schattig, und ihre schmalen Hände waren viel zu behutsam für so einen Burschen. Außerdem schien er sich zu ärgern, daß ich sie betrachtete, als sei sie ein berühmtes Bild. Er mißfiel mir, wie gesagt, rechtschaffen, und auch ich war wohl nicht ganz sein Typ.

Die zwei saßen am Nebentisch, tranken Kaffee, siezten einander noch und redeten infolgedessen nur über Kunst, Theater und Literatur. Nicht daß die Unterhaltung sonderlich hörenswert gewesen wäre – aber plötzlich nannte sie den Titel eines meiner Bücher, und das machte meine Ohren neugierig. Nachdem er ihr über meine schriftstellerischen Erzeugnisse ein paar Löffel einschlägiger Bemerkungen verabreicht hatte, fragte sie: »Kennen Sie Kästner persönlich?« Da sagte er in aller Gemütsruhe: »Und ob ich ihn kenne! Ich und Erich sind oft zusammen!«

»Wie sieht er denn aus?« Er kniff die Augen klein. »Ganz nett soweit«, meinte er schließlich, »aber das ist auch alles.« Sie nickte verständig.

Ich musterte meinen guten alten Bekannten, den ich noch nie im Leben gesehen hatte, ziemlich düster und überlegte, ob ich ihn ein bißchen in die Tinte reiten sollte. Ich hatte jedoch einen edlen Tag. Die Sonne schien. Das Gute siegte. Ich schwieg.

2. Akt

Etwas später verließ sie vorübergehend den Tisch, um eine Freundin anzurufen. Ich blickte hinterdrein und freute mich, wie leichtfüßig sie das Lokal durchquerte. Als ich mich umwandte, begegnete ich seinen Augen, die damit beschäftigt waren, pfeilspitze, vergiftete Blicke auf mich abzuschießen.

»Nun, alter Junge«, sagte ich unverdrossen, »wie lange kennen wir uns eigentlich schon?«

»Ich verbitte mir Ihre plumpen Vertraulichkeiten!« bellte er.

»Aber, aber!« meinte ich freundlich. »Wie sprichst du denn mit mir, mein Bester? Ich bin doch dein guter alter Erich! Mit dem Zunamen Kästner! Etwas mehr Herzlichkeit hätte ich wirklich von dir erwartet!«

Er machte ein beispielhaft törichtes Gesicht und vergaß vorübergehend, ein- und auszuatmen. Dann holte er tief Luft, schüttelte den Kopf wie ein leicht angeschlagener Boxer und murmelte:

»Scheußlich!« Nach einer Pause fügte er hinzu: »Da hätten Sie mich ja schön hineinlegen können … Sind Sie mir sehr böse?« Da ich verzeihend lächelte, zwinkerte er mir, schon wieder ein wenig unverschämt, zu und sagte trocken: »Es gibt nämlich

Mädchen, bei denen solche Sachen wirken.« Diese Bemerkung garnierte er mit einem leichten Achselzucken.

»Sie gehören offensichtlich zu den ganz Geriebenen«, erwiderte ich. Da er geschmeichelt schien, griff ich zu einer Zeitung. Mit Ironie war ihm nicht beizukommen. Er stak in seiner Eitelkeit wie in einer Rüstung.

3. Akt

Dann kam das junge Mädchen zurück, und das Gespräch der beiden nahm seinen Fortgang. Sie tauschten ihre Ansichten über Alfred Döblin aus. Den kannte mein Freund vom Nebentisch übrigens nicht persönlich. Er wollte mich wohl nicht reizen. Ich stellte fest, daß er des öfteren zu mir herüberschielte. Ihm war nicht geheuer, und er bemühte sich redlich, aus den Gefilden der Literatur in freundlichere Bezirke zu entwischen. Er suchte unter anderem das Thema »Sport« zu erreichen, und gestand in schöner Offenheit, daß er den Linksaußen einer Ligamannschaft duze und selbigem erst vorgestern erklärt habe, die am Sonntag in der zweiten Halbzeit verpaßte Torgelegenheit sei museumsreif gewesen. Das junge Mädchen aber wollte von Fußbällen nicht das geringste wissen, sondern verbiß sich im Schöngeistigen. Da half kein Sträuben.

Als der Kellner auf meinen Tisch zusteuerte, ankerten die zwei gerade bei Kurt Tucholsky. Der Kellner trat zu mir und sagte erschreckend laut und deutlich: »Herr Kästner, Sie werden am Telefon verlangt. Die Redaktion will Sie sprechen.«

Das junge Mädchen sah mich überrascht an, wurde rot, musterte ihren Begleiter, als sei er mit einem Male aus Dachpappe, wurde blaß, nahm ihre Handtasche und ging, erhobenen Hauptes, auf und davon.

4. Akt

Als ich vom Telefon wiederkehrte, saß mein Don Juan verbiestert in der Ecke und haderte sichtbar mit dem Zufall und dem Schicksal. »Pech, alter Freund!« murmelte ich. »Künstlerpech!« Meine Kondolation schien ihn nicht sonderlich zu trösten. Ich hatte eher den Eindruck, daß er mir am liebsten die Zunge herausgestreckt hätte. Dann tat er's aber doch nicht, sondern stand abrupt auf, nahm Hut und Mantel und verließ die ungastliche Gaststätte.

Der Kellner bemerkte es zu spät. »Er hat nicht bezahlt!« jammerte er aufgeregt. »Ich erledige das schon«, sagte ich. »Es ist ein guter alter Bekannter von mir.«

5. Akt

Auf dem Nachhauseweg lief mir, in der Ludwigstraße, ein junges Mädchen in die Arme. Das war meine Schuld. Ich hatte nicht aufgepaßt, weil ich, stattdessen, an einem Epigramm bastelte. »Entschuldigung«, murmelte ich. Doch dann sah ich, daß sie es war, die Leichtfüßige mit dem nußbraunen Haar und den blauen Augen, und so war's weiter kein Wunder, daß wir uns nicht sofort wieder trennten. Von ihrer Wißbegier in literarischen Angelegenheiten war ja schon die Rede.

Erst gestern nachmittag, als wir auf dem Balkon saßen, fragte sie leise: »Kannst du mir erklären …« Doch das ist der Anfang einer neuen Kurzgeschichte. Oder einer längeren Geschichte? Das läßt sich schwer vorhersagen.

DAS MÄRCHEN VON DER VERNUNFT

Es war einmal ein netter alter Herr, der hatte die Unart, sich ab und zu vernünftige Dinge auszudenken. Das heißt: zur Unart wurde seine Gewohnheit eigentlich erst dadurch, daß er das, was er sich jeweils ausgedacht hatte, nicht für sich behielt, sondern den Fachleuten vorzutragen pflegte. Da er reich und trotz seiner plausiblen Einfälle angesehen war, mußten sie ihm, wenn auch mit knirschenden Ohren, aufs geduldigste zuhören. Und es gibt gewiß für Fachleute keine ärgere Qual als die, lächelnden Gesichts einem vernünftigen Vorschlage zu lauschen. Denn die Vernunft, das weiß jeder, vereinfacht das Schwierige in einer Weise, die den Männern vom Fach nicht geheuer und somit ungeheuerlich erscheinen muß. Sie empfinden dergleichen zu Recht als einen unerlaubten Eingriff in ihre mühsam erworbenen und verteidigten Befugnisse. Was, fragt man sich mit ihnen, sollten die Ärmsten wirklich tun, wenn nicht sie herrschten, sondern statt ihrer die Vernunft regierte? Nun also.

Eines Tages wurde der nette alte Herr während einer Sitzung gemeldet, an der die wichtigsten Staatsmänner der Erde teilnahmen, um, wie verlautete, die irdischen Zwiste und Nöte aus der Welt zu schaffen. »Allmächtiger!« dachten sie. »Wer weiß, was er heute mit uns und seiner dummen Vernunft wieder vorhat!« Und dann ließen sie ihn hereinbitten. Er kam, verbeugte sich ein wenig altmodisch und nahm Platz. Er lächelte. Sie lächelten. Schließlich ergriff er das Wort.

»Meine Herren Staatshäupter und Staatsoberhäupter«, sagte er, »ich habe, wie ich glaube, einen brauchbaren Gedanken gehabt; man hat ihn auf seine praktische Verwendbarkeit geprüft; ich möchte ihn in Ihrem Kreise vortragen. Hören Sie mir, bitte, zu. Sie sind es nicht mir, doch der Vernunft sind Sie's schuldig.« Sie nickten, gequält lächelnd, mit ihren Staatshäuptern, und er fuhr fort: »Sie haben sich vorgenommen, Ihren Völkern Ruhe und Frieden zu sichern, und das kann zunächst und vernünftigerweise, so verschieden Ihre ökonomischen Ansichten auch sein mögen, nur bedeuten, daß Ihnen an der Zufriedenheit aller Erdbewohner gelegen ist. Oder irre ich mich in diesem Punkte?«

»Bewahre!« riefen sie. »Keineswegs! Wo denken Sie hin, netter alter Herr!« »Wie schön!« meinte er. »Dann ist Ihr Problem gelöst. Ich beglückwünsche Sie und Ihre Völker. Fahren Sie heim, und bewilligen Sie aus den Finanzen Ihrer Staaten, im Rahmen der jeweiligen Verfassung und geschlüsselt nach Vermögen, miteinander einen Betrag, den ich genauestens habe errechnen lassen und zum Schluß nennen werde! Mit dieser Summe wird folgendes geschehen: Jede Familie in jedem Ihrer Länder erhält eine kleine, hübsche Villa mit sechs Zimmern, einem Garten und einer Garage sowie ein Auto zum Geschenk. Und da hintendrein der gedachte Betrag noch immer nicht aufgebracht sein wird, können Sie, auch das ist kalkuliert, in jedem Ort der Erde, der mehr als fünftausend Einwohner zählt, eine neue Schule und ein modernes Krankenhaus bauen lassen. Ich beneide Sie. Denn obwohl ich nicht glaube, daß die materiellen Dinge die höchsten irdischen Güter verkörpern, bin ich vernünftig genug, um einzusehen, daß der Frieden zwischen den Völkern zuerst von der äußeren Zufriedenheit der Menschen abhängt. Wenn ich eben sagte, daß ich Sie beneide, habe ich gelogen. Ich bin glücklich.« Der nette alte Herr griff in seine Brusttasche und zündete sich eine kleine Zigarre an.

Die übrigen Anwesenden lächelten verzerrt. Endlich gab sich das oberste der Staatsoberhäupter einen Ruck und fragte mit heiserer Stimme: »Wie hoch ist der für Ihre Zwecke vorgesehene Betrag?«

»Für *meine* Zwecke?« fragte der nette alte Herr zurück, und man konnte aus seinem Ton ein leichtes Befremden heraushören.

»Nun reden Sie schon!« rief das zweithöchste Staatsoberhaupt unwillig. »Wieviel Geld würde für den kleinen Scherz gebraucht?«

»Eine Billion Dollar«, antwortete der nette alte Herr ruhig. »Eine Milliarde hat tausend Millionen, und eine Billion hat tausend Milliarden. Es handelt sich um eine Eins mit zwölf Nullen.« Dann rauchte er wieder an seiner kleinen Zigarre herum.

»Sie sind wohl vollkommen blödsinnig!« schrie jemand. Auch ein Staatsoberhaupt.

Der nette alte Herr setzte sich gerade und blickte den Schreier verwundert an. »Wie kommen Sie denn darauf?« fragte er. »Es handelt sich natürlich um viel Geld. Aber der letzte Krieg hat, wie die Statistik ausweist, ganz genau soviel gekostet!«

Da brachen die Staatshäupter und Staatsoberhäupter in tobendes Gelächter aus. Man brüllte geradezu. Man schlug sich und einander auf die Schenkel, krähte wie am Spieß und wischte sich die Lachtränen aus den Augen.

Der nette alte Herr schaute ratlos von einem zum andern. »Ich begreife Ihre Heiterkeit nicht ganz«, sagte er. »Wollen Sie mir gütigst erklären, was Ihnen solchen Spaß macht? Wenn ein langer Krieg eine Billion Dollar gekostet hat, warum sollte dann ein langer Frieden nicht dasselbe wert sein? Was, um alles in der Welt, ist denn daran komisch?«

Nun lachten sie alle noch lauter. Es war ein rechtes Höllengelächter. Einer konnte es im Sitzen nicht mehr aushalten. Er sprang auf, hielt sich die schmerzenden Seiten und rief mit der letzten ihm zu Gebote stehenden Kraft: »Sie alter Schafskopf! Ein Krieg – ein Krieg ist doch etwas ganz anderes!«

Die Staatshäupter, der nette alte Herr und ihre lustige Unterhaltung sind völlig frei erfunden. Daß der Krieg eine Billion Dollar gekostet hat und was man sonst für denselben Betrag leisten könnte, soll, versicherte eine in der »Frankfurter Neuen Presse« zitierte amerikanische Statistik, hingegen zutreffen.

WAHRES GESCHICHTCHEN

Voraussetzungen, die eine zwingende Schlußfolgerung zulassen, nennt man, wie jeder Mittelschüler in und außer Dienst gern bestätigen wird, Prämissen. Die folgende wahre Geschichte hat der Prämissen zwei. Erstens: Kunst und Wirklichkeit sind in der Lage, die seltsamsten chemischen Verbindungen einzugehen. Zweitens: Die Tiroler sind lustig. Das Subjekt der zweiten Prämisse ließe sich beliebig erweitern. Aber im vorliegenden Falle, den mir eine uns allen bekannte Schauspielerin erzählte, handelt sich's nun einmal um die Tiroler. Wahre Geschichten soll man nicht durch Phantasie – zehn Tropfen auf einen Liter Tatsachen – verwässern. Was ich hier erzähle, ist die ungepanschte Wahrheit.

Neulich – im Jahre 1948 – drehte man in Tirol einen Film. Der Film war, wie sich das gehörte, »zeitnahe«. Weil der Film zeitnah war, das heißt: weil er im Dritten Reiche spielte, brauchte man etliche SS-Männer. Weil es keine echten SS-Männer mehr gibt und weil wenig echte Schauspieler zur Hand waren, suchte der Regisseur unter den männlichen Dorfschönen die acht Schönsten, Herrlichsten, Athletischsten, Größten, Gesünde-

225

sten, Männlichsten aus, ließ ihnen vom Kostümfritzen prächtige schwarze Uniformen schneidern und benutzte beide, die Schönen und die Uniformen, für seine Außenaufnahmen. Er war mit beiden recht zufrieden. Die Alpenbewohner haben ja einen natürlichen Hang zur, sagen wir, Schauspielerei. Die Rauhnächte, das jesuitische Barocktheater, die Bauernbühnen – die Lust am Sichverstellen und die Fähigkeit dazu, es liegt den Leuten im Blut.

In einer Drehpause, vielleicht waren zuviel oder zuwenig Wolken am Himmel, schritten nun die acht falschen SS-Männer fürbaß zum Wirtshaus. Tiroler Landwein ist etwas sehr Hübsches. Die Filmgage auch. Die acht sahen gewisse Möglichkeiten. Indes sie so schritten, kam ihnen der Autobus entgegen, der dort oben im Gebirg den Verkehr und die Zivilisation aufrechterhält. Und weil die Tiroler so lustig sind, stellten sich unsere acht SS-Männer dem Vehikel in den Weg. Der Bus hielt. Einer der acht riß die Wagentür auf und brüllte: »Alles aussteigen!« Und ein zweiter sagte, während er die zitternd herauskletternden Fahrgäste musterte: »Da samma wieda!« Ich weiß nicht, ob ich bei diesem Satze die richtige phonetische Schreibweise anwende. Auf alle Fälle wollte der Zweite zum Ausdruck bringen, daß nunmehr die SS und das Dritte Reich wiedergekehrt seien.

Es geht nichts über den angeborenen Trieb, sich zu verstellen, und die diesem Trieb adäquate Begabung. Die Fahrgäste schlotterten vor soviel Echtheit, daß man's förmlich hören konnte. Die acht begannen, barsche Fragen zu stellen, Brieftaschen zu betrachten und die Pässe zu visitieren. Tirol gehört ja zu Österreich, und in Österreich hat man bekanntlich schon wieder Pässe. Während die acht nun ihre schauspieleri-

sche Bravour vorbildlich zum besten gaben, kam der Herr Regisseur des Weges, sah den Unfug, rief seine Film-SS zur Ordnung, schickte sie ins Wirtshaus und entschuldigte sich zirka
tausendmal bei den blaß gewordenen Reisenden, die nervös
und schnatternd auf der Landstraße herumstanden. Bei einem
der Fahrgäste mußte sich der Regisseur sogar drinnen im Omnibus entschuldigen. Es war ein alter, kränklicher Herr, dieser
letzte Fahrgast. Er hatte vor Schreck nicht aussteigen können.
Er stammte aus der Gegend. Er war das gewesen, was man
heutzutage einen »Gegner des Dritten Reiches« nennt. Er hatte
das seinerzeit gelegentlich zum Ausdruck gebracht und infolgedessen mit der SS Bekanntschaft machen müssen. Nun saß
er also, bleich wie der Tod, in der Ecke, unfähig, sich zu rühren,
stumm, entsetzt, ein Bild des Jammers. »Aber, lieber Herr«, sagte der Filmregisseur, »beruhigen Sie sich doch, bittschön. Wir
drehen einen zeitnahen Film, wissen Sie. Dazu braucht man
SS-Männer. Die Szene, die Sie eben erlebt haben, hat weder mit
dem Film noch mit der Wirklichkeit etwas zu tun. Es war eine
Lausbüberei, nichts weiter. Die Buam sind Lausbuam, und Jugend hat keine Tugend, und nehmen Sie's doch nicht so tra-
gisch. Es sind harmlose, muntere Skilehrer und Hirten aus dem
Dorf hier!«

Da schüttelte der alte Herr den Kopf und sagte leise: »Ich
habe in dieser Gegend mit der SS öfter zu tun gehabt, Herr Regisseur. Sie haben gut ausgewählt, Herr Regisseur. Es sind …
dieselben!«

WER FÜRCHTET SICH
VORM SCHWARZEN MANN

Es saßen zwei Männer in der Kneipe und haderten lautlos vor sich hin. Die Luft war ihnen zu dick. Das Bier war ihnen zu dünn. Die Mädchen waren ihnen hier zu dünn, dort zu dick, je nachdem. Nichts war den beiden recht, und sie schwiegen derartig, daß es gewissermaßen zum Himmel schrie. Und der Steinhäger war ihnen zu teuer. Es gibt solche Tage. Jeder kennt das. Außerdem war es gar kein Steinhäger.

Wie sie so saßen und maulten, kam der dritte ins Lokal, hatte etwas Liedähnliches auf den Lippen, klopfte der Wirtin generös aufs Altenteil, warf mit dem Hut nach dem Garderobenhaken, setzte sich zu den zweien, musterte ihre dunkelgrüne, portierenschwere Düsternis und wiegte das Haupt. »Ihr leidet«, sagte er, »man sieht es bis auf die Straße. Kopf hoch. Ich will versuchen, euch aufzuheitern. Das bin ich unserer Freundschaft schuldig.« Nachdem er aus dem großen und dem kleinen Glase getrunken hatte, die ihm gebracht worden waren, griff er mit Schwung in die Brusttasche. »Was ihr hier seht«, erklärte er, »ist das Amtsblatt des Hessischen Ministeriums für politische Befreiung, und zwar die Nummer 45 dieser gratis zur Verteilung kommenden periodischen Publikation. Darin wird, mutig und nicht frei von Grazie, eine Frage angeschnitten, die euch gefallen wird. Denn sie lautet: ›Darf ein Minderbelasteter als Bezirksschornsteinfeger tätig sein?‹ Nun, ihr Lieben, will sich einer sachdienlich zu dem Thema äußern?«

»So leicht bringst du uns nicht zum Lachen«, knurrte der Erste. Und der Zweite sagte:»Wenn ich darauf eingehe, so eigentlich nur, um nicht ungefällig zu erscheinen. Bevor ich freilich meinen Scharfsinn spielen lasse, drängt es mich zu erfahren, was Bezirksschornsteine sind.«

»Markiere, bitte, nicht den Begriffsstutzer!« erwiderte der Dritte.

»Ein Bezirksschornsteinfegermeister fegt nicht Bezirksschornsteine, sondern die Schornsteine seines Bezirks. Aber er übt, und das behaltet im Auge, nicht nur dieses Gewerbe aus. Das tun schließlich alle Schornsteinfegermeister, keineswegs nur die Bezirksschornsteinfegermeister. Nein, er ist obendrein – und zwar nach § 27, Absatz 1 der Verordnung über das Schornsteinfegerwesen vom 28.7.1937 – Feuerstättenbeschauer. Versteht ihr?«

»Mitnichten«, antwortete der Erste. »Feuerstättenbeschauer waren wir schließlich mehrere Jahre alle miteinander. Das ist nichts Besonderes.« »Anno 1937 war's aber noch keine obligatorische Beschäftigung. Es muß was anderes bedeuten«, entgegnete der Zweite. »Tut's ja auch«, sagte der Dritte. »Feuerstätten, die vom Bezirksschornsteinfegermeister beschaut werden, sind im vorliegenden Falle brennende Öfen und Kamine, nicht Häuser, Straßenzüge und Stadtviertel!« »Meine Feuerstätte«, meinte der Erste, »hat noch nie jemand betrachtet, beziehungsweise beschaut.«»Kein Wunder«, bemerkte der Zweite ziemlich bitter.»Unsere Öfen waren in den letzten Wintern keine Feuerstätten im eben definierten Sinne.« Der Dritte klopfte ärgerlich auf den Tisch.»Müßt ihr denn immer gleich persönlich werden und euch damit den erforderlichen Weitblick verderben? Daß es keine Kohlen gab ...«»Es gab Kohlen«, stellte der Erste ruhig fest,»nur für uns gab's keine. Darüber hilft kein Weitblick weg.«»Ruhe!« rief der Dritte.»Der Bezirksschornsteinfegermeister in seiner Eigenschaft als Feuerstättenbeschauer ...«»So ein Quatsch!« konstatierte der Zweite.»Das einzige, was diese schwarzen Männer tun, ist, daß sie von Zeit zu Zeit jemanden mit einem Stückchen Kreide schicken, und der schreibt dann ›Montag kehren!‹ auf eine Treppenstufe. Mehr ist mir nicht bekannt. Nicht von Bezirksschornsteinfegermeistern und nicht von Feuerstättenbeschauern.«»Meiner unmaßgeblichen Meinung nach«, höhnte der Erste,»ist der ganze Beruf eine bloße Erfindung. Ein luftiges Spiel der Göttin Phantasie. Schornsteinfeger sollen Glück bringen, wenn man sie trifft. Man trifft sie nie. Es gibt sie gar nicht. Die Leute, die zu Silvester rußgeschwärzt, mit rosigen Ferkeln im Arm, Trinkgelder kassieren, sind geschäftstüchtige Masken.«

Der Dritte knirschte leicht mit den Zähnen.»So kommen wir nicht weiter. Hört gefälligst zu! Belehrt euch! Staunt! Als Gewerbetreibender gehört der Bezirksschornsteinfegermeister dem Handwerk an. Als Feuerstättenbeschauer hingegen ist er ein Beauftragter der Polizeibehörde. Das müßt ihr festhalten. Sehr fest sogar. Sonst versteht ihr weder das Problem noch seine Feinheiten. In seiner Eigenschaft als Handwerker dürfte der minderbelastete Bezirksschornsteinfegermeister während seiner ihm auferlegten Bewährungsfrist kehren und fegen, soviel er will. Denn er ist ein Kleinbetrieb und beschäftigt nur wenige Arbeitnehmer. In seiner Eigenschaft als Feuerstättenbeschauer, mithin als Beauftragter der Polizeibehörde, könnte er nun aber für einen Beamten oder etwas Ähnliches gelten, – und dann und insofern dürfte er *nicht!*«

»Noch ein Dünnbier!« rief der Erste zur Theke hinüber. Der Dritte ließ sich nicht beirren. »Da der Feuerstättenbeschauer jedoch von der Polizeibehörde keine Vergütung erhält, ändert sich das schwankende Bild von neuem. Er nimmt, laut Amtsblatt, eine ähnliche Stellung wie ein Notar insoweit ein, als er auf Gebühren angewiesen ist und seine Angestellten zu bezahlen hat.« »Das nenne ich Logik!« sagte der Zweite mürrisch. »Genausogut kannst du behaupten, daß der Hund am Baum eine ähnliche Stellung einnimmt wie der Flamingo im Teich, insoweit beide Tiere die Beine hochhalten.« »Dein Vergleich ist reichlich abgeschmackt«, mäkelte der Dritte. »Außerdem darf man, laut Amtsblatt, nicht übersehen, daß der Bezirksschornsteinfegermeister eben doch, im Gegensatz zum Notar, kein ganz richtiger Beamter ist. Denn in der Präambel zur Verordnung über das Schornsteinfegerwesen wird geäußert, der Bezirksschornsteinfegermeister sei zwar der Aufsicht und der Ordnungsstrafgewalt einer Behörde unterstellt, habe aber trotzdem nicht Beamteneigenschaft.« »Das wäre ja noch schöner«, meinte der Erste. »Wenn sämtliche Menschen, die der Aufsicht und Strafgewalt einer Behörde ausgeliefert sind, schon deswegen Beamteneigenschaft hätten, gäb's ja überhaupt nur noch Beamte auf der Welt!«

Der Dritte wurde giftig. »Haltet lieber den Mund!« eiferte er. »Ihr sollt nicht den Mund aufsperren, sondern die Ohren! Also, soweit der Bezirksschornsteinfegermeister als Feuerstättenbeschauer Beauftragter der Polizeibehörde ist, liegt ein öffentlich-rechtliches Auftragsverhältnis vor. Dieses ähnelt der Stellung eines Beauftragten im Sinne des § 662 BGB, der durch einen solchen Auftrag von seiner Selbständigkeit nichts einbüßt. Kurz und gut, der Mann darf arbeiten!«»Na, Gott sei Dank!«»Es sei denn, man berufe sich auf § 47 Ziffer 10 der Verordnung über das Schornsteinfegerwesen aus dem Jahre 1937, wonach die Bestellung eines Bezirksschornsteinfegermeisters zu widerrufen ist, wenn Tatsachen vorliegen, die seine politische Unzuverlässigkeit erweisen.«

»Entschuldigung«, murmelte der Erste, »aber mir wird, glaube ich, übel«, und er sank im Zeitlupentempo in sich zusammen.»Und das Resultat all dieser Erwägungen?« fuhr der Dritte unerbittlich fort.»Es liegt kein gesetzliches Tätigkeitsverbot für minderbelastete Bezirksschornsteinfegermeister vor. Doch hat die Aufsichtsbehörde die Möglichkeit, einem solchen die Tätigkeit durch Widerruf oder Versagung der Bestellung unmöglich zu machen!« Da kippte auch der Zweite ohnmächtig um. Sein Kopf sah aus wie feinstes Lübecker Marzipan.

Der Dritte bestellte drei zweistöckige Steinhäger.»Falls die beiden sich nicht wieder erholen sollten«, vertraute er der Wirtin an,»trinke ich die drei Gläser allein.« Hierauf rappelten sich der Erste und der Zweite wieder hoch, mit ihrer letzten Kraft, als hätten sie Angst, zum Jüngsten Gericht zu spät zu kommen, und setzten sich hin, wie sich's gehört.»*Du* hast Nerven!« erklärte der Erste. Und der Zweite fragte:»Aufheitern nennst du das?«»Ihr habt keinen Sinn für Humor«, sagte der Dritte, »und für die Finessen der Gerechtigkeit schon gar nicht. Prosit!« Sie tranken ihre zweistöckigen Steinhäger, schüttelten sich, machten »Brrr!« und wollten das Thema wechseln.

Doch da mischte sich der Herr Schikaneder, der am Nebentisch saß, in das Gespräch. »Ihre Schornsteinfegergeschichte war soweit ganz nett«, meinte er, »aber meine Straßenkehrergeschichte ist besser.« Und ohne recht um Erlaubnis zu fragen, fuhr er fort: »Es kehrte jemand die Straße, und ein anderer, der ihm gedankenvoll zuschaute, fragte: ›Ein gelernter Straßenkehrer sind Sie wohl nicht?‹ ›Nein‹, erwiderte der Mann, ›ich tu's zur Strafe.‹ ›Warum denn?‹ ›Weil ich in der Partei war.‹ Der andere nahm ihm wortlos den Besen aus der Hand und fegte die Straße mit einer Sachkunde, daß es eine wahre Lust und Wonne war. ›Alle Wetter!‹ rief der Mann, ›Sie sind aber vom Fach!‹ ›Jawohl‹, antwortete der andere, ›doch ich darf nicht.‹ ›Warum denn?‹ ›Zur Strafe! Weil ich in der Partei war.‹« Herr Schikaneder rieb sich die Hände. »Ist das eine schöne Geschichte?«

»Vor allem ist sie kürzer«, erklärte der Dritte und bestellte vier doppelte Steinhäger. Obwohl es gar kein Steinhäger war.

BERLINER HETÄRENGESPRÄCH 1943

Nach Tagebuchaufzeichnungen

Halli und hallo! Herbert! Was machst denn du im Reisebüro?
Willst du dich auch verlagern? Oder nur ein paar Kubikmeter
Landluft inhalieren? Mal ruhig schlafen, hm? Weißt du noch,
wie wir damals am Plauer See …, wie? Ruhig schlafen konnte
man das ja nun nicht gerade nennen, wenn ich mich recht erinnere. Lag aber nicht an der Luft. Lag an der Lage, haha. Das
waren noch Zeiten, Junge, Junge! Und heute? Heute wird man,
hast du nicht gesehn, zum Heldenweib. Stell dir vor – Dienstagabend ist meine Wohnung hopsgegangen. Samt dem drum
rumliegenden Gebäude. Meine süße, kleine Atelierwohnung!
Ach Herbert! Gestatte, daß ich verhalten seufze … Der blaue
Lehn- und Wohnsessel für zwei Personen, weißt du noch? Die
Schleiflackfrisiertoilette mit dem dreiteiligen, abendfüllenden
Spiegel. Das Bett und die Bar. Die Wäsche. Die Kimonos. Der
Plattenspieler. Meine dreihundert Platten. Die Kleider! Alles im
Eimer. Aus, dein treuer Vater. Stell dir das illustriert vor, Lieb-
ling. Bricht dir das Herz? Willst du mein Taschentuch? O Par-

don, ich hab ganz vergessen, euch vorzustellen. Also – Pieter van Houten. Aus Amsterdam an der Amstel. Hat nichts mit Kakao zu tun, nein, macht in Radioröhren. Und dies, Piet, ist Doktor Herbert Kleinhempel. Rechtsanwalt en gros, hihi. Gebt euch die Händchen. So ist's schön. Hat übrigens gar keinen Sinn, die Vorstellerei. Das meiste versteht er ja doch nicht. Ist das ein Nachteil? Na also. Piet ist mein augenblicklicher Augenblicklicher, weißt du? Gefällt er dir? Warum starrst du denn seinen Mantel so an? Die Ärmelchen sind zehn Zentimeter zu kurz. Und der reizende braune Samtkragen macht mich schwach. Und wenn Mijnheer in einem fort so dämlich grinst, dann liegt das nicht an seinem Geisteszustand, obwohl, na ja, sondern daran, daß er lauter gepumpte Bekleidungsgegenstände um seinen werten Körper versammelt hat. In einem solchen Aufzuge täten sogar Berliner Rechtsanwälte dämlich grinsen, mein lieber Herbert. Wetten, daß? Ich habe wenigstens meinen Schmuck noch. Und zwei Pelzmäntel. Den Nerz und den Breitschwanz. Das beste wird sein, ich erzähl dir die Geschichte. Zum Schieflachen. Stell dir vor: Dienstagabend, wir sind in meiner Wohnung, Piet, ich in eigner Person, Marga, kennst du auch, das tizianrote Mannequin mit dem einnehmenden Wesen, ganz recht, und Bünger, netter Kerl, von der Allianz. Na schön. Wir tanzen. Trinken. Tanzen durcheinander. Schickern durcheinander. Sind so richtig in Fahrt. Du kennst mich ja. Kurz und klein – mitten im schönsten Lämmerhüpfen gibt's Alarm! Marga beginnt mit allem, was sie hat, zu zittern. Ich nehm mein Köfferchen mit dem Schmuck und die beiden Pelze. Sehr nüchtern waren wir alle nicht mehr. Aber mein Pieter hatte am meisten davon abgebissen und wollte nicht in den sogenannten Luftschutzkeller. Nicht für einen Wald voll Affen.

Nichts zu wollen. Die Flak begann zu bummern. Wir drei trabten die vier Treppen bergab. Mijnheer hingegen schwankte, hat er später erzählt, ins Badezimmer. Um sich an der Wanne festzuhalten. Blau wie tausend Veilchen. Große Zeiten erfordern große Gläser. Stimmt's, oder hab ich recht? Bon. Also, wir drei haben im Keller kaum unsere Parkettplätze eingenommen, da geht auch schon das Licht aus, ich hab zwei gehäufte Eßlöffel Kalk zwischen den Jacketkronen, es ist ein Getöse, als ob das Haus einstürzt, und so war es ja denn auch. Es stürzte ein. Mit Pauken und Trompeten. Luftmine! Vorher hab ich nichts gehört. Muß auf Pantoffeln angekommen sein, das Biest. Jetzt ging's aber los: Die Kinder brüllten. Ein paar Damen schrien wie am Spieß. Jemand betete laut. War Frau Splittstößer aus der dritten Etage. Ich erkannte sie an der Stimme. Jemand andres sagte: »Ruhe bewahren!« Das war, glaub ich, meine eigne werte Person. Es hörte natürlich keiner zu. Ich auch nicht. Ich dachte an meine Wohnung. An die Möbel. An die Perser. Und an den Holländer. Armer Piet, dachte ich, da hast du's nun, das kommt vom Saufen. Mittlerweile stellte sich heraus, daß die Kellertür nicht aufging. Wir rüttelten wie die Wilden. Typischer Fall von denkste. Sie zuckte mit keiner Wimper. Die Taschenlampen flatterten wie die Glühwürmchen. Einer rief, wir sollten nicht so tief atmen. Wegen des Sauerstoffverbrauchs. Ein andrer brüllte, der andre solle nicht so laut schreien. Auch wegen des Sauerstoffverbrauchs. Es war ein tolles Theater. Meine Knie waren wie aus Sülze. Meine hübschen Knie, Herbert! Na, dann suchten wir die Hacke und die markierte Stelle an der Mauer. Zum Durchbruch ins Nebenhaus. Das stand vielleicht noch. Als wir die Hacke hatten, begann Thielecke, der Portier, auf die Ziegel loszuschlagen. Und nun stell dir vor –

wie das Loch groß genug ist, rufen sie aus dem anderen Keller: »Na endlich!« Drüben war auch irgendwas ins Auge gegangen. Gasrohrbruch oder was ähnlich Flottes. Wir hatten hinübergewollt. Sie wollten zu uns. Sie waren die Stärkeren. Es wurde schließlich eng. Die Tusche brannte in den Augen. Ich dachte: Nun ist mein letztes Viertelstündchen gekommen. Und an Piet dachte ich auch.

Möge ihm das Badezimmer leicht sein, dachte ich. Irrtum, Herbert! Was war faktisch passiert? Stell dir vor – als die geehrte Luftmine runtersegelte und das Haus wegblies, kam sie nicht alleine, sondern in Gesellschaft, und dadurch entstand in der Luft ein merkwürdiges Hin und Her. Piet sah noch, wie sich die Badewanne in die Höhe hob und wie sich die Wand senkte, und schob das auf den Kognak. Der war nicht gut gewesen. Und dann flog mein Augenblicklicher durch den Äther. Als ob du schwebst. Sanft wie ein Engel. Aus dem vierten Stock mittenmang auf die Pariser Straße. Er plumpste nicht viel ärger auf, als ob er aus dem Kinderwagen gepurzelt wäre. Toll, was? Dann rappelte er sich hoch und wollte zu mir in den Keller. Das ging leider nicht. Weil vor der Kellertür ein kleines Stückchen von unserm Haus lag. Und nun begann Piet, das kleine Stück Haus vor der Kellertür wegzuräumen. Die Gegend brannte wie Stroh. Die Bomben platzten. Die grünen und roten Christbäume standen am Himmel. Und Piet räumte Steinbrocken beiseite. Und rief um Hilfe. War aber niemand da außer ihm. Mittlerweile hockten wir im Keller. Wie die Sardinen in der Büchse, wenn Sardinen hocken könnten. Wir waren müde und still und atmeten nur ganz flach, von wegen dem Sauerstoff. Da hör ich plötzlich draußen rufen: »Mia, Mia! Lebt ihr noch?« Ich muß ein Gesicht gemacht haben wie 'ne Gans, wenn's donnert. Zum

Glück war's dunkel. »Piet!« brüll ich wie verrückt, »jawoll, ich lebe noch! Aber wie ist denn das mit dir?« Und dann rütteln wir alle an der Tür. Doch das Luder geht noch immer nicht auf. Und dann sind wir still und halten die Luft an und lauschen, und ich rufe: »Piet, bist du noch da?« Aber Piet antwortet nicht mehr. Das war 'n Ding. Marga kriegte einen Schreikrampf. Und auch sonst war's gar kein bißchen hübsch mehr in dem verdammten Kellerloch. Was war geschehen? Stell dir vor – Piet war plötzlich bewußtlos zusammengebrochen. Rums, weg war er. Gehirnerschütterung. Ganz so sanft war er anscheinend doch nicht auf der Straße gelandet. Aber irgendein Luftschutzonkel hatte ihn zuvor noch rufen hören, und das war unser Glück. Er holte Verstärkung. Sie trugen Piet ins Revier, buddelten die restlichen Steine vor der Kellertür weg und holten uns ins Freie. Und was soll ich dir sagen? Kaum waren wir draußen, krachte der letzte Rest des Hauses zusammen! Na ja. Aber merkwürdig ist es doch, nicht? Wenn Piet nicht so blau gewesen wäre, wäre er mit in den Keller gekommen. Und wenn er mit in den Keller gekommen wäre, könnten wir jetzt nicht im Reisebüro stehen und Fahrkarten nach Königstein im Taunus verlangen. Stell dir das vor! Quatsch! Stell dir's lieber nicht vor. Ich tu's auch nicht. Es verdirbt nur den Teint. In Frankfurt werd ich die kleine Brillantagraffe zu Geld machen und meinen Fliegenden Holländer erst einmal wieder einkleiden. So wie jetzt kann er unmöglich noch sehr lange herumlaufen. Dann bleiben wir, bis er nach Amsterdam zurückmuß, in Königstein, damit ich mich bei ihm in aller Ruhe für die Lebensrettung bedanken kann. Das wird zirka vierzehn Tage beanspruchen. Dann bin ich wieder in Berlin. Du auch? Steht deine Wohnung noch? Na großartig! Falls ich nicht weiß, wohin ich mein müdes Haupt betten soll. Ach, ich armes Kind! Nun muß ich wieder von vorn anfangen. Lach nicht so unverschämt, Herbert! Also, auf Wiedersehen Mitte Dezember! Moment! Das hätte ich ja fast vergessen! Weißt du, was von dem ganzen großen Hause übriggeblieben ist? Stell dir vor – eine Glasschüssel! Sie stand, mit Vanillepudding, auf Splittstößers Balkon. Drei Tage später fand man sie zufällig drei Häuser weiter im Hof stehen. Der Pudding sah zwar nicht mehr ganz neu aus. Aber die Schüssel war völlig intakt. Genauso durch die Luft gesegelt wie mein Augenblicklicher. So, das wär's für heute. Wiedersehen. Hals- und Beinbruch!

DIE NATURGESCHICHTE DER SCHILDBÜRGER

Neulich kam mir eines unserer Volksbücher in die Hände: »Der Schildbürger wunderseltsame, abenteuerliche, unerhörte und bisher unbeschriebene Geschichten und Thaten.« Da nun die mit Beifuß, Kümmel und Majoran gewürzte, hausschlachtene Sprache der alten Schwänke so herzhaft schmeckt wie Landleberwurst, griff ich zu. Und las mich fest. Und machte eine Entdeckung. Ich entdeckte, wie das so zu sein pflegt, natürlich nur, was längst entdeckt worden ist. Aber auch Columbus hat sich nicht daran gestoßen, daß die Wikinger vor ihm in Amerika gelandet sind. Er war trotzdem verblüfft. Mir ging's wie ihm. Ich las in aller Ausführlichkeit, daß die Schildbürger, mindestens in der ersten verbrieften Generation, ganz und gar nicht blöd und albern, sondern überdurchschnittlich intelligent waren und daß ihre sprichwörtliche Dummheit auf einem freiwilligen und wohlüberlegten Entschluß beruht. In den Bilderbüchern steht kein Wort davon. Die kinderliebenden Herausgeber und Bearbeiter haben sich, juristisch gesprochen, der Unterschlagung schuldig gemacht, und es wird nachgerade Zeit, die Unterschlagung und den Fund zu melden.

Also: Schilda (oder Schildau, Kreis Torgau, ehemals Provinz Sachsen) war eine Kleinstadt mit Feldern, Gärten und Allmendewiesen vor der Ringmauer, mit Schweinen auf dem Marktplatz und Ackergäulen in den Ställen. Und die Bürger waren fleißig, tüchtig, erfahren, beherzt und gescheit. Wenn man anderswo nicht weiterwußte, schickte man einen Boten nach Schilda, daß er guten Rat einhole. Schließlich kamen sogar Abgesandte aus fernen Königreichen, brachten fürstliche Geschenke und baten, die Stadt möge ihren Monarchen den einen oder anderen klugen Mann als ständigen Ratgeber schicken. So verließen im Laufe der Jahre immer mehr Schildbürger ihre Vaterstadt, erwarben sich im Auslande Ehre und Hochachtung und sandten ab und zu Geld nach Hause.

Das mochte gut und schön sein, doch Schilda geriet es nicht zum besten. Denn nun mußten die Frauen die Felder bestellen, das Vieh und das Federvieh schlachten, den Marktplatz pflastern, die Pferde beschlagen, die Katastersteuern festsetzen, die Ernte verkaufen, die Kinder lesen und rechnen lehren – kurz, es war zuviel. Deshalb ging es mit Schilda bergab. Die Felder verrotteten. Das Vieh verkam. Der Gemeinde-Etat war zerrüttet. Die Kinder wurden frech und blieben dumm. Und die Frauen wurden vor lauter Sorgen, Tränen und Gezänk häßlich. Schließlich schrieben sie den Männern einen Brief, daß und warum es so nicht weitergehe, und sie sollten sich schleunigst heimscheren.

Da erschraken die Auslandsschildbürger, packten die Koffer, verabschiedeten sich von den tiefbetrübten Kurfürsten und Königen und fuhren mit der Extrapost nach Hause. Hier schlugen sie erst einmal die Hände über den Köpfen zusammen. Dann krempelten sie die Hemdsärmel hoch und begannen vor ihrer eigenen Tür zu kehren. Ein paar Tage später trafen sich alle im »Roten Ochsen« beim Bier und klagten einander ihr Leid. Vorm Gasthof standen schon wieder fünf Gesandte aus fremden Ländern mit dringenden Gesuchen. »Schickt sie weg!« sagte der Ochsenwirt. »Diesmal können wir unseren guten Rat selber brauchen.« Und dann überlegten sie, was zu tun sei. Man konnte, da Diplomatie zur Klugheit gehört, ehrenhafte Anträge fremder Potentaten nicht rundheraus ablehnen, das war klar. Andrerseits mußte man Schilda retten; denn das Hemd ist jedermann näher als der Rock. Beim sechsten Glase wischte sich der Schweinehirt, der in Mantua zehn Jahre lang Geheimrat gewesen war, den Schnauzbart und erklärte dezidiert: »Die Klugheit war unser Verderb. Nur die Dummheit kann uns retten. Und sie wird es tun. Drum wollen wir uns künftig dummstellen. Es wird nicht ganz leicht sein. Aber wer könnte es besser und naturgetreuer als so gescheite Leute wie wir?«

Der Antrag wurde einstimmig angenommen. Bereits vier Wochen später begann man mit dem Bau jenes dreieckigen Rathauses, das in die Geschichte eingegangen ist, weil man die Fenster »vergaß«. Durch diesen Trick und andere Streiche erlangten die Schildbürger eine nagelneue, von ihrer früheren grundverschiedene Berühmtheit. Man holte sie nicht mehr ins Ausland, doch man kam nach Schilda. Der Fremdenverkehr blühte. Die Devisen flossen. Die Handelsbilanz wurde aktiv. Die Stadt war gerettet. Und ihren Spaß hatten die Bewohner obendrein.

So und nicht anders ist es gewesen. In unseren Bilderbüchern liest man nichts davon. Die neueste Bearbeitung, die ich mir besorgt habe, fängt folgendermaßen an: »Als die Schildbürger ihre Stadt erbauten, vergaßen sie das Schulhaus. Seitdem wurden sie dumm und immer dümmer.« Ach, du heiliger Strohsack! Das sollen euch die Kinder glauben? Habt ihr denn völlig vergessen, wie gescheit und gewitzt ihr wart, als ihr noch kurze Hosen trugt?

PAULA VORM HAUS

Eigentlich hieß sie Paula Schmidt. Weil sie aber zwischen den Mandelbäumchen, Fliederbüschen und Silbertannen im elterlichen Vorgarten steht, nennt man sie seit siebzehn Jahren, so alt wurde sie im März, gemeinhin Paula vorm Haus. Sie ist bildhübsch, hat frische Farben, lacht gern und war nie ernstlich krank. Das will bei einem Menschen, der, so lange schon, Tag und Nacht und bei jedem Wetter im Freien lebt und nicht vom Flecke kann, einiges bedeuten.

Professor Schwerdtfeger, der bekannte Gelehrte, der das Kind – es wuchs damals schon im Garten – als erster eingehend untersuchte und einwandfrei feststellte, daß es statt der Füße Wurzeln besitze, bezeichnete Paula anschließend, in den Medizinischen Vierteljahresheften, als die »reizendste Aberration der Natur«. Kirchliche Kreise hingegen empfanden das Ereignis, für das noch die Bezeichnung »negatives Wunder« zu nachsichtig klinge, als einen Skandal. Gleichviel, die Kleine wuchs, zur Freude und Sorge der Eltern, unverdrossen heran.

Sie wurde, begreiflicherweise, zu einer Sensation. Fotos von ihr und Artikel über sie erschienen in allen Zeitungen und

Zeitschriften. Das Bild des Kindes, das, erwiesenermaßen festgewurzelt, zwischen den blühenden Büschen stand und mit ihnen um die Wette zu lachen schien, rührte und beschäftigte monatelang die ganze Welt. Einige der Fremden, die damals den Ort überschwemmten, machten dem Ehepaar Schmidt nahezu unwiderstehliche Angebote. Eine Zeitschrift stellte ihnen eine ansehnliche Lebensrente in Aussicht, falls sie sich bereit fänden, Tatsachen oder wenigstens Vermutungen niederzuschreiben und notariell beglaubigen zu lassen, die geeignet wären, die Neugierde der Leser wenn schon nicht zu befriedigen, so doch erträglich zu gestalten. Ein Impresario bot eine horrende Summe, wenn der das Kind ausgraben, eintopfen und in den Weltstädten gegen Eintritt ausstellen dürfe. Zur Ehre der Eltern sei gesagt, daß sie diesen goldenen Verlockungen, ohne lange zu zögern, einträchtig widerstanden.

Geringfügigeren Versuchungen gaben sie, wenigstens in den ersten Jahren, gelegentlich nach. Da stand dann etwa die Kleine lächelnd vorm Haus, und auf einem Plakat, das sie in den Händen hielt, lasen die sich drängenden Zaungäste: »Auch ich trage Steiners Kinderkleider.« Oder man zog ihr, bei schlechtem Wetter, einen Regenmantel an, und sie rief alle fünf Minuten vergnügt: »Immerdicht hält immer dicht!« Oder sie aß fleißig Marmeladebrote, und ein Schild neben ihr behauptete, Kruses Konfitüren seien die besten. Auch solche vergleichsweise unschuldigen Geschäfte brachten Geld. Und die Eltern verwendeten es, im großen ganzen, für die Beschaffung erstklassiger Gartenerde.

Mit der Zeit rissen andere Sensationen die öffentliche Aufmerksamkeit an sich, und Paula verlebte eine einigermaßen normale Kindheit. Vom Schulbesuch hatte man sie allerdings befreien müssen. Doch Herr Korbgiebel, der grauhaarige Hauptlehrer, kam, wenn es nicht gerade regnete oder schneite, samt der singenden Klasse, den aufgerollten Landkarten, der schwarzen Wandtafel, dem munter klappernden menschlichen Skelett und anderen Lehrmitteln in Schmidts Garten marschiert und erteilte seinen milde trockenen Unterricht zwischen Flieder, Tannen und Jasmin. Der Bezirksschulrat, der gelegentlich nach dem Rechten sah, war zufrieden. Paula lernte leicht und las viel. Reisebeschreibungen hatten es ihr besonders angetan. Bei einem Kinde, dem bereits der Blick um die nächste Straßenecke verwehrt blieb, war das verständlich genug. An den schulfreien Nachmittagen saß die Mutter neben ihr und strickte. Meist wurden es fußlose, mit Reißverschlüssen statt mit Rücknähten versehene Wollstrümpfe. Man plauderte miteinander und mit Nachbarn und Bekannten, oder Paula malte. Ihr Vater, ein tüchtiger Schreiner, hatte ihr eine Staffelei gezimmert, und das Kind brachte, mit Wasserfarben und Buntstiften, allerlei zustande. Das Bild »Unser Marktplatz, den ich nie sehen werde«, hängt seit vier Jahren im Büro des Bürgermeisters, und er zeigt es seinen Besuchern nicht ohne Stolz und Rührung.

Heute malt Paula nicht mehr. Sie lächelt den Freundinnen zu, die von der Arbeit kommen oder zum Tanz gehen. Ob sie noch lächelt, wenn es dunkel geworden ist und die Mädchen von ihren Verehrern heimgebracht werden, weiß man nicht. Freilich, des Nachts, in die Erde gebannt, zwischen den schwarzen Sträuchern zu stehen, atmend und atemlos, ein verwunschener Fliederbusch, der die Arme ausbreiten und die Augen mit den Händen bedecken kann, ist doch wohl kein leichtes Los. Wenn die Eulen funkeln, die Hunde schimpfen und der betrunkene Autoschlosser am Zaune rüttelt, dann lächelt sich's schlecht. Und es hilft wenig, daß die Eltern, zum Garten hin, bei offnem Fenster schlafen. Aber wer, außer dem Mädchen selber, weiß es genau?

Am vergangenen Freitag, gegen Mitternacht, glaubte Frau Schmidt, im Halbschlaf, vorm Haus eine zärtliche Stimme zu hören.»O meine Daphne!« flüsterte jemand. Und Paula seufzte. Oder hatte Frau Schmidt geträumt? Als sie, am nächsten Morgen, ihrem Mann davon erzählte, schüttelte er den Kopf. Doch bevor er in die Werkstatt ging, griff er zu dem einbändigen Lexikon, das die Tochter seinerzeit als Schulprämie bekommen hatte, und blätterte darin. Dann winkte er seiner Frau und las, leise und zögernd:»Daphne, griechische Nymphe, zum Schutz vor Apolls Liebe in einen Lorbeerstrauch verwandelt.«

Als sie ans Fenster traten, ging gerade Dr. Meier vorüber, der neue Assessor beim Amtsgericht. Er zog vor dem Mädchen den Hut und lächelte melancholisch. Paula warf die Hände hoch. Einen Augenblick lang schien es, als wolle sie ihm nacheilen. Sie bewegte sich wie ein Blatt im Winde, das der Zweig nicht losläßt. Dann sanken die Arme herab. Reglos stand sie zwischen den Tannen und Büschen. Und versuchte zu lächeln. Und die Eltern traten ins Zimmer zurück.

ANHANG

EDITORISCHE NOTIZ

Erich Kästner hat etwa 140 Erzählungen veröffentlicht, grob überschlagen und Nacherzählungs-Sammelbände wie *Till Eulenspiegel* (1938) oder die fünfteiligen *Reisen des Amfortas Kluge* (1925–1928) nur als jeweils eine Einheit gezählt. Aus diesen 140 Erzählungen stellt der vorliegende Band eine Auswahl der besten und für das Bild dieses Schriftstellers überraschendsten Texte vor. Arbeiten, die als Vorstufen in größeren Werken wie den Kinderbüchern oder dem Roman *Der Gang vor die Hunde* resp. *Fabian* (1931) aufgegangen sind, wurden nicht berücksichtigt, mit drei Ausnahmen, wo der ursprüngliche (hier abgedruckte) Text mit den Büchern am Ende kaum noch etwas zu tun hat (vgl. *Weltuntergang in Chikago, Inferno im Hotel* und *Das Märchen von der Vernunft*). Ebenso wurden keine Geschichten für Kinder aufgenommen, sehr wohl aber Erzählungen über Kinder. Kästner hat als selbsterklärter Gebrauchsschriftsteller auch saisonal produziert, diese Texte (vor allem die zu Weihnachten) wurden in der Zahl ebenfalls gering gehalten, sie sind in den einschlägigen Anthologien ohnehin gut vertreten. Vielmehr wurde versucht, das Experimentier-Labor, das kürzere

Prosa für Kästner darstellte, mit seinem ganzen Repertoire vorzustellen (dazu ausführlicher im Nachwort).

Unter den ausgewählten 42 Texten finden sich 11, die nach dem Zeitungs- oder Zeitschriften-Erstdruck nicht wieder erschienen sind, weder in den Werkausgaben zu Lebzeiten noch in postumen Sammelausgaben. Sie werden hier in der Fassung und Rechtschreibung der Erstdrucke in chronologischer Reihenfolge veröffentlicht. Ein Hauptstück des vorliegenden Bandes, *Die Reisen des Amfortas Kluge*, ist noch nie komplett mit all seinen Teilen gedruckt worden; die einzelnen Abschnitte wurden in den zwanziger Jahren in verschiedenen Zeitschriften veröffentlicht, auch für spätere Nachdrucke wurden stets nur einzelne Episoden ausgewählt.

Unter den übrigen Texten finden sich einige kanonische Werke (wie z. B. *Duell bei Dresden*, *Die Kinderkaserne*), aber auch zahlreiche weniger bekannte Arbeiten Kästners. Als Druckvorlagen wurden hier nach Möglichkeit die Fassungen letzter Hand verwendet (zumeist aus den *Gesammelten Schriften für Erwachsene*, 1969), auch sie selbstverständlich in der Rechtschreibkonvention der damaligen Zeit. Einige Texte, für die das nicht möglich war, wurden aus postumen Sammelausgaben übernommen, so der kommentierten Hanser-Werkausgabe (1999) oder Klaus Schuhmanns Sammlung der Leipziger Feuilletons von Kästner, *Der Karneval des Kaufmanns* (2004); die Druckvorlage ist für jede Erzählung mit der Sigle DV markiert. In der gesamten Zusammenstellung sind nur offensichtliche Druckfehler stillschweigend korrigiert worden; alle Eingriffe darüber hinaus werden im Kommentar nachgewiesen.

Die letzte Werkausgabe, für die Kästner noch selbst Korrektur gelesen hat, waren die 8 Bände der genannten *Gesammelten*

Schriften für Erwachsene, die 1969 zu seinem 70. Geburtstag erschienen sind. Band 4 *(Romane III)* schließt mit der Abteilung *Kurze Geschichten und Kurzgeschichten;* diese 11 Texte hat ihr Verfasser offensichtlich als gültigen Teil seines Gesamtwerks angesehen. Sie sind allesamt im vorliegenden Band enthalten und bilden den Kern der Sammlung.

Dass sich viele der anderen Erzählungen nicht in den Werkausgaben zu Lebzeiten finden, muss keineswegs ein Qualitätsurteil Erich Kästners über seine frühen Arbeiten beinhalten. Nachdem seine Wohnung in Berlin nach einem Bombardement 1944 ausgebrannt war (vgl. hierzu im vorliegenden Band *Mama bringt die Wäsche*), musste er einen Teil seiner Texte und vor allem deren Zeitungs- und Zeitschriftenabdrucke in den fünfziger Jahren für die erste Sammelausgabe, die 7 Bände *Gesammelter Werke* (1959), rekonstruieren. Einige waren in der Dresdner Wohnung seiner Eltern erhalten geblieben, einige in den Beständen von Elfriede Mechnig, seiner Sekretärin in den dreißiger und vierziger Jahren, die zudem einen schwungvollen Versand der Geschichten an Tageszeitungen betrieb; dennoch musste Kästner auch Texte aus Archiven in West- und Ostdeutschland neu beschaffen, und das war natürlich nur für diejenigen möglich, an die er sich noch erinnerte. Hier gibt es weiterhin mehr offene Fragen, als es der germanistischen Forschung lieb sein kann.

DRUCKNACHWEISE UND KOMMENTAR

In den folgenden Nachweisen werden zunächst die Erstdrucke der Texte mit der Sigle ED angegeben; die Druckvorlage ist mit DV gekennzeichnet. Falls vorhanden, werden auch die Nachdrucke (ND) im Rahmen von Werkausgaben und den beiden umfangreichen Sammelausgaben von Kästners frühen Arbeiten genannt, *Gemischte Gefühle* (1989) und *Der Karneval des Kaufmanns* (2004); bei Texten, die bislang keinen Nachdruck in Buchform erfahren haben, ist das vermerkt, ebenso, wenn die Erzählungen nicht unter Kästners vollem Namen oder unter Pseudonym erschienen sind. Alle Nachdrucke bis 2011 sind in Johan Zonnevelds Gesamtbibliographie verzeichnet, also auch jene in Zeitungen und in Einzelanthologien, die im vorliegenden Band fehlen; vgl. Johan Zonneveld: *Bibliographie Erich Kästner. Band I: Primärliteratur und Zeittafel.* Bielefeld 2011.

Die Erzählungen werden sparsam kommentiert; prominente Autoren werden nur hinsichtlich ihrer Beziehung zu Kästner erläutert. Auch Wort- und Sacherklärungen sollten in dieser Leseausgabe auf das Nötigste beschränkt bleiben.

SIGLEN

DV	Druckvorlage
ED	Erstdruck
GG	Erich Kästner: *Gemischte Gefühle. Literarische Publizistik aus der »Neuen Leipziger Zeitung« 1923–1933.* Hg. von Alfred Klein. 2 Bände. Berlin und Weimar 1989.
GS	Erich Kästner: *Gesammelte Schriften.* 7 Bände. Zürich, Berlin, Köln 1959: 2 *Romane* 5 *Vermischte Beiträge*
GSfE	Erich Kästner: *Gesammelte Schriften für Erwachsene.* 8 Bände. München, Zürich 1969 [Ausgabe letzter Hand]: 2 *Romane I* 4 *Romane III*

7   Vermischte Beiträge II
7   Vermischte Beiträge II
8   Vermischte Beiträge III

KdK   Erich Kästner: *Der Karneval des Kaufmanns. Gesammel-te Texte aus der Leipziger Zeit 1923–1927*. Hg. von Klaus Schuhmann. Leipzig 2004.

ND   Nachdrucke in Werkausgaben

W   Erich Kästner: *Werke*. Hg. von Franz Josef Görtz. 9 Bände. München, Wien 1998:
I   *Zeitgenossen, haufenweise. Gedichte*. Hg. von Harald Hartung in Zusammenarbeit mit Nicola Brinkmann.
II   *Wir sind so frei. Chanson, Kabarett, Kleine Prosa*. Hg. von Hermann Kurzke in Zusammenarbeit mit Lena Kurzke.
III   *Möblierte Herren. Romane I*. Hg. von Beate Pinkerneil.
VII   *Parole Emil. Romane für Kinder I*. Hg. von Franz Josef Görtz in Zusammenarbeit mit Anja Johann.
VIII   *Eintritt frei! Kinder die Hälfte! Romane für Kinder II*. Hg. von Franz Josef Görtz in Zusammenarbeit mit Anja Johann.
IX   *Maskenspiele. Nacherzählungen*. Hg. von Sybil Gräfin Schönfeldt.

EIN MENSCHENLEBEN

ED *Neue Leipziger Zeitung*, Jg. 3, Nr. 124, 6. 5. 1923, S. 2
ND W VII, S. 172–174; KdK, S. 36–39 (DV).

S. 10: *Orchestrion* – ein groß dimensioniertes mechanisches Instrument, das vor der Erfindung von Rundfunk und Schallplatte ein ganzes Orchester imitieren sollte; diese Geräte waren für größere Häuser konzipiert, hier, in einem Wirtshaus, wird es sich um einen kleineren Vorläufer der Musikbox handeln.
S. 11: *»Aus der Jugendzeit«* – populäres Lied (op. 22, Nr. 1; 1860) des schlesischen Komponisten Robert Radecke (1830–1911) nach einem Gedicht von Friedrich Rückert.

DER HERR AUS GLAS

ED *Neue Leipziger Zeitung*, Jg. 3, Nr. 167, 19. 6. 1923 (Postausgabe), S. 9.
ND KdK, S. 48–51 (DV).

S. 13: *Jarosmin* – Phantasiename, in dem auch Jasmin steckt, als Frauen- und Pflanzenname; Jaroš ist ein tschechischer Nachname.

EIN KLEINER JUNGE KREISELT

ED *Leipziger Tageblatt*, Jg. 118, Nr. 81, 3. 4. 1924, S. 5 (DV); kein ND.

DIE MISSGLÜCKTE AUFERSTEHUNG

ED *Leipziger Tageblatt*, Jg. 118, Nr. 96, 20. 4. 1924, Unterhaltungsbeilage, S. 15.
ND KdK, S. 74–76 (DV).

ANITAS WEISSFÜCHSE ODER DER TREUE KUPPELPELZ
ED (mit dem Kürzel »E.K.«) *Leipziger Tageblatt*, Jg. 118, Nr. 102,
27.4.1924, Beilage, S. 5 f.; kein ND.

S. 24: *Riccoboni* – Anitas Nachname dürfte von dem italienisch-französischen Dramatiker Antonio Francesco Riccoboni (1707–1772) herrühren, den Gotthold Ephraim Lessing übersetzt hat und den er in der *Hamburgischen Dramaturgie* (1767–1769) aufgreift; Kästner hatte seine Doktorarbeit über Lessing schreiben wollen, entschied sich dann aber doch für ein anderes Thema: *Friedrich der Große und die deutsche Literatur* (1925).

S. 25: *Strindbergstraße* – Auch die Adresse von Anita Riccoboni ist sicher kein Zufall; der schwedische Dramatiker und Erzähler August Strindberg ist für seine Darstellung katastrophaler Geschlechterverhältnisse bekannt, über die sich die vorliegende Erzählung freilich lustig macht.

S. 27: *Biberette* – Im Kürschnerhandwerk werden so Kaninchenfelle bezeichnet, die auf Biber gearbeitet sind; es kann auch Wollplüsch gemeint sein, eine Stoff-Imitation von Biberfell.

IHR WUNSCH
ED (Pseudonym »Emil Brüll«) *Leipziger Tageblatt*, Jg. 118, Nr. 123,
19.5.1924, S. 2.
ND KdK, S. 90–92 (DV).

DIE GUTE PARTIE
ED (Pseudonym »Emil Brüll«) *Neue Leipziger Zeitung*, Jg. 5, Nr. 59,
28.2.1925, S. 2; kein ND.

S. 32: *Schottenkirche* – Nach Biancas Vokabular und dem zu Beginn der Erzählung genannten Kaffeehaus zu urteilen, dürfte es sich um die Basilika Unserer Lieben Frau zu den Schotten, kurz Schottenkirche, in Wien handeln.

S. 32: *depressierte* – aus dem Französischen, eigentlich: niederdrücken, aus der Presse nehmen; hier wohl gemeint: abwiegeln, beruhigen.

S. 34: *Tschaperl* – österreichisch, aus dem tschechischen »Čapek« (Kleinkind) abgeleitet: ein unbeholfenes Kind.

S. 34: *Hascherl* – österreichisch: Kind; übertragen auch ein ängstlicher Mensch, bedauernswertes Wesen.

DER KLEINE HERR STAPF

ED *Neue Leipziger Zeitung*, Jg. 5, Nr. 131, 12. 5. 1925, S. 2.

ND GS 2, S. 270–273; GSfE 4, S. 235–239 (DV); W III, S. 348–351; KdK, S. 154–158.

DIE KINDERKASERNE

ED *Berliner Tageblatt*, Jg. 54, Nr. 479, 9. 10. 1925, S. 2 (Abendausgabe).

ND GS 2, S. 262–266; GSfE 4, S. 228–232 (DV); W III, S. 340–344.

S. 45: *Béranger* – Pierre-Jean de Béranger (1780–1857) war ein satirisch-politischer französischer Lyriker.

S. 47: *La cigale et la fourmi* – Äsops antike Fabel von der Ameise und der Heuschrecke in der unbarmherzigeren Version von Jean de la Fontaine (1668), in der die bittende Heuschrecke am Ende hungrig fortgeschickt wird.

DIE REISEN DES AMFORTAS KLUGE

1. *Fünf Minuten Nordpol*

ED *Die Große Welt*, Jg. 2, H. 20, November 1925, S. 59–61 (DV).

ND KdK, S. 204–208; hier auch ein Faksimile der ersten Druckseite im Fototeil.

2. *Als Scheuerfrau beim Dalai-Lama*

ED *Die Große Welt*, Jg. 2, H. 21, Dezember 1925, S. 19–21 (DV).

ND KdK, S. 210–213.

3. *Im Paddelboot durch den Stillen Ozean*

ED *Das Leben*, Jg. 3, Nr. 11 (lfd. Nr. 35), April 1926, S. 1215–1217 (DV).

ND KdK, S. 240–244.

4. *Weltuntergang in Chikago.*

ED *Simplicissimus*, Jg. 32, Nr. 34, 21. 11. 1927, S. 446 (DV); Erstfassung von *Der 35. Mai oder Konrad reitet in die Südsee* (1931), vgl. das Kapitel *Vorsicht, Hochspannung.*

ND GG II, S. 305–308; Faksimile des ED unter http://www.simplicissimus.com/.

5. *Der Sturz durch den Globus.*

ED *Jugend*, Jg. 33, Nr. 16, 14. 4. 1928, S. 248–250 (DV).

S. 49: *Lüsterjackett* – Jackett aus einem glänzenden, besonders widerstandsfähigen Stoff.

S. 51: *Frama … Amundsen* – Die *Fram* war für Fridtjof Nansens Nordpol-Expedition (1893–1896) gebaut worden; Roald Amundsen verwendete sie 1910–1912 für seine erfolgreiche Entdeckungsreise zum Südpol. Die erste Überfliegung des Nordpols fand erst 1926 durch Umberto Nobile, Lincoln Ellsworth und Amundsen statt; Amfortas Kluge kann also in diesem Text von 1925 zu Recht behaupten, er habe den Nordpol »entdeckt«.

S. 52: *Eisbären … Pinguinen* – Eisbären und Polarfüchse leben in der nördlichen Polarregion, Pinguine in der südlichen (und können natürlich nicht fliegen); Amfortas Kluges Phantasie- bzw. Lügen-Geographie äußert sich auch in solchen Details. S. 53: *Café an der Langen Linie* – Die Langelinie ist eine Hafenpromenade in Kopenhagen, an der auch die Bronzestatue der Kleinen Meerjungfrau steht.

S. 56: *Devanagari* – Ganz abgesehen von der Nonsens-Beschreibung, die Kluge hier abgibt, handelt es sich bei Devanagari nicht um eine Sprache, sondern um eine indische Schrift.

S. 56: *Potala* – Der Potala-Palast in Lhasa, im 17. Jahrhundert erbaut, war bis 1959 der Regierungssitz der Dalai Lamas.

S. 58: *Mount Everest* – Die Erstbesteigung des höchsten Bergs der Erde erfolgte am 29. Mai 1953 durch Edmund Hillary und Tenzing Norgay.

S. 58: *Kaliklora* – Der indische König ist nach einer Pfefferminz-Zahnpasta benannt, die es bis in die vierziger Jahre gab.

S. 58: *Alexander von Macedonien … Schopenhauer* – Diese Aufzählung mischt historische Persönlichkeiten und fiktionale Figuren und wandert quer durch die Zeitalter: Alexander der Große (356–323 v. Chr.) ist bekannt. – Schelmuffsky ist die Hauptfigur des Romans *Schelmuffskys warhafftige und curiöse und sehr gefährliche Reisebeschreibung zu Wasser und Lande* (1696 / 1697) von Christian Reuter (1665–nach 1712), einem Autor des ausgehenden Barock. Dieser Roman ist gattungskonstitutiv für die *Amfortas-Kluge*-Reihe: Schelmuffsky erzählt großsprecherisch von seinen Reisen, die offensichtlich unmöglich sind (sein kleiner Bruder vermutet, er sei nicht aus der nächstbesten Kneipe herausgekommen) – der erste sich permanent selbst demontierende Ich-Erzähler der deutschen Literatur. Auch Gottfried

August Bürgers *Münchhausen* (1786) ist Christian Reuter verpflichtet. – Waldemar Bonsels (1880–1952), der Verfasser von *Die Biene Maja und ihre Abenteuer* (1912) und ein viel gelesener Autor der zwanziger Jahre, ist hier wegen seines Buches *Indienfahrt* (1916) genannt. Der romanhaft ausgestaltete Bericht seines Aufenthalts in Indien 1903 / 1904 gehört zur neuromantischen Dichtung der Zeit. Bonsels wird hier außerdem etwas spöttisch wegen seines Hangs zur Selbstbeweihräucherung eingereiht. – Robert Clive, der 1. Baron Clive of Plassey (1725–1774), »Clive of India«, begründete als Politiker und General die britische Kolonie Indien. – »Buddha«, Erwachter, ist die ehrenhafte Bezeichnung für den Religionsstifter Siddhartha Gautama (563–483 v. Chr.). – Der Philosoph Arthur Schopenhauer (1788–1860) nahm Teile der indischen (Religions-)Philosophie auf, bezeichnete sich als »Buddhaisten« und hatte selbst wiederum starken Einfluss auf die Rezeption des Buddhismus im Westen.

S. 59: *Die Welt ist rund* … – erste Strophe des gleichnamigen Gedichts von Erich Kästner, zuerst am 29. November 1924 unter dem Pseudonym »Peter Flint« in der Zeitschrift *Das Stachelschwein* erschienen (vgl. W I, S. 17 f., 404).

S. 59: *bei Schiwa!* – Der hinduistische Gott Shiva trägt auch den Beinamen »Mahesha«, Höchster Herr, und damit den Beinamen der Tochter von König Kaliklora.

S. 59: *Bajaderen und Bajaderwische* – Bajaderen sind indische Tänzerinnen; »Bajaderwische« ist ein Wortspiel, das Bajaderen mit Derwischen verknüpft, Angehörigen der muslimischen Sufi-Glaubensgemeinschaft, die ihrerseits für ihren Tanz bekannt sind, der allerdings nicht der Verführung dient, sondern religiöser Versenkung und Ekstase.

S. 60: *Delhi … Singapore* – In die Aufzählung von fernen Städten haben sich Kopra, getrocknete Kokosnuss, und Bebra, eine hessische Kleinstadt, eingeschlichen.

S. 60: *Neptunesen* – Neptun ist in der römischen Mythologie der Gott des Meeres.

S. 60: *Böklingen* – Bücklinge sind geräucherte, somit nicht mehr lebende, Heringe.

S. 63: *mein Freund Bobby* – Im Erstdruck der Episode *Weltuntergang in Chikago* heißt Kluges Freund »Zoufall« und beleuchtet damit ein wesentliches Kompositionsprinzip des *Amfortas-Kluge*-Zyklus; für den vorliegenden Druck wurde der Name des Freundes den ersten Episoden angeglichen, da es sich um denselben Charakter handelt. Diese Episode ist zudem, stark verändert, in den Kinderroman *Der 35. Mai oder Konrad reitet in die Südsee* (1931) eingegangen, vgl. dort das Kapitel *Vorsicht, Hochspannung* (W VII, S. 587–594).

S. 64: *Boxcalfstiefel* – Stiefel aus Kalbsleder.

S. 67: *Bobby, mein Freund* – Im Erstdruck der 5. Episode, *Der Sturz durch den Globus*, heißt Kluges Freund »Jennewein«; auch er wurde hier den ersten Episoden angeglichen. »Klaus Jennewein« ist eines der frühen Pseudonyme Kästners.

S. 67: *Lord Fitzgerald* – möglicherweise Anspielung auf den irischen Rebellen Lord Edward FitzGerald (1763–1798), der berühmt für seinen Mut und für seine Galanterie war; im Amerikanischen Befreiungskrieg kämpfte er zwar in der britischen Armee, aus Begeisterung für die Französische Revolution demissionierte er aber 1792 und plante den irischen Aufstand gegen die englischen Besatzer, der im Mai 1798 niedergeschlagen wurde; er starb an den Verletzungen, die ihm zugefügt wurden, als er sich gegen seine Verhaftung wehrte.

S. 69: *Hannibal und Hasdrubal* – Hannibal (247–183 v. Chr.) und sein jüngerer Brüder Hasdrubal († 207 v. Chr.) waren karthagische Feldherren im Zweiten Punischen Krieg (218–201 v. Chr.), der trotz einiger Erfolge der Karthager zur endgültigen Herrschaft des Römischen Reichs über Europa und den Mittelmeerraum führte. Das antike Karthago (in der Nähe des heutigen Tunis) wurde 146 v. Chr. zerstört.

S. 69: *Lahmanns Sanatorium* – war von 1888 bis 1939 eine Kur- und Heilstätte für wohlhabende Gäste im Dresdner Stadtteil Weißer Hirsch.

S. 70: *Carissimo* – italienisch: Liebster.

EIN MUSTERKNABE
ED *Neue Leipziger Zeitung*, Jg. 6, Nr. 38, 7. 2. 1926, Unterhaltungsbeilage, S. 33.
ND W VII, S. 167–171; KdK, S. 235–239 (DV).

SEBASTIAN OHNE POINTE
ED *Neue Leipziger Zeitung*, Jg. 6, Nr. 137, 19. 5. 1926, S. 2.
ND KdK, S. 247–251; gekürzt auch in GS 2, S. 274–277; GSfE 4, S. 239–243 (DV); W III, S. 352–356.

KARL DER FAULE
ED *Berliner Zeitung am Mittag*, Jg. 49, Nr. 192, 18. 7. 1926, Erstes Beiblatt, S. 1.
ND KdK, S. 296–301 (DV).

DIE VERLOBUNGSJAGD

ED *Beyers für Alle*, Jg. 1, H. 13, 23. 12. 1926, S. 4 f.

ND KdK, S. 296–301 (DV).

S. 94: *Bettina Fouqué* – Die Wettpartnerin von Dr. Enterlein trägt den Nachnamen des Schriftstellers Friedrich Heinrich Karl Baron de la Motte Fouqué (1777–1843). Der Romantiker ist bis heute vor allem noch wegen seiner Erzählung *Undine* (1811) bekannt und wegen der Biographie, die Arno Schmidt 1958 über ihn veröffentlicht hat. Die Titelfigur der *Undine* ist ein anrührendes, freilich auch gefährliches Wasserwesen, es ist also schon mit dem Namen klar, dass Bettina Fouqué dem Protagonisten gefährlich werden wird.

INFERNO IM HOTEL

ED *Berliner Tageblatt*, Jg. 56, Nr. 373, 9. 8. 1927, Abendausgabe, S. 2 (DV).

Die Erzählung stellt die früheste, noch keineswegs komische Fassung von *Drei Männer im Schnee* (1934) dar.

S. 98: *Peter Sturz* – Helfrich Peter Sturz (1736–1779) war ein Schriftsteller der Aufklärung. Da der Mitgewinner des Metallarbeiters, Gotthold Lehmann, den Vornamen und die ersten Buchstaben des Nachnamens mit Gotthold Ephraim Lessing teilt, dürfte das kein Zufall sein: Kästner war, nicht nur durch seine Dissertation, ein intimer Kenner der Aufklärung. Er hat offenbar Autorennamen als Fundus verwendet und so indirekt seine Affinität zu dieser Epoche markiert.

FLIEGENDE MENSCHEN

ED *Simplicissimus*, Jg. 32, Nr. 21, 22. 8. 1927, S. 278 (DV); kein ND;
Faksimile des ED unter http://www.simplicissimus.com/.

S. 104: *Phil Boutherwek* – Der deutsche Aufklärer und Philosoph
Friedrich Ludewig Bouterweck (1766–1828) veröffentlichte
neben einer *Ästhetik* (1806) und einer umfassenden *Geschichte
der Poesie und Beredsamkeit* (1801–1819) auch ein *Lehrbuch der phi-
losophischen Wissenschaften* (1820), üblicherweise abgekürzt als
»phil.« Wissenschaften, wie beim »Dr. phil.«. Auch dieser Name
dürfte Kästners Beschäftigung mit der Aufklärung entstammen
(vgl. Kommentar zu *Inferno im Hotel*, S. 265), obwohl der Schluss
der Erzählung eher misanthropisch denn aufklärerisch ist.

S. 104: *Shagpfeife* – spezielle Pfeife für Feinschnitt-Tabak, der
heute für Zigaretten verwendet wird.

S. 106: *Reichssuperintendent* – Ein Superintendent ist der geistliche Leiter eines Kirchenkreises der evangelisch-lutherischen
Kirche. Es gibt auch Landes- und Generalsuperintendenten; einen Reichssuperintendenten gab es nicht. Kästner verschneidet
hier geistliche und weltliche (wilhelminische) Bezeichnungen.

S. 106: *Nicolai-Gymnasiums* – Berühmte Schüler der Nikolai-
schule in Leipzig waren die Philosophen Gottfried Wilhelm
Leibniz (1646–1716) und Christian Thomasius (1655–1728), später auch Richard Wagner und Karl Liebknecht.

EIN KLEINER JUNGE UNTERWEGS

ED *Berliner Morgen-Zeitung*, Jg. 39, Nr. 293, 23. 10. 1927, 2. Beiblatt,
S. 10.

ND GS 2, S. 284–289; *Das Schwein beim Friseur* (1962) und Folgeausgaben; GSfE 4, S. 249–255 (DV); W VIII, S. 347–352.

Diese Erzählung hat Erich Kästner – wie sonst nur noch seine Kindheitsautobiographie *Als ich ein kleiner Junge war* (1957) und die Erzählung *Zwei Mütter und ein Kind* (1929, im vorliegenden Band S. 143–150) – Sammelausgaben sowohl für Kinder wie auch für Erwachsene zugeordnet.

S. 110: *Dr. Brausewetter* – Der Arzt heißt möglicherweise nach dem damals populären Schauspieler Hans Brausewetter (1899–1945); dieser wird später auch in *Münchhausen* (1943), zu dem Kästner das Drehbuch schrieb, eine kleine Rolle übernehmen.

S. 111: *Soldatenblumen* – Gemeint ist die Ringelblume *(Calendula officinalis)*, die für ihre Heilkraft bekannt war; im Amerikanischen Bürgerkrieg sollen mit ihren Blättern offene Wunden versorgt worden sein.

FERDI KULP, DER STROLCH AUF WIDERRUF
ED *Beyers für Alle*, Jg. 2, H. 20, 16. 2. 1928, S. 5 (DV), kein ND.
S. 117: *Douglas Fairbanks* – Gemeint ist der Hollywoodschauspieler Douglas Fairbanks sen. (1883–1939), einer der erfolgreichsten Stummfilmstars im Abenteuer-Fach, mit Filmen wie *Das Zeichen des Zorro (The Mark of Zorro*, 1920), *Die drei Musketiere (The Three Musketeers*, 1921), *Robin Hood* (1922) oder *Der Dieb von Bagdad (The Thief of Bagdad*, 1924). Als Regisseur und Produzent war er neben Charlie Chaplin, Mary Pickford und D. W. Griffith einer der Gründer der United Artists.

VERKEHRT HIER EIN HERR STOBRAWA?
ED *Berliner Zeitung am Mittag*, Jg. 52, Nr. 70, 10. 3. 1928, 2. Beiblatt.

ND (überarbeitet) GS 2, S. 267–269; GSfE 4, S. 233–235 (DV); W III, S. 345–347.

SPUK IN GENF

ED *Berliner Zeitung am Mittag*, Jg. 52, Nr. 233, 25. 8. 1928, 1. Beilage; DV: *Prager Tagblatt*, Jg. 53, Nr. 206, 30. 8. 1928, S. 3; kein ND. S. 125: *Quai du Mont Blanc in Genf ... Völkerbundpalast* – In dieser Erzählung sind alle Straßennamen korrekt recherchiert, auch der Völkerbundpalast (Palais des Nations), bis 1946 in Funktion, steht bis heute im Ariana-Park am Ufer des Genfer Sees.

DER HUNGERKÜNSTLER

ED *Jugend*, Jg. 33, Nr. 39, 22. 9. 1928, S. 618–620 (DV).
ND GG I, S. 78–81.
Franz Kafkas Erzählung *Ein Hungerkünstler* ist 1922 in der *Neuen Rundschau*, 1924 in Buchform erschienen. Ob Kästner hier eine tragikomische, womöglich parodistische Version von Kafkas Text oder eine ganz unabhängige Erzählung vorgelegt hat, ist nicht zu entscheiden; die Motiv-Parallelen sind jedenfalls erheblich, auch Kästners Erzählung reflektiert das Verhältnis von Künstler und Publikum.
S. 130: *Fräulein Stötteritz* – Stötteritz ist ein Stadtteil von Leipzig.

DUELL BEI DRESDEN

ED Herman Kesten (Hg.): *24 neue deutsche Erzähler.* Berlin: Gustav Kiepenheuer 1929, S. 136–142 (DV).
ND GSfE 4, S. 258–263; W III, S. 357–362.

S. 137: *Aurich* – Der Name des Sergeanten zeigt die autobiographische Projektion der Erzählung; der Sadist, mit dem Kästner im Ersten Weltkrieg zu tun hatte, war ein Sergeant Waurich, über den er das gleichnamige Gedicht geschrieben hat, in dem es heißt:»Er hat mich zum Spaß durch den Sand gehetzt/und hinterher lauernd gefragt:/›Wenn du nun meinen Revolver hättst –/brächtst du mich um, gleich hier und gleich jetzt?‹/Da hab ich ›Ja!‹, gesagt.« (W I, S. 66). Kästner war am Ende des Kriegs herzkrank, wenn auch weniger schwer als sein Protagonist Graff, er hatte eine sogenannte Herzneurose. Auch sie ist in dem *Waurich*-Gedicht erwähnt:»Der Mann hat mir das Herz versaut./Das wird ihm nie verziehn./Es sticht und schmerzt und hämmert laut./Und wenn mir nachts vorm Schlafen graut,/dann denke ich an ihn.« (Ebd.)

S. 138: *Nahrungsmittelchemiker* – Graff ist Chemiker, ein Beruf, der Kästner durch seine langjährige Freundin Ilse Julius (1902–1964) vertraut war.

EIN HERR FÄLLT VOM STUHL

ED *Neue Leipziger Zeitung*, Jg. 9, Nr. 101, 11. 4. 1929, S. 5.
ND GSfE IV, S. 266 f. (DV); GG II, S. 172 f.; W III, S. 367.

ZWEI MÜTTER UND EIN KIND

ED *Berliner Tageblatt*, Jg. 58, Nr. 210, 5. 5. 1929, Morgenausgabe, S. 2.
ND GS 2, S. 278–283; *Das Schwein beim Friseur* (1962) und Folgeausgaben; GSfE 4, S. 243–249 (DV); W VIII, S. 341–346.
Diese Erzählung hat Erich Kästner – wie sonst nur noch seine

Kindheitsautobiographie *Als ich ein kleiner Junge war* (1957) und die Erzählung *Ein kleiner Junge unterwegs* (1927, im vorliegenden Band S. 109–116) – Sammelausgaben sowohl für Kinder wie auch für Erwachsene zugeordnet.

S. 143: *Nieritz* – Die Familie der kleinen Marlene heißt nach dem Dresdner Volks- und Jugendschriftsteller Karl Gustav Nieritz (1795–1876), dessen rührselige Geschichten Kästner als Kind vollständig gelesen haben will und den er in *Als ich ein kleiner Junge war* (1957) erwähnt; bis heute gibt es eine Nieritz-Straße und ein Nieritz-Denkmal in Dresden.

S. 144: *Oppelstraße* – Alle Straßennamen der Erzählung, auch der St.-Pauli-Friedhof, sind authentische Dresdner Orte.

S. 145: *Florfina* – Der Name von Marlenes Puppe leitet sich von Flor Fina her, einer Bezeichnung für teure, erstrangige Zigarren *(primeras)*.

S. 146: *Pferdehändler Nieritz ... Pferdehändler Augustin* – Kästners Onkel waren Pferdehändler, der Mädchenname seiner Mutter Ida Kästner ist Augustin; auch diese Herkunftsgeschichte wird ausführlich in der Kindheitsautobiographie *Als ich ein kleiner Junge war* (1957) erzählt. Kästner hat also hier seine eigene Familiengeschichte eingespielt, besonders der wohlhabende Onkel Franz Augustin war eine wichtige Figur seiner Kindheit (und obendrein Verfasser eines verschollenen unveröffentlichten Gedichtbandes). In der früheren Villa von Franz Augustin ist heute das Dresdner Kästner-Museum untergebracht (Antonstr. 1).

ES GIBT NOCH DON JUANS
ED *Berliner Tageblatt*, Jg. 59, Nr. 88, 21. 2. 1930, Abendausgabe, S. 2 f.

ND GG II, S. 332–336; überarbeitete Version in GS 2, S. 257–261; GSfE 4, S. 223–227 (DV, dort mit Kästners redaktioneller Notiz am Ende:»1930/1958 überarbeitet«); W III, S. 335–339. S. 152: *Libertinertum* – nach dem französischen *libertin*, Freigeist; die Eindeutschung *Libertiner* ist mittlerweile veraltet. Beate Pinkerneil kommentiert:»ein leichtfertiger, zügelloser Mensch oder auch Wüstling. Gebräuchlicher ist die Bezeichnung ›Libertinage‹ für Ausschweifungen oder moralische Bedenkenlosigkeit.« (W III, S. 433). *Douglas Fairbanks* – vgl. Kommentar zu *Ferdi Kulp, der Strolch auf Widerruf* (S. 267).

GRÜSSE AUF DER PLATTE
ED (Pseudonym»Peter Flint«) *Neue Leipziger Zeitung*, Jg. 10, Nr. 359/360, 25./26. 12. 1930, S. 34.
ND W VII, S. 161–163 (DV).
S. 158: *Ankersteinbaukasten* – Milliardenfach in die ganze Welt verkaufte Spielzeug-Bausteine, die bis in die sechziger Jahre hinein in Rudolstadt/Thüringen hergestellt wurden.

BERLINER BAUMBLÜTE
ED *General-Anzeiger* (Dortmund), 14. 5. 1932 (DV); kein ND.

FEIER MIT HINDERNISSEN
ED *Neue Leipziger Zeitung*, Jg. 12, Nr. 360/361, 25./26. 12. 1932, S. 17.
ND GG I, S. 308–312 (DV).

S. 166: *Harriet Spencer* – Die historische Lady Henrietta Frances Spencer (1761–1821) war Mätresse des englischen Königs George IV.; ihre illegitime Tochter, die sie mit dem Earl Granville hatte, hieß Harriet.

S. 167: *Mazeppa* – Iwan Mazeppa oder Masepa (1639–1709) war ein Heerführer der ukrainischen Kosaken; von Lord Byron bis Bertolt Brecht, von Tschaikowski bis Géricault war Mazeppa mehrfach der Held von Opern, literarischen Werken und Gemälden. Besonders eine Episode im Leben des jungen Mazeppa fand viel Aufmerksamkeit: Er wurde nackt auf den Rücken seines Pferdes gebunden, nachdem er beim Ehebruch in flagranti ertappt worden war.

S. 171: *Steinhäger* – ostwestfälischer Wacholderschnaps.

KINDER SPIELEN NEBENAN

ED *Deutsche Freiheit* (Saarbrücken), Jg. 1, Nr. 29, 23. / 24. 7. 1933, Das Bunte Blatt, tägliche Unterhaltungsbeilage, S. 1 (DV); kein ND.

JOHANN BAPTIST KRÜGEL

ED (Pseudonym »Ernst Fabian«) *Das Leben*, Jg. 11, H. 2, August 1933, S. 25–32 (DV), dort illustriert von Hans Thiele; kein ND.

S. 176: *Greisler* – im Österreichischen ein Kleinhändler für Haushaltsbedarf.

S. 176: *das Rollen des Harzers* – Der Harzer Roller ist eine Kanarienvogelart, die besonders im Harz gezüchtet wurde und eigentümlich rollende Geräusche von sich geben kann (der gleichnamige Sauermilchkäse ist offensichtlich nicht gemeint).

3 GELUNGENE GAUNEREIEN

ED (Pseudonym »E. Julius«) *Das Leben*, Jg. 2, H. 5, November 1933, S. 53–56 (DV), dort illustriert von Erich Ohser; kein ND.

S. 191: *Imperialmodelle* – Der Chrysler-Konzern baute von 1926 an die Imperial-Serie als Luxusmodell; 1955 wurde »Imperial« dann als eigene Automarke vom Mutterkonzern abgetrennt.

DER KURZE BESUCH

ED *Neue Zürcher Zeitung*, Abendausgabe 2029, 24. 11. 1936, Blatt 6 (DV); kein ND.

S. 194: *Malvolio* – Rolle in William Shakespeares *Was ihr wollt* (*Twelfth Night, or What You Will*, 1602).

S. 194: *»Kabale und Liebe« den Wurm* – Intrigantenfigur in Friedrich Schillers Bürgerlichem Trauerspiel (1784).

S. 194: *Lotte* – Kästner hat seine Lebensgefährtin Luiselotte Enderle (1908–1991), die er noch aus der Leipziger Journalistenzeit kannte und mit der er seit der Zerstörung seiner Wohnung 1944 zusammenlebte, stets mit »Lotte« angeredet.

S. 195: *Soubretten* – weibliches Rollenfach im Sprech- und Musiktheater; die Soubrette hat »leichtere« (gesellschaftlich niedrig stehende), meist komische Figuren zu geben.

S. 196: *Kohlhaas* – Dass Künzelmanns Begleiter ausgerechnet nach Michael Kohlhaas aus Heinrich von Kleists gleichnamiger Novelle (1810) heißt, mag auf seinen Hang zur Konsequenz anspielen. Verlangt Kleists Figur jedoch Gerechtigkeit um jeden Preis, scheint es hier darum zu gehen, nur ja keine Kneipe auszulassen. Allerdings bis auf das entscheidende Theaterrestaurant, in dem Künzelmann seine Freundin hätte treffen sollen; auch dieser Komödien-Kohlhaas scheint »einer der rechtschaf-

fensten zugleich und entsetzlichsten Menschen seiner Zeit«
(Kleist) zu sein.

S. 198: *Pyramidon* – Schmerzmittel auf Aminophenazon-Basis,
das heute nur noch in der Tiermedizin verwendet wird.

WIE EULENSPIEGEL DIE KRANKEN HEILTE
Episode aus: *Till Eulenspiegel. Elf seiner Geschichten frei nacherzählt
von E. K.*
ED Basel / Mährisch-Ostrau: Atrium-Verlag 1938. Erweiterte
Ausgabe: *Till Eulenspiegel. Zwölf seiner Geschichten frei nacherzählt
von E. K.* Zürich 1948.
ND W IX, S. 18–20 (DV).
Kästners Quelle ist das Volksbuch *Ein kurtzweilig Lesen von Dil
Ulenspiegel* (1515), dort das 17. Kapitel: *Die 17. Histori sagt, wie Ulenspiegel alle Krancken in einem Spital uff einen Tag on Artznei gesund
macht.* Die Nacherzählung ändert den Sprachstand und glättet
die Erzählweise, der Grundeinfall ist aber bereits in der Quelle vorhanden. Till sagt hier jedem Kranken: »Sol ich nun euch
Krancken zu Gesuntheit helffen und uff die Füß bringen, das ist
mir unmöglich, ich verbren dann euwer einen zu Pulver und
gib daz den andern in den Leib ze trincken. Daz muß ich thun.
Darumb, welcher der Kränckest under euch allen ist und nit
gon mag […], den will ich zu Pulver verbrennen, uff daz ich
den andern helffen mög damit. Euch all uffzebringen, so würde ich den Spitalmeister nehmen und in der Thür des Spitals
ston und mit luter Stim rüffen: ›Welcher da nit kranck ist, der
kum heruß!‹ daz verschlaff du nit.« (*Ein kurtzweilig Lesen von Dil
Ulenspiegel.* Nach dem Druck von 1515. Mit 87 Holzschnitten.
Hg. von Wolfgang Lindow. Stuttgart 2001, S. 53). Der originale

Dil Ulenspiegel hat 96 Episoden; es ist Kästners Auswahl der nur
11 bzw. 12 Episoden, die den Zeitbezug zu den dreißiger Jahren
herstellt.

BRIEFE AN MICH SELBER

ED GS 2, S. 247–254; entstanden ca. 1940.

ND GSfE 2, S. 219–226 (DV); W III, S. 325–332.
Die Druckvorlage hat folgende Vorbemerkung: »Es handelt
sich um keine literarische Fiktion. Der Autor versuchte im Jahre 1940 tatsächlich, mit sich selbst zu korrespondieren.« (S. 219)
S. 203: *bei einer Flasche Feist* – Die Feist-Sektkellerei in Frankfurt
am Main, am Ende des 18. Jahrhunderts gegründet, war einer
der größten deutschen Sektlieferanten der Zeit; sie existiert
heute noch als Feist Belmontsche Sektkellerei in Trier.
S. 208: *Sokrates, Campanella, Morus … komplizierten Schädelbrüchen* – Der Geistliche und Philosoph Tommaso Campanella
(1568–1639) und der Humanist und Staatsmann Thomas Morus (1478–1535) sind Verfasser utopischer Schriften: *La città del
Sole* (1602, dt.: *Der Sonnenstaat*) plädiert für die Abschaffung des
Privateigentums, auch in *Utopia* (1516) kommen die Bewohner
ohne Geld aus und leben in einer Republik, deren Regierende
ausgewechselt werden können. Mit Sokrates (469–399 v. Chr.),
gewissermaßen dem Begründer der abendländischen Philosophie, verbindet die beiden Denker ein schweres Schicksal: Campanella wurde gefoltert und mehr als ein Vierteljahrhundert
lang inhaftiert, bevor er nach Frankreich ins Exil gehen konnte; Morus wurde nach einem Hochverratsprozess gegen Heinrich VIII. geköpft; Sokrates trank den berühmten Schierlingsbecher, obwohl er aus dem Gefängnis hätte fliehen können.

S. 208: *Deshalb riet Immanuel Kant* – Der Königsberger Philosoph (1724–1804) schreibt in seinem berühmten *Beschluß* in der *Kritik der praktischen Vernunft* (1788): »Zwei Dinge erfüllen das Gemüt mit immer neuer und zunehmenden [.] Bewunderung und Ehrfurcht, je öfter und anhaltender sich das Nachdenken damit beschäftigt: D e r   b e s t i r n t e   H i m m e l   ü b e r   m i r, u n d   d a s   m o r a l i s c h e   G e s e t z   i n   m i r. Beide darf ich nicht als Dunkelheiten verhüllt, oder im Überschwenglichen, außer meinem Gesichtskreise, suchen und bloß vermuten; ich sehe sie vor mir und verknüpfe sie unmittelbar mit dem Bewußtsein meiner Existenz.« (Immanuel Kant: *Werke in sechs Bänden*. Hg. von Wilhelm Weischedel. Band IV. Darmstadt 1983, S. 300).

MAMA BRINGT DIE WÄSCHE
ED *Die Neue Zeitung*, Jg. 3, Nr. 21, 14. 3. 1947, Feuilleton- und Kunstbeilage, S. 3.
ND *Der tägliche Kram* (1948) und Nachdrucke in den Werkausgaben: GS 5, S. 112–116; GSfE 7, S. 112–116 (DV); W III, S. 122–126.
S. 211: *Non scholae sed vitae discimus* – lateinisch: »Nicht für die Schule, sondern für das Leben lernen wir«, geläufige Wendung nach Seneca (*Epistolae morales ad Lucilium* 106), der den Satz zwar umdreht (also: nicht für das Leben, sondern für die Schule …), gerade das aber kritisiert.
S. 212: *Siemensstadt* – Berliner Stadtviertel am östlichen Rand von Spandau, ursprünglich zu Beginn des 20. Jahrhunderts von den Siemenswerken gebaut.
S. 213: *Ley* – Robert Ley (1890–1945), Reichsleiter der Deutschen

Arbeitsfront der NSDAP, einer der führenden NS-Politiker und Hauptkriegsverbrecher in den Nürnberger Prozessen.

S. 213: *Plumeau* – nach dem französischen *plume* (Feder), veraltet für: Federbett.

S. 214: *Cotta'sche Goethe-Jubiläumsausgabe* – Kästner war im Besitz einer verbreiteten Gesamtausgabe der Jahrhundertwende: *Goethes Sämtliche Werke.* Jubiläums-Ausgabe in 40 Bänden. Stuttgart, Berlin: Cotta 1902–1912.

KURZGESCHICHTE IN FÜNF AKTEN

ED *Die Neue Zeitung*, Jg. 3, Nr. 34, 28. 4. 1947, Feuilleton- und Kunstbeilage, S. 3.
ND GSfE 4, S. 263–266 (DV); W III, S. 363–366.
Überarbeitung der Glosse *Der gute alte Bekannte*, ED *Vossische Zeitung*, 15. 5. 1932; ND GG I, S. 305 f.

S. 214: *Kurt Tucholsky* – In der frühen Version der Erzählung wird nur Alfred Döblin erwähnt; zum Autor von *Berlin Alexanderplatz* (1929) hatte Kästner keine engere Verbindung. Tucholsky dagegen, mit dem er fast befreundet war, findet sich nur in der Fassung von 1947. Kästner hat ein Jahr zuvor eine Anthologie mit Arbeiten des verehrten und 1935 im schwedischen Exil verstorbenen Kollegen zusammengestellt: *Kurt Tucholsky: Gruß nach vorn. Eine Auswahl.* Hg. von Erich Kästner. Stuttgart, Hamburg 1946.

DAS MÄRCHEN VON DER VERNUNFT

ED *Die Neue Zeitung*, Jg. 4, Nr. 21, 14. 3. 1948, Feuilleton- und Kunstbeilage, S. 3.

ND *Der tägliche Kram* (1948) und Nachdrucke in den Werkausgaben: GS 5, S. 148–150; GSfE 7, S. 148–150 (DV); W III, S. 160–162.

S. 224: *eine in der »Frankfurter Neuen Presse« zitierte amerikanische Statistik* – Die Erzählung liefert den Grundeinfall für *Die Konferenz der Tiere* (1949); in dem Kinderroman wird der Part des Alten Herrn an die Tiere übertragen, die zusammen mit den Kindern der Welt den Frieden durchsetzen. *Das Märchen von der Vernunft* spricht auch einen Aspekt von Kästners Poetik an: Einfälle kommen durch die Lektüre von Tageszeitungen zustande; der Nachlass im Deutschen Literaturarchiv in Marbach zeigt eine umfangreiche Sammlung solcher Zeitungsartikel, einige verwertet, viele aber auch nur gesammelt.

WAHRES GESCHICHTCHEN
ED *Die Neue Zeitung*, Jg. 4, Nr. 69, 28. 8. 1948, Feuilleton- und Kunstbeilage, S. 3.
ND *Der tägliche Kram* (1948) und Nachdrucke in den Werkausgaben: GS 5, S. 168 f.; GSfE 7, S. 168–170 (DV); W III, S. 182–184.
Die Druckvorlage trägt folgende redaktionelle Vorbemerkung Kästners: »Diese Glosse ergänzt den vorangegangenen Beitrag. Es handelt sich um die Kehrseite der Medaille.« Gemeint ist die hier in der Chronologie nachfolgende Erzählung *Wer fürchtet sich vorm schwarzen Mann.*
S. 225: *Film* – Hermann und Lena Kurzke haben zwei Filme identifiziert, die 1948 in Tirol gedreht wurden: *Die Frau am Weg* (Regie: Eduard von Borsody) und *Die Söhne des Herrn Gaspary* (Regie: Rolf Meyer), vgl. W III, S. 447. Kästner hat den Systemwechsel 1945 in Mayrhofen in Tirol erlebt, zusammen mit ei-

nem UFA-Filmteam; insofern hatte er seine eigenen Erlebnisse mit der Bevölkerung und ihrer Haltung zur Diktatur, vgl. Kästners bearbeitetes Tagebuch *Notabene 45* (1961) und die unbearbeitete Vorform aus dem Nachlass *Das Blaue Buch.* Hg. von Ulrich von Bülow und Silke Becker. Marbach a. N. 2006.

WER FÜRCHTET SICH VORM SCHWARZEN MANN
ED *Pinguin*, Jg. 3, H. 10, Oktober 1948, S. 12.
ND *Der tägliche Kram* (1948) und Nachdrucke in den Werkausgaben: GS 5, S. 164–167; GSfE 7, S. 164–168 (DV); W III, S. 177–181.

In der Ausgabe letzter Hand trägt die Erzählung die folgende redaktionelle Vorbemerkung Kästners:»Ein Abgesang und Satyrspiel auf den in großen Teilen mißglückten Versuch, das deutsche Volk zu ›entnazifizieren‹. Unlösbare Aufgaben sind unlösbar. Man hätte die vorliegende Aufgabe auf gelungenere Art nicht lösen können.« Die Wortspiele und die Dialoglastigkeit des Textes verweisen auf die Nähe zum Kabarett, zur spielbaren Nummer, die Kästner in den ersten Nachkriegsjahren vielfach und für verschiedene Ensembles lieferte.

S. 228: *Steinhäger* – vgl. Kommentar zu *Feier mit Hindernissen* (S. 272).

S. 228: *portierenschwere Düsternis* – Eine *portière* (französisch) ist ein schwerer Türvorhang.

S. 233: *Herr Schikaneder* – Emanuel Schikaneder (1751–1812), Librettist von Mozarts *Zauberflöte* (1791) und erster Papageno, dürfte der einzige prominente Träger dieses Namens sein; Kästners Figur zeichnet sich gegenüber seinen Kneipen-Nachbarn allenfalls durch seine dramaturgisch zupackendere Erzählung aus.

BERLINER HETÄRENGESPRÄCH 1943
ED Kein Nachweis.
ND *Die kleine Freiheit* (1952) und Nachdrucke in den Werkausgaben: GS 5, S. 241–244; GSfE 7, S. 238–242 (DV); W III, S. 258–262.
Zum Teil eine fiktionale Version von *Mama bringt die Wäsche* (1947); die Herkunftsbestimmung »nach Tagebuchaufzeichnungen« ist ebenfalls eine Fiktion, das *Blaue Buch* (2006) bestätigt diese Notiz nicht. Allerdings hat Kästner Flüsterwitze im »Dritten Reich« gesammelt; zu seinem Vorsatz eines Sittenromans über die Diktatur, den er dann doch nie geschrieben hat, würde diese Erzählung durchaus passen.
S. 235: *van Houten ... nichts mit Kakao zu tun* – Das Unternehmen Van Houten wurde 1815 in Amsterdam gegründet; 1828 entwickelte Coenraad Johannes Van Houten ein Herstellungsverfahren für Kakaopulver in der bis in die Gegenwart bekannten Form. Nachdem es sich bis heute um eine verbreitete Kakaomarke handelt, obwohl Van Houten seit den siebziger Jahren mehrfach den Besitzer gewechselt hat, ist die von der Erzählerin unterstellte Assoziation mehr als legitim.

DIE NATURGESCHICHTE DER SCHILDBÜRGER
ED *Die Weltwoche* (Zürich), Jg. 20, Nr. 965, 9. 5. 1952, S. 2.
ND *Die kleine Freiheit* (1952) und Nachdrucke in den Werkausgaben: GS 5, S. 249; GSfE 7, S. 246–248 (DV); W III, S. 269–271.
S. 240: *eines unserer Volksbücher* – Die erste Auflage des bekannten Schwankbuches erschien 1597 unter dem Titel *Das Lalebuch. Wunderseltzame / Abentheurliche / unerhörte / und bißher unbeschriebene Geschichten und Thaten der Lalen zu Laleburg.* Kästner zitiert

den Titel ab der zweiten Auflage: *Die Schiltbürger. Wunderselza-me Abendtheurliche / unerhörte / und bißher unbeschriebene Geschich-ten und Thaten der obgemelten Schiltbürger* (1598). Kästners Nach-erzählung *Die Schildbürger* erschien 1954.

S. 241: *Schilda (oder Schildau …)* – Es gibt mehrere Orte, die um die Ehre konkurrieren, Vorbild für die bekannten Schwänke gewesen zu sein; Kästner nennt das sächsische Schildau bei Torgau, es gibt noch ein Schilda in Brandenburg, ein Schild-berg in Mähren (heute Štíty) sowie einige andere Orte. Weder die Lokalisierungs- noch die Verfasserfrage des *Lalebuchs* sind definitiv geklärt.

S. 241: *Allmendewiesen* – Wiesen bzw. Weiden, die Gemeineigen-tum sind, also von allen Bürgern eines Dorfes genutzt werden können.

S. 241: *Katastersteuern* – Steuern, die nach der Vermessung eines Grundstücks, Dorfs usw. erhoben werden.

S. 242: *»Roten Ochsen«* – Der tatsächlich um 1700 existierende »Rote Ochse« in Leipzig war das Vorbild für Christian Reu-ters »Wirtshaus zum Güldenen Maulaffen« in dem satirischen Schelmenroman *Schelmuffsky*, vgl. Kommentar zu *Die Reisen des Amfortas Kluge* (S. 261f.).

PAULA VORM HAUS
ED *Münchner Merkur, Merkur am Sonntag*, 23. / 24. 4. 1955.
ND GS 2, S. 290–292; GSfE 4, S. 255–258 (DV); W VIII, S. 385–387.

S. 247: *Daphne* – Paulas Mutter liest die lexikalische Erklärung in der Erzählung selbst: Daphne ist eine Bergnymphe und Toch-ter des Flussgottes Peneios, die von Apollon mit seiner Liebe verfolgt wird. Sie erwidert diese Liebe nicht, Eros hat auf sie einen Pfeil mit bleierner Spitze abgeschossen, die Abneigung erzeugt, auf Apollon aber einen mit goldener Spitze. Daphne bittet ihren Vater, ihre schöne Gestalt zu verderben, sie will ja Apollon nicht gefallen. Peneios erfüllt ihren Willen und verwandelt sie in einen Lorbeerbaum – eine der Verwandlungen, die Ovid in den *Metamorphosen* (ca. 8 n. Chr.) erzählt. Das Motiv ist in der bildenden Kunst und mehr noch in der Musik häufig bearbeitet worden. Jacopo Peris verschollenes Werk *La Dafne favola drammatica* (1598) dürfte die erste Oper überhaupt sein; spätere Gestaltungen finden sich u. a. bei Heinrich Schütz, Georg Friedrich Händel und Richard Strauss.

NACHWORT DES HERAUSGEBERS

»SPIELT EURE ROLLEN GUT! IHR SPIELT UMS LEBEN.«

Der Herr aus Glas, die Titelgeschichte des vorliegenden Bandes, ist eine der frühesten Erzählungen Erich Kästners, im Juni 1923 in der *Neuen Leipziger Zeitung* erschienen. Als Gattungsbezeichnung wäre *Lieblose Legende* passend, nach Wolfgang Hildesheimers absurdistischem Erstling aus den fünfziger Jahren:* ein Dichter, der nicht imstande ist, sich auf die wirkliche Welt einzulassen, der so zerbrechlich ist, dass es allenfalls zu zarten Büchlein reicht. Vielleicht kann man sie sich als epigonale Ableitungen der *décadénce*-Literatur um 1900 vorstellen, der Literatur Rilkes und Keyserlingks. Immerhin ist Jarosmin durch das Geld seiner Eltern so weit gesichert, dass er seinen künstlichen Kokon aufrechterhalten kann. Als er zum ersten Mal die Bindung mit einer Frau eingeht, die Lebensfreude und Leidenschaft verlangt, die mit den »wollenen Umschlagtüchern für seine zarte Seele« nicht mehr zufrieden ist, geht sein

---

* Wolfgang Hildesheimer: *Lieblose Legenden. Mit Zeichnungen von Paul Flora.* Stuttgart 1952.

283

ganzes Leben zu Bruch; schnöde und herzlos wird er vom Erzähler aus der Welt entfernt – auf Reisen verstorben, vielleicht nur an einer Erkältung, weil er Zugluft nicht verträgt. Gläsern ist der Dichter Jarosmin im doppelten Sinne – durchschaubar und zerbrechlich. Beides lag Kästner denkbar fern, diesen Entwurf einer Autorenrolle hat er sozusagen lieblos von sich weggeschrieben.

Schon diese Erzählung widerlegt die Lesart des Autors Erich Kästner, die bis zur letzten Jahrhundertwende die dominante gewesen ist: Kästner als ein autobiographisierender Autor, der seine Stoffe aus der Familiengeschichte, der eigenen Kindheit, dem Verhältnis zu seiner Mutter, zu seinen Freundinnen, seinem politischen Leben als Journalist in anstrengenden Zeitläuften vom Kaiserreich bis zum Ausgang des Zweiten Weltkriegs schöpft. Ein bisschen sentimental, mit einem Herz für Kinder, obendrein immer ein bisschen satirisch und kritisch, aber dabei unterhaltsam. Ein wenig hat Kästner sicher selbst an diesem Bild mitgestrickt, auch die erste Biographie seiner Lebensgefährtin Luiselotte Enderle hat die Legende des Kinderonkels und Moralisten in schwerer Zeit propagiert und noch lange nach seinem Tod lebendig erhalten.

Der vorliegende Band zeigt ein ungleich weiteres Spektrum, überraschenderweise, denn Kästner hat nicht gerade als Geschichtenerzähler reüssiert, die Erzählung schien nie zu seinen Hauptgattungen zu gehören. Als »kanonische« Werke gelten die Gedichtbände zur Zeit der Weimarer Republik, sein Roman *Der Gang vor die Hunde* bzw. *Fabian* (1931), seine Epigramme, natürlich die Kinderromane von *Emil und die Detektive* (1931) bis hin zum *Doppelten Lottchen* und der *Konferenz der Tiere* (1949). Sie sind allein von der Anzahl ihrer Übersetzungen und Verfilmungen her Weltliteratur, fest eingeschrieben ins Gedächtnis der Menschheit. Dass die Erzählungen und kurzen Geschichten nie die ganz große Aufmerksamkeit erhalten haben, mag daran liegen, dass viele dieser Texte auf den ersten Blick Vorfassungen der Romane, der Kinderromane zumal, waren; einzelne Episoden wurden in Zeitungsabdrucken gewissermaßen getestet wie in Probeaufführungen von Hollywoodfilmen vor dem Endschnitt. Diese Erzählungen gehen in den Büchern auf, beinahe ohne Rest.

In der Ausgabe letzter Hand, den *Gesammelten Schriften für Erwachsene* (1969), gibt es eine Abteilung mit *Kurzen Geschichten und Kurzgeschichten*. Diese 11 Erzählungen haben mit Testversionen nichts zu tun, sie wurden von ihrem Verfasser als eigenständige Werke behandelt. Sie sind, als Kern der vorliegenden Sammlung, alle aufgenommen worden; in Kästners Reihung der *Gesammelten Schriften*, die keine chronologische ist: *Es gibt noch Don Juans* (1930), *Die Kinderkaserne* (1925), *Verkehrt hier ein Herr Stobrawa?* (1928), *Der kleine Herr Stapf* (1925), *Sebastian ohne Pointe* (1926), *Zwei Mütter und ein Kind* (1929), *Ein kleiner Junge unterwegs* (1927), *Paula vorm Haus* (1955), *Duell bei Dresden* (1929), *Kurzgeschichte in fünf Akten* (1932 / 1947) und *Ein Herr fällt vom Stuhl* (1929).

Wenn man, von dieser Werkausgaben-Abteilung ausgehend, die Gattung Erzählung systematisch recherchiert, derzeit am besten mit Johan Zonnevelds Gesamtbibliographie,* zeigt sich ein ganz anderes Bild: Kästner hat im Laufe seines Schriftstellerlebens etwa 140 Erzählungen publiziert, 42 von

---

* Johan Zonneveld: *Bibliographie Erich Kästner. Band I: Primärliteratur und Zeittafel.* Bielefeld 2011.

ihnen werden in dieser Sammlung neu vorgelegt (vgl. die *Editorische Notiz*, S. 251 ff.).

INTERTEXTUELLE UND ANDERE ÜBERRASCHUNGEN

Schon im Detail gibt es Überraschungen. So hat Kästner seinen Figuren immer wieder Namen gegeben, die keineswegs zufällig sind: In den frühen zwanziger Jahren hat er als Abschluss seines Studiums eine germanistische Dissertation über Gotthold Ephraim Lessing (insbesondere die *Hamburgische Dramaturgie*) angestrebt, die er zugunsten eines anderen Projekts aufgab; er schrieb über das Thema *Friedrich der Große und die deutsche Literatur*, speziell über die *Erwiderungen auf seine Schrift »De la littérature allemande«* (1925). Nun stammten diese Erwiderungen von bekannten wie unbekannten Autoren der Aufklärung, und das Feld, das Kästner für eine solche Arbeit arrondieren musste, war noch weit umfangreicher. Er hat sich immer wieder als Aufklärer bezeichnet, als »Urenkel der deutschen Aufklärung, spinnefeind der unechten ›Tiefe‹, die im Lande der Dichter und Denker nie aus der Mode kommt«, als »Moralist«, »Rationalist«, als »Schulmeister« gar (GSfE 7, S. 297). Jedenfalls war er ein intimer Kenner der Aufklärung – und er hat diese literarhistorische Epoche gelegentlich als Fundus für Figurennamen benutzt (vgl. *Anitas Weißfüchse, Inferno im Hotel, Fliegende Menschen*).

Natürlich gibt es auch Namen aus anderen Epochen, Namen historischer Persönlichkeiten jenseits der Literatur, Allerweltsnamen; und es gibt Scherznamen wie den indischen König Kaliklora *(Die Reisen des Amfortas Kluge)*, bei dem es sich tatsäch-

286

lich um eine Zahnpastamarke der Zeit handelt. Aus einigen Namen lassen sich auch weitreichende interpretatorische Erkenntnisse gewinnen: Wenn Marlene in *Zwei Mütter und ein Kind* ihrer Lieblingspuppe den Namen Florfina gibt, klingt das nach einem Scherz, ist *Flor Fina* doch die Bezeichnung für eine *primera*, eine gute Zigarre. Womöglich zeigt sich hier aber nur ein besonders authentisches Detail: Das Mädchen ist die Tochter eines (Dresdner) Pferdehändlers in der frühen Weimarer Republik, der vermutlich Zigarren dieser Art geraucht hat, und die leeren Zigarrenkisten standen den Kindern als Spielzeug zur Verfügung; vielleicht ist eine davon das Bettchen von Marlenes Puppe. Und die zigarrenrauchenden Leserinnen und Leser wissen, dass es sich in der Tat um einen wohlhabenden Pferdehändler gehandelt haben muss.

Eine weitere Überraschung ist die Erzählung *Der Hungerkünstler*, wenige Jahre nach Franz Kafkas ungleich berühmterer Erzählung *Ein Hungerkünstler* (1922 / 1924) erschienen. Kafkas Figur ist ein Varietékünstler, der in einem Käfig, auf Stroh liegend, hungert und sich an bessere Zeiten erinnert. Seine Kunst interessiert immer weniger Menschen, er entwickelt aber einen krankhaften Ehrgeiz zur Spitzenleistung in seiner Kunst, die ihn schließlich das Leben kostet: eine jämmerliche Figur, die von der Welt um ihren Lohn betrogen und am Ende wie ein Ding weggeräumt wird, mitsamt dem Stroh. Kästners Maler Komjanky ist skurriler, satirischer gefasst, auch ihm geht es aber um die Anerkennung durch das Publikum, auch er stirbt einen unrühmlichen Tod, wenngleich seine Kunst tatsächlich anerkannt wird und es postum auch bleibt, sein »Vermögen kam in geeignete Hände«, wie es im letzten Satz heißt. Komjanky ist Ausübender einer allseits akzeptierten Großkunst, er hungert »künstlich«, ohne materielle Not, um die Qualität seiner Malerei und Graphik zu steigern, eine »theatralische Armut«. Allerdings fehlt Kästners Fassung die düstere Ironie Kafkas ebenso wie dessen Vieldeutigkeit, zugunsten einer boshaft-komisch, »lieblos« gezeichneten Künstlerfigur, deren Tod fast etwas Schwankhaftes hat, wird er doch vom Auto seiner Gattin überfahren, das einer ihrer Verehrer lenkt. Bei allen Unterschieden im Detail sind die grundsätzlichen Übereinstimmungen doch so zahlreich, dass ein Zufall ausgeschlossen werden kann; dass Kästner überhaupt Kafka gelesen hatte, und das zu einem Zeitpunkt, als dieser noch ganz unbekannt war, ist immerhin erstaunlich.

ZUM REPERTOIRE

Neben solchen Überraschungen im Detail ist aber vor allem das thematische Spektrum selbst aufzufächern. Es gibt durchaus Erzählungen, die autobiographisch gespeist sind, wie *Zwei Mütter und ein Kind,* hier sind Einzelheiten und auch Namen aus der Familiengeschichte erwähnt. Der autobiographische Anteil kann bis hin zur ausformulierten Erinnerung gehen *(Mama bringt die Wäsche).* Die für Kästner typischen Maskenspiele werden wohl in den *Briefen an mich selber* am weitesten getrieben, hier jedoch alles andere als im Scherz: Der bedrohte Schriftsteller im NS-Deutschland, der sich entschieden hatte, im Land zu bleiben und seiner Profession treu zu bleiben, fand kaum noch Themen, die harmlos genug gewesen wären; sosehr ihm das komische und unterhaltsame Fach auch lag, war es doch nur ein schmales Segment des Gesamtwerks – die kritische Lyrik der Weimarer Zeit oder ein Roman wie *Fabian* konnte nicht ins Auge gefasst werden, und die daraus resultierenden Probleme mit dem eigenen Selbstbild werden in diesem Text ausagiert. Die Vielfalt der Erzählungen insgesamt, in denen eine große Zahl von Rollen durchgespielt wird, zeigt sich auch in der stilisierten Aufspaltung der eigenen Person; ein späteres Epigramm Kästners, *Stimme von der Galerie* (1950), beginnt entsprechend mit den Zeilen: »Die Welt ist ein Theaterstück. / Spielt eure Rollen gut! Ihr spielt ums Leben.« (W I, S. 282)

Sentimentales gehört gleichfalls zum »Kästner-Ton« und darf in einer solchen Auswahl ebenso wenig fehlen (*Ihr Wunsch, Johann Baptist Krügel*) wie so bedeutende, auch schon kanonische Werke wie *Duell bei Dresden* oder *Die Kinderkaserne*. Kästner hat sein Leben lang darüber nachgedacht, was Kindheit ist, er hat versucht, sie sich in Teilen zu erhalten und Kindern mit seiner Literatur einen warmen Mantel für die frostige Welt mitzugeben. In den Kindergeschichten für Erwachsene, die in diesem Band vertreten sind, werden dagegen immer wieder veritable Kindheitshöllen geschildert, Kindheiten, die nicht stattfinden konnten, weil die Kinder durch ihre Eltern oder die Umstände krassen, manchmal zerstörerischen Überforderungen ausgesetzt wurden (*Ein Musterknabe, Ein kleiner Junge unterwegs, Zwei Mütter und ein Kind, Kinder spielen nebenan*).

Gerade der frühe Kästner experimentiert noch mit der Form; so sind einige der Erzählungen in einem fast reportagehaften Sozialrealismus gehalten, der ohne jeden Anflug der berühmten Kästner'schen Gemütlichkeit auskommt, angefangen bei der ersten Erzählung dieses Bandes, *Ein Menschenleben*, und kleinen, zugespitzt formulierten Beobachtungen im

Großstadtleben (*Ein kleiner Junge kreiselt*). Diese naturalistischen Skizzen können bis zur phonetisch genauen Dialekt-Mitschrift gehen (*Berliner Baumblüte*). Einer der sozialrealistischen Höhepunkte ist zweifellos die Erzählung *Spuk in Genf*, die die wirtschaftliche Misere der Zeit, genau beobachtet und drastisch, auf den Punkt bringt.

Dass Kästner, wie jeder Autor der Neuen Sachlichkeit von Rang, die Literatur für das Berufsleben auch der unteren Schichten geöffnet hat, ist durch *Fabian* bekannt; eine pointierte Abrechnung mit dem Angestelltendasein zeigt *Die mißglückte Auferstehung*, der unglückliche Herr Klein kann eben nichts mehr, als seiner Büroarbeit nachgehen. *Inferno im Hotel* mit dem etwas melodramatischen Schluss ist vor allem als erste Fassung des humoristischen Unterhaltungsromans *Drei Männer im Schnee* (1934) von Interesse: Ein Metallarbeiter gewinnt zwei Wochen in einem Grandhotel in den Bergen und wird vom Personal wie von den zahlenden Gästen schikaniert, um kurz darauf zu Hause zusammen mit seiner Frau an einer Leuchtgasvergiftung zu sterben. Dass die heitere Fassung einen derart düsteren Kern hat, zeigt, wie wenig für Kästner komische und tragische Sujets auseinanderfielen, wie nah seine komischen Arbeiten an der Katastrophe gebaut sind. Solche Schwenks beweisen auch, dass es mit dem angeblich so leichten und unterhaltsamen Menschenbild Erich Kästners, das sich in derlei Texten äußere, nicht weit her ist; einige Geschichten arbeiten sich daran ab, psychologisch komplexen Figuren und Verhaltensweisen gerecht zu werden, sei es im eher komischen (*Es gibt noch Don Juans*) oder im tragischen Genre (*Johann Baptist Krügel*). Eine der gelungensten Erzählungen ist wohl *Verkehrt hier ein Herr Stobrawa?*. Knapp und so lakonisch wie in den sozialrealistischen

Texten erzählt Kästner hier von einer alten Dame mit den vornehmen Gesichtszügen Friedrichs II., die sich mit einem einfachen Kaffeehausbesuch Gewissheit darüber verschaffen will, dass ihr Mann sie betrügt: »Sie bewahrt ihre Würde vor aller Öffentlichkeit, und nicht gedemütigt verläßt sie schweigend den Ort der Tat, wo sie zur Augenzeugin des Betrugs wurde.«*

POLITISCH-SATIRISCHE SCHÄRFE, MIT UND OHNE PSEUDONYM

Man kann entlang der Erzählungen auch zeitgeschichtliche Verläufe rekonstruieren; dieser Autor hatte zu jeder Zeit entschiedene politische Vorstellungen, ohne dass sie immer parteipolitisch festzulegen wären. Ist das *Duell bei Dresden* auch ein Kommentar zu den Spätfolgen des Militarismus im Kaiserreich und im Ersten Weltkrieg, so karikiert etwa *Der kleine Herr Stapf* einen bestimmten Schlag des herrschenden Bürgertums in den letzten Jahren der Weimarer Republik. Das Experimentieren mit der Gattung der Erzählung setzt verstärkt wieder in den dreißiger Jahren ein, weil Kästner mit der Machterschleichung 1933 nicht wusste, ob und wie lange er sich als Schriftsteller würde halten können, ob der Spuk tatsächlich nach einem Jahr wieder vorbei sein würde. Er schrieb nicht nur unter verschiedenen Pseudonymen, er wechselte zum Teil auch den Stil; überhaupt unterstreicht die Häufigkeit von Pseudonymen den Experiment-Charakter der Gattung für Kästner.

* Beate Pinkerneil in W III, S. 433.

Im vorliegenden Band sind sechs Arbeiten abgedruckt, die unter Pseudonym oder unter Kürzel erschienen sind. »E. K.« (*Anitas Weißfüchse*) und »Peter Flint« (*Grüße auf der Platte*) gelten als gesicherte Pseudonyme; wie Kurt Tucholsky benutzte Kästner in seiner Publizistik verschiedene Namen, weil er in zwei konkurrierenden Leipziger Tageszeitungen veröffentlichte, zum Teil auch in unterschiedlichen Rubriken der Blätter. »Ernst Fabian« (*Johann Baptist Krügel*) gilt als gesichert, weil es das Typoskript eines Gedichts im Nachlass gibt, das im Kabarett *Die Katakombe* unter diesem Pseudonym aufgeführt wurde.* Als ungesichert gilt hingegen »E. Julius« (*3 gelungene Gaunereien*), möglicherweise eine Zusammenstellung seines abgekürzten Vornamens mit dem Nachnamen von Ilse Julius, Kästners langjähriger Lebensgefährtin, die er auch nach der Trennung noch gelegentlich gesehen hat, mindestens bis 1932; obendrein ist die Erzählung von Kästners engem Freund Erich Ohser illustriert.** Ebenfalls ungesichert ist »Emil Brüll« (*Ihr Wunsch, Die gute Partie*), der sich aber gut in das frühe Experimentierfeld einfügt; »Emil« ist Kästners zweiter Vorname, und »Brüll« könnte eine Verballhornung der Dresdner Brühl-Terrasse sein. Klaus Schuhmann hat einen Indizienbeweis geführt, dem ich mich anschließe*** – als authentische Person dieses Namens ist lediglich ein tschechischer Architekt nachweisbar, auch wenn, wie immer bei bloßen Indizien, ein Rest von Zweifel bleibt.

---

* Zonneveld (Anm. S. 285), S. 50.
** Kästner ist 1929, einige Monate nach der Trennung von Ilse Julius, mit ihr und Erich Ohser für eine Woche nach Paris gefahren; das Pseudonym für diesen Text ist daher nicht abwegig (vgl. Sven Hanuschek: *Keiner blickt dir hinter das Gesicht. Das Leben Erich Kästners.* München 2003, S. 140).
*** Klaus Schuhmann in KdK, S. 459 f.

Bei diesem Verständnis der Pseudonyme ab 1933 wäre *Johann Baptist Krügel* als Versuch zu werten, ob und wie weit sich Kästner von seinem etablierten und erkennbaren Ton entfernen, ganz anders schreiben konnte; hier die empfindsame Erzählung eines verfehlten Lebens. Sonst sind ihm in und zu dieser Zeit offenbar vor allem Lügner und Kriminelle als Figuren eingefallen; 3 *gelungene Gaunereien* feiert deren Einfallsreichtum geradezu.* Aus dem Till-Eulenspiegel-Volksbuch wählt er für die an Kinder adressierte Nacherzählung ausgerechnet eine Episode aus, in der Till damit droht, Kranke zu Pulver zu verbrennen *(Wie Eulenspiegel die Kranken heilte);* und über einen weiteren sprichwörtlichen Lügner hat er ein Filmdrehbuch geschrieben, das sich punktuell im Doppelsinn der Sklavensprache übt, *Münchhausen* (1943). Die Konzentration auf diese Themen ist vielsagend und relativiert die Meinung ein wenig, Kästner habe die Diktatur überlebt,»ohne ein politisches Wort« zu äußern.**

Nach dem Zweiten Weltkrieg warf Kästner sich mit aller Energie als Feuilletonchef der *Neuen Zeitung* ins Tagesgeschäft der *reeducation*: Die zwölf Jahre verbotene Kultur und Literatur sollte bekannt gemacht werden, die Verbrechen der Diktatur, die Kompromisse der Einzelnen sollten öffentlich verhandelt werden, die Opfer ins kollektive Bewusstsein geholt werden und dort lebendig bleiben; auch in den Erzählungen finden sich entsprechend Arbeiten über die Entnazifizierung, über Kontinuitäten des sogenannten Dritten Reichs, die Un-

---

* Eine ähnliche Erzählung wurde nicht aufgenommen: *Tricks,* unter dem Pseudonym ALO erschienen in: *Das Leben,* Jg. 11, H. 2, August 1933, S. 49–51, illustriert von Erich Ohser.
** So Robert Neumann in: *Ein leichtes Leben. Bericht über mich selbst und Zeitgenossen.* München, Wien, Basel 1963, S. 422.

möglichkeit einer adäquaten Aufarbeitung der Verbrechen und über den Kriegsalltag in den zerbombten Städten (*Wahres Geschichtchen, Wer fürchtet sich vorm schwarzen Mann, Berliner Hetärengespräch*). Auch programmatische Texte finden sich hier, die das alte aufklärerische Programm hochhalten, wie skeptizistisch auch immer (*Das Märchen von der Vernunft, Die Naturgeschichte der Schildbürger*).

DAS KOMISCHE REPERTOIRE

Bei weitem den größten Anteil dieses Bandes machen Erzählungen aus, die dem komischen Genre angehören. Es finden sich Arbeiten mit einer Boulevard- und mit einer Komödienstruktur, Schwänke und Faschingsscherze, komische Kunstreflexionen und Klamauk, übermütige Grotesken und Münchhausiaden, Figuren werden ob der unfreiwilligen Komik verspottet, die sie erzeugen, sogar einige wenige Texte nach 1945 kommen ausgesprochen heiter daher, bei aller Ernsthaftigkeit der Anliegen.

Ein Hauptstück sind die *Reisen des Amfortas Kluge*, ein Feuerwerk von Anspielungen, intertextuellen Versatzstücken, übermütiger Blödelei und mitunter auch satirischem Witz. Eines der Vorbilder wird im Text genannt, Christian Reuters Roman *Schelmuffskys warhafftige und curiöse und sehr gefährliche Reisebeschreibung zu Wasser und Lande* (1696 | 1697). Die Forschung kann sich bis heute nicht darüber einigen, ob es sich dabei um einen letzten barocken Schelmenroman handelt, um die Parodie einer Reisebeschreibung, um ein Pamphlet auf die Familie von Reuters Vermieterin im Leipziger »Roten Löwen«, eine Satire auf die Frankophilie der Zeit oder doch eher einen frühen Roman der beginnenden Aufklärung, der den ersten unzuverlässigen Ich-Erzähler der deutschen Literatur geriert, von dem zahlreiche spätere einschließlich Münchhausen und Oskar Matzerath abstammen. Auch für die *Reisen des Amfortas Kluge* würde eine Bestimmung schwerfallen; der Text macht sich über Reise- und Expeditionsberichte ebenso lustig wie über die Technisierung der modernen Welt, über historische, weltanschauliche und religiöse Positionen, von bürgerlichen Bildungsgütern ganz zu schweigen. Ähnlich übermütig, allenfalls im misanthropischen Schluss etwas düsterer, ist nur noch die Erzählung *Fliegende Menschen*.

Kästners komisches Repertoire ist so groß, dass klar wird, wie wenig er sich nach 1933 verbiegen musste, um hier weiterzuschreiben. Es ging ohne allzu große Kompromisse ab: Auch die frühen dieser Texte sind zumeist unpolitisch, sie zeigen aber, wie vielfältig auch sie politische Kritik formulieren konnten, gewissermaßen ohne sie aussprechen zu müssen. Das reicht von der Spottlust am falschen Pathos, die sich in *Amfortas Kluge* und *Fliegende Menschen* zeigt, bis zu der schieren Stoffwahl, die für die Jahre nach 1933 mitunter für sich selbst spricht.

EIN ABSCHLUSS: PAULA VORM HAUS

Immer wieder zeigt sich in der vorliegenden Auswahl neben dem bekannten noch ein anderer Autor, der experimentiert, ausprobiert, an Tonfällen feilt, dem Sozialrealismus ebenso zugetan ist wie der Groteske, der satirisch-politischen Kritik und dem Nonsens. Am Ende steht eine weitere Überraschung: *Paula vorm Haus* (1955) ist Kästners letzte Erzählung, danach folgen innerhalb dieser Gattung nur noch Nacherzählungen (*Don Quijote*, 1956; *Gullivers Reisen*, 1961) und der Erstdruck einer Erzählung, die vermutlich den dreißiger Jahren und dem direkten Umfeld von *Das fliegende Klassenzimmer* entstammt.*

Paula vorm Haus ist ein neues Experiment. Im Deutschland der fünfziger Jahre war im Wiederaufbau kein Platz für die Erinnerung an die NS-Diktatur und die Verbrechen der Einzelnen, anders als in den unmittelbaren Nachkriegsjahren. In der Literatur erfreute sich daher der antike Mythos großer Beliebtheit; das Sprechen über ewige Werte verhinderte den allzu genauen Blick auf Näherliegendes, das dann erst in den sechziger Jahren wieder zunehmend angegangen wurde. Erich Kästner kann man diese Fluchtmechanismen nun gerade nicht vorwerfen, nach seiner publizistischen Tätigkeit bei der *Neuen Zeitung*, den Arbeiten fürs Kabarett, den energischen politischen Protesten außerhalb der Literatur, an denen er in der zweiten Hälfte der fünfziger Jahre und in den frühen Sechzigern teilnehmen wird – er beteiligt sich an Ostermärschen, protestiert gegen die geplante atomare Ausrüstung der Bundeswehr. Dennoch verwendet er in dieser Erzählung über die liebenswerte Paula, das festgewurzelte Mädchen im Vorgarten, ausgerechnet ein my-

---

* Womöglich handelt es sich um eine Fortsetzung: Zwei der aus dem *Fliegenden Klassenzimmer* (1933) bekannten Schülerfiguren reißen aus und besuchen die Olympischen Winterspiele 1936, wo sie von ihrem verständnisvollen Lehrer wieder »eingefangen« werden; vgl. *Zwei Schüler sind verschwunden*, zuerst in der Kindergeschichten-Sammlung *Das Schwein beim Friseur* (1962); W VIII, S. 365–384.

thologisches Motiv, Daphne. Eine zarte Kindheits-, am Schluss auch beginnende Liebesgeschichte als Gegenentwurf zur Zeitgeschichte? Immerhin hat Kästner den Mythos umgeschrieben: Das Vorgarten-Mädchen ist nicht auf der Flucht vor Apollo wie Daphne, sie hat sich freiwillig festgewurzelt. Es gibt ein Epigramm, in dem Kästner sich mit einem Baum vergleicht, *Notwendige Antwort auf überflüssige Fragen*:

> Ich bin ein Deutscher aus Dresden in Sachsen.
> Mich läßt die Heimat nicht fort.
> Ich bin wie ein Baum, der – in Deutschland gewachsen –
> wenn's sein muß, in Deutschland verdorrt. (W I, S. 281)

Paula vorm Haus, ein Bild für die innere Emigration? Dazu liefert der Text denn doch nicht genügend Signale, diese Interpretation wird verdunkelt durch die realistisch-humoristischen Elemente, die Lehrer, die sie unterrichten wollen, die Konzerne, die sie zur Werbeträgerin machen (zum Teil ja mit Erfolg). Anders als bei den anderen Nachkriegsgeschichten, die sich sehr eindeutig, ja »volkserzieherisch« für die Demokratisierung Deutschlands geben, bleibt hier immer ein Rest.

Daphnes Mythos stammt aus den *Metamorphosen* Ovids, die stets auch ein Bild sind für das, was Literatur am besten kann: Literatur ist Verwandlung. Sie kann ein momenthaftes Glück auch jenseits der Bezüge zur eigenen Zeit schenken; das hat Kästner Kindern immer zugebilligt, Erwachsenen aber fast nie. Offenbar hat er das Denken in Verwandlungen gerade in dieser Zeit besonders nötig gehabt, gleichzeitig mit *Paula vorm Haus* ist *Die dreizehn Monate* (1955) erschienen, eine idyllisierender Gedichtzyklus über den Wandel der Jahreszeiten. Ein erstaunlicher Abschluss: Die Erzählung blieb als Experiment bis in die Mitte der fünfziger Jahre präsent, danach war die Gattung für Kästner abgeschlossen, wenn auch nicht sein Werk. Er veröffentlichte bis zu seinem Tod 1974 noch die Kindheitsautobiographie *Als ich ein kleiner Junge war* (1957), das Parabelstück *Die Schule der Diktatoren* (1956), das bearbeitete Tagebuch *Notabene 45* (1961) und die beiden Kinderbücher um den *Kleinen Mann* (1963 / 1967), seit Ende der fünfziger Jahre war er aber auch mit der Verwaltung des eigenen Werks beschäftigt – zu seinem 60. Geburtstag erschien die erste Werkausgabe zu Lebzeiten, die *Gesammelten Schriften* (1959). Was die Gattung Erzählung angeht, gilt also ganz entschieden, bis zuletzt: »Resignation ist kein Gesichtspunkt.« (GSfE 8, S. 210)

DANK

Der Herausgeber dankt Johan Zonneveld (Den Haag), der die Recherche und Lektüre der gesamten Erzählungen sehr erleichtert hat, indem er entlegene Erstdrucke aus den Tiefen seines Archivs bereitwillig zur Verfügung gestellt hat; Dank auch an Friederike Schneider (München), die die elektronischen Archive und die vor Ort virtuos abgeschöpft hat.

Erstausgabe
1. Auflage
© by Atrium Verlag AG, Zürich, 2015: *Ein kleiner Junge unterwegs, Zwei Mütter und ein Kind, Wie Eulenspiegel die Kranken heilte, Mama bringt die Wäsche, Das Märchen von der Vernunft, Wahres Geschichtchen, Wer fürchtet sich vorm schwarzen Mann, Berliner Hetärengespräch 1943, Die Naturgeschichte der Schildbürger*
© by Thomas Kästner: alle übrigen Texte
Alle Rechte vorbehalten

Umschlag: Kathrin Steigerwald, Hamburg
Umschlagmotiv: © ClassicStock, akg-images, H. Armstrong Roberts
Satz: Greiner & Reichel, Köln
Druck und Bindung: CPI books GmbH, Leck, Germany
Printed in Germany 2015
ISBN 978-3-85535-411-5

www.atrium-verlag.com

»Literatur, wie sie nur selten passiert.«

Der Spiegel

»Kästners freches und zärtliches Meisterwerk.«

Deutschlandradio Kultur

Fabian ist Erich Kästners Meisterwerk. Doch der Roman wurde vor seinem Erscheinen verändert und gekürzt. Im Atrium Verlag liegt er zum ersten Mal so vor, wie ihn Kästner geschrieben und gemeint hat – unter dem Titel, den Kästner ursprünglich vorgesehen hatte: *Der Gang vor die Hunde.*

ERICH KÄSTNER

DER GANG VOR DIE HUNDE

ROMAN

320 Seiten. Gebunden mit Schutzumschlag
22,95 € [D] / 23,60 € [A]
ISBN 978-3-85535-391-0

6 CDs. Ungekürzte Lesung
UVP 29,99 € [D] / 30,90 € [A]
ISBN 978-3-85535-393-4

ATRIUM
Der Erich Kästner Verlag